思想觀念的帶動者

文化現象的觀察者

本土經驗的整理者

生命故事的關懷者

心靈工坊 PsyGarden

Holistic

探索身體，追求智性，呼喊靈性
攀向更高遠的意義與價值
是幸福，是恩典，更是內在心靈的基本需求
企求穿越回歸眞我的旅程

Person-To-Person Astrology: Energy Factors in Love, Sex & Compatibility

人際關係占星學

【從星盤看見愛情、性與人際間的契合度】

史蒂芬・阿若優｜作者
Stephen Arroyo
狄雯頡、張悅｜譯者

目次

第六章 四元素、十二星座與上升星座 121

第七章 月亮：我們的情緒之家 140

第八章　火星與金星：並非所有男人皆來自火星，也不是所有女人都來自金星　191

第九章　金星在火象星座　234

第十章　金星在土象星座　249

推薦語

自從史蒂芬・阿若優出版其最經典也經過時間考驗的《占星・業力與轉化：從星盤看你今生的成長功課》，一夕之間，他替當代占星學建立起新的敏感度。阿若優結合了新時代的知識和靈性潮流，使得早期的占星書看起來像是維多利亞時代的作品……在輝煌的起點之後，阿若優的每一本新書都建立在其多年諮商經驗之上，顯示他對於占星基本功的深刻本能理解。而讓阿若優最受人推崇也讓許多人緊抱他觀點的，是阿若優認為占星學可以當成強力的心理、精神、關係上的轉化工具。阿若優每一次新書出版都是占星界的大事，我們可以從《人際關係占星學：從星盤看見愛情、性與人際間的契合度》一書見識其過去三十年來在人際占星上的觀察成果。

——加州綜合研究學院心理學教授理查・塔納斯博士（Richard Tarnas），著有《西方心靈的激情》（*The Passion of the Western Mind*）以及《宇宙與心靈：新世界觀宣言》（*Cosmos and Psyche:Intimations of a New World View*）等書

作者著作書目

- 《探索木星》（*Exploring Jupiter*）
- 《關係與生命週期》（*Relationships & Life Cycles*）
- 《占星・業力與轉化：從星盤看你今生的成長功課》（*Astrology, Karma & Transformation*，心靈工坊出版）
- 《阿若優的星盤詮釋指南》（*Stephen Arroyo's Chart Interpretation Handbook*，木馬出版）
- 《占星、心理學與四元素：占星諮商的能量途徑》（*Astrology, Psychology & the Four Elements*，心靈工坊出版）

獻辭

本書獻給這二十年來數百位透過建議、信函、回覆問卷或信任公開的諮商等方式給我幫助的人。給下一代，包括艾薩克、蘿絲、金潔和盧卡斯，希望能夠毫不畏縮地看見占星學能增加他們對自身和他人的認識。

致謝

我最感謝艾納・凱恩瑪尼（Aina Kemanis），沒有了她的鼓勵、支持、廣泛對談、研究、精心編輯和偶爾溫和的督促，這本書永遠無法完成。也很感謝芭芭拉・博德（Barbara Boyd），她拓寬了專業書籍作者的小眾族群，證明自己是很完美的編輯。她敏銳的感知、精湛的語言能力、結合幽默和一針見血的批評，駕輕就熟得讓乏味的編校工作有了趣味。也非常感謝其他許多人的鼓勵和在學識上的支持，還有凱西・牧林絲（Kathy Mullins）和吉姆・菲爾（Jim Feil）幫助，我才得以長時間專注在寫作。

前言

提出問題而得不到結論，好過不提出問題就得到結論。——約瑟夫・儒貝爾（Joseph Joubert，法國哲學家、《隨想錄》〔*Pensées*〕作者）

一九八〇年，我出版了《關係與生命週期》一書，在書中，我將火星稱作「男性自我」的象徵，而將金星稱為「女性自我」的象徵。十二年後，約翰・格雷（John Gray）出版了暢銷書《男人來自火星，女人來自金星》（*Men Are from Mars, Women Are from Venus*），他的理論基礎正是由占星學衍生出來的。一九九七年，格雷在另一本著作《艾咪・金恩的星座情仇》（*Amy Keehn's Love and War Between the Signs*）的前言裡印證了這一點，他寫道：

> 我對男性和女性同時擁有火星特質和金星特質的認知，是直接受到了古老占星學觀念的影響……我發現性別並不是決定一個人需求和行為的唯一因素。我意識到我們

必須考慮到占星學的作用，以及十二星座所造成的影響。

格雷的書廣受歡迎，證明了很多人無論自身的社會地位或教育背景，都認同了火星和金星的象徵意義。這本書和續篇的暢銷證明了行星心理意涵與象徵能幫助我們釐清自我性別認同、情感需求、無意識（unconscious）驅動力和關係互動。

相較於我的早期作品，本書內容更全面詳盡，這是根據大量研究及二十五年來的豐富經驗。本書直接引用了數百份問卷和個人訪談，此外，本書主要為普通讀者而寫，包括對占星學毫無了解或僅熟悉太陽星座的讀者。

一九七六年，我的第一本書《占星、心理學與四元素：占星諮商的能量途徑》（*Astrology, Psychology and The Four Elements: An Energy Approach to Astrology & Its Use in the Counse*）問世，其中首次將占星學定義為現代的、易懂的、精確的「能量語言」，這些也是本書的中心主旨。自那以後，數以千計的心理學、治療藝術、新物理學和其他領域的著作和研究報告陸續問世，一再強調了我在書中所言及的理論：我們可以將生命理解為能量場的相互關聯和交互作用。正如琳恩·麥塔格特（Lynne McTaggart）在她知名的著作《療癒場》（*The Field*）中提及，蒐集了許多支持這個生命新觀點的證據完全改變了我們如何理解這個世界和我們的身體如何運作，以及與我們

人類與一切生命都是一種集結起來的療癒場能量，聯結到世界上每個其他事物……在我們的身體與宇宙的關係中，並沒有「我」與「非我」的二元對立，只有一個潛在的能量場。（《療癒場》）

如何定義自我。

在我的生命中，在生命帶我觸及的領域裡面，我會有一種天生想提出質疑的傾向並想挑戰已存在的所謂正統。在本書前言的開端，我引用了約瑟夫．儒貝爾的一句名言為本書定調，也闡明了本書的範疇。在本書中，我對各種社會上、科學上、學術上的趨勢和假設提出諸多質疑與挑戰，也強烈駁斥或否定一些常見的認知和流行在現下心理學界、教育界與傳統占星學界中的觀點。讀者可以這樣認為——在儒貝爾這句名言的精神指引下，與其說我的作品是宣揚一個定論，或是給出一個完整的觀點還是理論，不如說是鼓勵我們以一種新的方式思考，讓我們能以更全面的觀點去看待許多問題。正如一位優秀的精神導師首次造訪美國時說過「眼界狹隘和不知變通」是理解真相和個人成長的最大障礙。且為了進一步拓展這個觀點，我特別引用了許多名家智者的言論，有些是在新發展的最前端，也有的是人性與行為模式的新典範。無論讀者在讀到這些觀點時的最初反應如何，我都希望本書能夠促使讀者踏上思考的旅程。

本書裡我使用縮寫標示訪談（AI）的引用和問卷調查（AQ）。我覺得如此不經過編潤，直接引用來自不同年齡層和生活型態人群的文字，不僅僅闡明了占星學的各種關聯，甚至能令必要的行星象徵透過真實生活的體驗和觀察鮮明起來。聽取他人充滿各種占星元素的經驗，會讓讀者更全面、深入地欣賞直接體驗行星象徵的意涵。

此外，我還會使用縮寫（編按：中文以簡略書名呈現）來標示引用文本的來源。這樣的好處是節省大量空間，且會讓本書閱讀起來更為流暢不致中斷。參考書目附有完整書名，讀者可以隨時查到更多細節。

〔作者筆記〕

一封致讀者的邀請信

應用在心理學用途上的天文學即是占星。——心理學家拉爾夫・梅茲納（Ralph Metzner）博士

我猜任何一個翻開本書的人就必須承認自己對占星學抱有一定的好奇心，也許會認為它有趣犀利，或至少會想知道對個人生活有什麼影響。因此，若你對自己足夠坦誠，你可能會認可這一點：哪怕你對占星學或者對大眾文化中的「占星學」半信半疑，甚至抱持著強烈的懷疑態度，在你的意識中，或者在更深層次的感受中，仍會感到占星學可能有一定的價值和吸引力。

我想要向你強調一點：三十五年前，在我開始研究占星學和實驗的最初階段，我也持有跟你一樣的謹慎態度和懷疑精神。事實上，直到今天，我仍然對許多占星相關書籍的斷論和從業人員的說法持保留意見，我對許多占星領域常見的預測和過於簡化的分析

都持懷疑態度。雖然幾十年前，我也曾在房間裡摔過某些占星書，發誓再也不會浪費時間在這令人沮喪的領域上了，但是後來我還是一次次禁不住誘惑，回過頭來檢驗占星學的核心洞見和驚人的真相，因為沒有其他領域的研究可與占星學相比。特別是在一些危險卻迷人的重要主題，比如人性、動機、個性差異、感情需求。就算研究了無數的心理學學說和治療系統，在其他眾多的工具之中我最終還是仰賴占星學，以尋求紮實的心理學洞見、洞悉人性的可靠方法，以及評估關係和諧程度的方式。占星學，若理解得當，能夠提供獨特的洞見，可簡單可複雜；可進入想像國度或實際測量（藝術或科學）；探討生命面向的質與量，以及小宇宙與小大宇宙依隨人類心理及人性不同層次的完美共振。

因此我要祝賀你，如今，你已跨越了最大的障礙，可以自由獲取現代占星學所提供的智慧和洞見。你顯然已經成為西方世界裡少數能夠以客觀與實際目光看待占星學的一份子，不會未經研究、不加思索便肆意提出對占星的刻板印象。占星學是人類認知的特殊系統。一九七〇年代，加州大學柏克萊分部的教授保羅・費耶阿本德（Paul Feyerabend）教授在拒絕簽署一份由幾位所謂的「科學家」遞上的詆毀占星學的文件時說：「科學是人類創造出來的思考方式之一，但並非最好的模式」（摘自《人類親密關係史》（*An Intimate History of Humanity*），西奧多・澤爾丁〔Theodore Zeldin〕著）。

許多人推崇費耶阿本德教授為二十世紀最具原創性的思想家，了解到思考的方式有很多，而占星可能是詮釋生命的一種重要模式。舉例來說，我將占星學視為生命經驗的確切語言。費耶阿本德教授同時也英勇對抗充斥於西方世界、有如當代信仰的科學思想，這種思想聲稱能夠「證實」占星學的謬誤，聲稱占星學只是昔日迷信的過時遺跡。然而，當這些所謂的「科學家」收到來自專業占星機構的信件，要求他們提交所謂的「科學」證據時，沒有一個人能給出最起碼的證據，證明他們曾研究過宇宙星體與人類經驗的關聯。

事實上，費耶阿本德教授（受過天文學、物理學和哲學的訓練）極具爭議，因為他大量寫作批判當代科學的局限以及其思想壟斷的世界觀。在一九八八年的著作《反對方法》（*Against Method*）中他這樣寫道：「無論當今迷思為何，我們必須阻止科學家接管教育體系，拒絕他們所教授的『事實』及『唯一的方法』。」在一九九九年的著作《知識、科學與相對主義》（*Knowledge, Science and Relativism*）中，他指出「科學」是如何成為新興宗教，以及科學如何成為剷除異己的當代世界霸權，且輕鬆吸引媒體注意，誇張強調科學的成就及功效，或詆毀科學認為具有威脅性的其他領域（如占星學或某些另類療法）。下面一段話也引自上述著作，描述了科學在現代教育體系中扮演的角色，請讀者思考一下：

自小我們接受「事實」的教育，如同一百年前人們接受宗教「事實」的方法……不過，科學不容質疑。一般說來，在整個社會範疇，人們看待科學家的態度，就跟不久以前人們看待教皇和紅衣主教的態度一樣……科學現在已經變得跟它過去所反對的各種意識形態一樣具有壓迫性。（同上）

上文提及帶有偏見、目光短淺的科學家和學者針對占星學做出了一系列有組織的、廣為傳播的地毯式譴責，既令人震驚，也叫人大失所望，這一切顯示出人們對於科學史及天文學的無知。正如亞瑟．庫斯勒（Arthur Koestler）在其傑出的科學史著作《夢遊者》（*The Sleepwalkers*）中指出，當下對於「科學」這個詞的定義，已經失去了「十七世紀『自然哲學』這個詞所代表的豐富內涵，那個時代，克卜勒著有《和諧宇宙》（*Harmony of the World*），伽利略寫出了《來自星星的訊息》（*Message from the Stars*）。」庫斯勒解釋這些具有遠見卓識的智慧先驅們的「宇宙探索」在當時稱作是「新哲學」，他們研究的主旨是理解自然，而非征服自然。古代人們向占星學家尋求指引，當時會認為占星學家是科學家，因為他們能夠根據行星軌跡預測未來。在某種意義上，如歷史教授西奧多．澤爾丁所指出的，占星學在多種古代文化裡都是一門「科技」。他寫道：

史上最偉大的教科書作者托勒密令占星學成為一門國際教義。托勒密應用了一千四百多年的作品，涉及數學、天文、地理、歷史、音樂和光學，其中，占星學被歸為科學的一個分支。（《人類親密關係史》）

心理學家卡爾．榮格（Carl Gustav Jung）是二十世紀極富爭議的學者，他不僅發表過一系列研究傳統占星學契合度的著作，也經常將占星學應用在私生活和專業研究中。當然，他應用占星學的方式相當低調，因他對深層心理問題的研究在當時已極具爭議了。事實上，正是榮格說了：「占星學代表了古代心理學知識的總和」（《太乙金華宗旨》）。他也啟發了許多受過教育、沒有偏見的人進一步去探索占星學如何運用於心理學研究領域。我自己多年前就是讀了榮格的著作後開始了占星學方面的研究，而且隨著研究的深入，我拜讀了他超過半數的書籍，還專程去瑞士造訪他的女兒，她正是一位經驗豐富且聰明的現代占星師。

許多古代的占星學家認為生命符合自然法則和規律，而且他們發現占星學能夠為人們顯示這個自然的法則。雖然如今我們很少能從人們口中，尤其是遵從科學的人群中聽到「合乎自然法則生存」、「跟上自然和宇宙的節拍」這類表達，然而占星學最核心的原則及相關內容得以保留和延續，是因仍有成千上萬的人認為它能幫助我們理解日常生活。事實上，在從事了近四十年的占星研究並經過驗證，我可以明確告訴大家，只要運用得當，占星學用於研究人類——認知方式、內在價值和成見、個性差異、關係、動機、成長中的危機和挑戰時，在幫助人們做出決定時釐清思路方面，比其他方法，包括我所熟悉的任何一種心理學方法都精確而「科學」。

在占星學廣為接受的巔峰後，緊接而來的是長達幾世紀的嘲弄和反占星的偏見，不僅源自唯物科學突飛猛進以及對建立在行星基礎上的古老系統懷有刻板的半宗教式敵意，還因為——有些理所當然——占星學的古老真相不幸地與算命占卜和其他迷信有了關聯。正如澤爾丁教授所寫的，占星學「將自己建立在先知預言的傳統，強化了奇特的魅力」。（《人類親密關係史》）更不幸的，好幾代「占星學家」（我指的是和占星學沾上邊的人士，不僅包括認真的占星學學生、做系統研究的學者、真誠的真理探索者，也包括迷信的江湖術士、自我中心的人來瘋和唯利是圖的騙子）往往更樂意將真正的占星學與預言以及其他可疑的活動混為一談，而不願意澄清和更純粹地應用占星，更確切地說：就是將占星學視為一門建立在精確法則基礎上的，可測量的嚴謹科學。占星學對人類生活意義非凡，在描述個人經驗方面是一門相當可靠的應用科學。

如今，在二十一世紀初期，已經有許多占星學的文本，能夠合理地視為建構出人性及心理學的真正科學。而目前西方世界（現在也慢慢擴散到了俄羅斯、東歐、土耳其、印度，甚至韓國和中國）有成千上萬的從業人員，已經從迷信和不負責任的老方法中解脫出來，像是製造恐懼、算命和僵化以及宿命論的建議，擺脫了知識分子常給占星學的臭名。過去三十五年，我發展出一套新的占星學，在我之前的七本書籍裡有詳細的定義和探索，包括象徵意涵和精確數學架構，可以準確地運用於各種領域。依據這個架構，你可以了解不同的動機和意識狀態的能量調和方式；可以分析個人以及關係互動的複雜性；可以準確測量和推算個人生命的周期變化和成長；然而還是保持了太陽系象徵系統的簡潔，以描繪出各種不同的生命樣貌。

占星學的魅力之一就是訴諸簡單的啟發，然而我必須澄清，這是一門複雜的研究領域——這也是為什麼有些在書和電腦程式中的籠統敘述，對於特定的占星條件，有時候符合而有時候不符合個體狀況的原因。大西洋兩岸承認或認證的占星學課程大約需要三到四年。提及這點是為了點出，你應該給占星學時間去和自己產生共鳴，不要對於準不準或有沒有用做出草率的評斷。畢竟，若你想學會物理學、氣象學、經濟學，卻發現無法只靠讀完一本書或上個周末課程就能辦到，你是應該怪罪科學本身，還是會歸咎於自己學藝不精？即使占星學很難根據我們目前的知識來「詮釋」，也沒有理由據此駁斥它，從而否定占星學對人性帶來的益處。英國前首相邱吉爾一直對任何有效東西都保持開放的態度，他對在一九五〇年到一九五七年間為他治療的著名草藥專家說：「不要僅因為你不能解釋就否定一件事」（《人類與植物》〔*Man and Plants*〕），莫里斯．梅塞蓋〔Maurice Messegue〕著）。

真正成熟的現代占星學具複雜的內涵，引導出下文的基本事實和觀察，我希望剛開始探索占星學的讀者閱讀時能認真思考，有可能的話不時參考本書。

占星新手重要準則

不可免俗的，每一個人寫到特定占星學要素都會有某種程度的籠統。在語言和空間允許下，我盡量在本書中用字精準，但仍不可避免要忽略大量不尋常的例外、犧牲字詞中的微妙意義，也無法提到許多其他可以改變或修飾個人基本心理學的占星學要素。

- 因此，我必須強調只有準確出生時間和出生地建立完整的個人星盤，才能公正判斷個體的生命能量模式和心理狀況。一張完整的星盤個體在出生的那一刻，太陽系各行星的定位，就像X光，反應出人的自然傾向、心理維度和個人和諧。真正的占星學，絕非某些人所認定並為之痛恨地「硬將人塞進十二個籃子」。在現代占星學中，每個個體都是宇宙規律、模式和能量，完整且獨特的傳遞。事實上，將占星學當做一種描述宇宙規律和能量的語言，最能體現出它的實用價值。或者，用許多健康科學先進領域常用的術語來說，占星學揭示了個體的能量場與宇宙環境中大能量場之間的密切相關。
- 初學者必須明白出生盤（或星盤），僅是一張在出生時刻和地點觀察到的**太陽系地圖**。可以說，宇宙和太陽系透過誕生在該瞬間和空間中的個體來表達宇宙與太陽系自身。正如榮格所述，每個事物都承載著其誕生時獨一無二的標誌或是烙印。就像葡萄酒行家，透過簡單品嚐特別的佳釀，就能分辨出葡萄品種、產地以及收成年份。同理，經驗豐富的占星師也能根據他人的能量頻率以及個性，在片刻之間，輕鬆辨識出一個人的太陽、月亮或「上升」星座。在現實生活中，任何人都能藉由占星基本常識，時常詢問大家的生日，來鑒賞周遭同伴所攜帶的能量和意識。

- 當然占星新手入門時，即使手握精密運算出來的星盤，也鮮少有人能夠全盤而準確分析一張完整的出生盤。這也是我呼籲大家去尋找一位合格且經驗豐富的占星師做諮詢的理由。不過在預約諮詢之前，請大家務必先仔細檢視！你需要了解該占星師的方式，究竟是傾向於雙向探討的交流，還是僅僅單純「解讀星盤」，而不幸的是，後者依然普遍。我認為，占星師和案主只有經過富有心理洞察意義的互動和探討，才能更了解星盤上各種象徵反映的內在真實聲音。

導論

真愛就像朝聖。沒有城府方能尋獲。但機會渺茫，因為世人皆為謀略家。——英國小說家安妮塔．布魯克納（Anita Brookner）

藉由占星學這門古老藝術或科學洞察力的根源，來釐清現代人際關係這樣艱深的議題，乍看之下著實令人費解。然而就我發現占星學——至少部分是因為占星學如此永恆，扎根於亙古不變的天體運行規律——提供了必要的客觀公正，而這也是時下流行的心理學派和學術熱潮中所缺乏的。畢竟，只有一個如此廣大（把行星當作參考點，因此可測定）的系統，才適用於所有的人，無論他們的貧富、教育與否、年齡大小還是來自於不同的文化背景。

我們必須牢記，任何一種研究人類心理、行為和關係的理論都會受到其所在的社會文化背景，以及始創者的個性和生活經歷所影響。我認為將這些具有侷限的理論推及全人類是一種愚蠢的冒險，因為人類行為極難被「測定」（這是唯物主義科學之

「神」），也因為與人相關的測試幾乎無法重複。

近年來心理學界的各種爭議可以顯明，用篩選過的數據資料來呈現某種觀點的「科學性」並非難事，然而卻存在極大的偏差。個性和行為的心理學理論最大的問題，就在於往往只適用於一小部分特定的族群或社會。占星學則不然，占星是迄今為止最為全面的「人格理論」，能作為統一特殊領域理論的基礎。例如，占星學有著獨一無二的全面解讀能力，能夠精確描繪出各種意識形態以及廣泛的個體差異。

請暫緩一下判斷（和懷疑），讓我們一起超越現代社會的成見，真誠地審視我們能從在世界長盛不衰的博大源頭占星學（或許也稱為「宇宙心理學」或「天體心理學」）中學到些什麼。如果有人能做到這一點，他可能會發現——正跟我一樣——占星學能幫助人們深入了解眾多各類人格和意識，了解人類行為動機的深層來源。占星學也有具體的方法，能提供人類親密關係各層面問題的關鍵，這些我都會在本書中探討。

如今，西方社會到處充滿矛盾和虛偽的訊息。這些都是西方現代生活中大眾精神疾病的一部分，如同來勢洶洶的傳染病，擴散到愈來愈多的國家和地區。當然，東方世界以及中東地區也有著他們獨特的虛偽和否認形式。融合了許多因素（社會、經濟、宗教、電子資訊等等），導致了人類歷史上人際關係、性別角色、身分認同和生活型態中的最混亂的狀況。否認這樣的混亂雖屬政治正確，卻不能改變現況及其對個體生命的影響，還有對社會群體心理健康的影響。我會在第三章中深入探討這個主題，並提供經驗豐富的心理學家對其的評論。為了說明我想表達的意思，請大家不妨思考以下內容：

• 西方文化在口口聲聲宣揚「個體」、「獨特性」、「創造」和「自我表達」的同時，實際上卻愈來愈力行社會同質性和一致性。我們見證到以公開發行股票作為資金來源，摧毀、批售小型企業的無良企業怪物，也看見冷酷無恥的全球媒體，將兒童當成目標，疲勞轟炸行銷的流行「文化」，把他們當成主要的盈利來源。

• 很多西方政客嘴上談論著「家庭的價值」，但他們的政策卻加速了家庭、小型企業以及偏遠社區的崩壞。

• 近年來，社會意識形態鼓勵年輕人認同各種極端分化的「身分群體」，即使他們因年紀太小、經驗不足，以至於無法對自己的個性、價值觀、情感和性的本質做出可靠的判斷，而帶給他們巨大的心理和情緒的傷害。舉例來說，有些「女權主義」的擁護者敏感而嚴格遵循政治正確，以及某些政治上過動、極端的「男同性戀」群體，近年來大出風頭。提倡激烈的、往往刻意挑釁生命和性取向的觀點，結果出現了整個困惑的世代，男性往往可悲地「順從聽話」，或至少明顯地缺乏自信，而女性則渴望著「為一個能夠被我完全主宰的男人神魂顛倒」。當經驗不足的青少年在學校一直被「客觀的」說法和行為影響，教導他們不要質疑道德或社會後果，我們就應該認真詢問，這些隨處可見的政策是否是太短視，以及是否有助於社會的團結和健康。無處不在的壓力逼迫人們遵從政治正確的行為，和「認同」的公開態度，這種狀況很難鼓勵人們在個人表達和關係中保持真誠。因此社會上發展出對虛偽的視而不見，我從未在任何地方看到有人提及這一點。這必然會產生巨大且持久的影響，其後果目前還難以預測。正如歷史學家澤爾丁在《人類親密關係史》一書中寫到的：「從古今中外的偏見看來，古老的雄性偏見並非突然消失，而是轉入檯面之下。」

• 今天的西方，各種方面（大眾傳媒、學術潮流、音樂影片、男女合校的宿舍，諸如此類）都在提倡這種「親密感」，因此涉世未深的年輕人能夠建立自己的疆域性、形象，且在具有威脅性的互動之中戴上面具來保護自己。大眾媒體消費「親密感」，並將之刻劃為既速食又廉價（忽略了其中必要的努力、情感冒險以及自我啟示）；而與此同時，媒體也往往在宣揚理想化的婚姻形象（因為會觸發特定情緒「按鈕」，也衍生出多重商業效益）……而當現實襲來，結果就是夢想破碎幻滅。

總之，今天任何一個生活在西方世界的人，關注現代社會趨勢和衝突的人，都不可避免地注意到人們遇到的緊張而艱難的個人選擇。然而，與其依賴社會認可的陳詞濫調或流行心理學專家，不如追尋一些真正的領會，不是更有益和促進個人成長嗎？一位偉大的老師告訴過我，人際關係中的理解比愛更重要。今天，這麼多的盲從和憤怒、兩性間的極度敏感，連討論許多關係議題都變得困難，有時甚至會成為被攻擊的目標。然而，除非我們誠實地面對某些事情，並再度確實地表達出自己，否則氾濫的自我意識以及缺乏深層自信心的流俗就會繼續強加於大多數人身上。過度強調每個人都要強大的自尊心是種誤導，並不能取代藉由經驗學習到的紮實自信。事實上，根據《心理治療之國》（*One Nation Under Therapy*）作者之一的克莉斯提娜·霍夫·桑謨斯（Christina H. Sommers）的說法，所謂的「美好生活中，健康的自尊心不可或缺」這種想法，其實是一個現代神話：

> 自尊是一種不明確的概念。沒有人知道它如何測量；沒人知道它是否能學習或教導。自尊與好性格和成功生活之間的關聯模糊不清。世界上古來就有謙卑、自我感覺不良好的男男女女獲得卓越成就。另一方面，竊賊、詐欺犯甚至是殺人犯也不乏自我感覺特別好的人。

實際上，能準確理解自己的天性、需求和驅力並坦然接受，比緊抱膚淺自尊更為寶貴，後者可能只不過是無聊的自負而已。如果說學習占星學及其深層含義能夠為我們帶來些什麼，那會是一種信賴自我的真實信心，能激發我們的能力，鼓勵我們放鬆接受自己的本性。現在是時候去學習一種新方法，在我們的社會角色以及關係上頭，獲得關於自己的全新展望了。如果我們想要進一步釐清現代困境，除了嘗試新方法外已經別無選擇。正如愛因斯坦說的，「我們不能用製造問題時同樣層次的思維來解決問題。」

本書延續了我之前的作品，但大部分是以給普通讀者的方式來呈現，而不只是寫給占星專家看的。在本書中，我強調那些紮根於實際人物的體驗，引用了客戶、問卷的回饋以及幾百位受訪者。常常有人告訴我，正是這些人物的真實經驗，以及特定個體的特殊觀點，才令我的占星學作品有別於其他大部分同類型書籍。因此，在本書中，我會把占星學讀物中較為抽象、理論化的內容，盡可能還原為真實經歷。我一向對占星學的傳統有所保留，儘管我發現絕大多數的基礎象徵及其涵義相當可靠；在本書和其他著作中，我常常會舉出實際觀察的案例，來支持我那些不符慣例的看法。

鑒於市面上已有許多占星學基礎書籍，在這裡贅述許多基礎要素和定義，未免太可笑。但我還是提供了我自己偏好的定義和關鍵字，你可以在附錄A中找到。不過，我傾向把注意力集中在我發現的最準確的占星學因素上，還有對我極為重要的觀點，但且不論它們是否符合占星學的傳統。

〔第一章〕

契合度與關係語言

兩個人格的相遇，就像兩種化學物質的碰觸，任何反應都會令二者改變。——心理學家卡爾．榮格

在本書中，我使用占星學的語言來描述兩個人之間活躍的互動。占星能幫助我們擴大理解這種互動。很多讀者早就聽過諸如「性的化學反應」這樣的說法，或者與朋友談論某段新關係時說「我們之間沒有化學反應」之類的。當然，我並非從物理化學上分析感情關係，但我會用類似的方法理解人際互動。如相互作用、催化劑、對彼此的影響、轉化，有時還包括爆發。

然而相較於化學術語我會傾向使用能量語言，近年來，能量語言廣泛運用於一些治療藝術領域的分支，我使用的方式也與此類似。總而言之，在考量所有親密關係時，我會關注個體的需要——我稱之為能量養分，還會注意兩個人如何「餵養」或激發彼此，

另一些方面又是如何消耗或限制彼此。

此外，在我的研究生涯中，最有啟發性、令人興奮的經驗在於，發現用占星學古老的「四元素」（風、火、水、土）可以非常精準地描述出關係中的能量及能量互動。我特別欣賞四元素在實際應用上直接反映出來的意涵。不論是風或火，或占星語言中的金星或火星，驗證在我與他人的情緒、生理和能量層面上的經驗，直接得幾乎化為實體；更吸引我的是，這些符號跨越了文化差異、沒有性別歧視、簡潔而永恆（這些元素系統在不同的文化中，至少已經存在了三千年之久）。占星符號的另一優勢是避開了近年來西方通俗文化與心理學愈來愈政治化、挑釁式的語言，這種語言使得人們愈來愈難以認真思索他們私密經驗的真相，尤其是社會上的知識分子。許多層面的矛盾概念、心理學論述和累積在我們情緒和性生活中的自我欺騙已經造成許多錯覺、過敏反應和怨恨，以至於特別難以清晰地認知到自身的處境和需求。

絕大多數愛情、性與契合度的心理學著作和理論都少了一樣東西，那就是對於「人生而不同」的明確認知——正因人們天生就有著巨大的差異，因此就會有不同的生活方式、學習方式、興趣愛好、責任、交流方法、情緒模式以及社會角色。沒有辦法面對生命裡的這種明顯事實實在讓人瞠目結舌；這件事非常嚴重，當你意識到其重要性，就會明白許多大眾心理學及心理學學術理論都缺乏實際的理論基礎。或許，我們應該採納偉大的哲學家，同時也是享譽國際的科學家德日進（Teilhard de Chardin）的建議，為人類認知尋找一個更寬廣的參考架構。他的主張是「人類現象必須以宇宙的尺度來測量」。

就算大多數學者和心理學家根本不會考慮使用占星學作為了解人性的方法，他們至少應當承認，他們並沒有準確或科學的方法來解釋人類在個性和行為上深刻且顯著的差異。當然，那些擺出科學家姿態的人，以及報導「最新科學發現」的記者至少偶爾必須坦承，這些「資料事實」以及將由此推衍出來的標題聯想運用於個人生活上時，其實一點也不準確。這類發言以及媒體報導只會放大現代社會中的迷惑、緊張、焦慮、自我意識和恐懼；而且還會加劇兩性之間的破壞性對立。

我的一位英國朋友稱當今為「新維多利亞時期」——與一八九〇年代的維多利亞時期同樣虛偽，但表現方式截然不同。當時人們表裡不一，在公開場合中端莊節制私下卻粗俗可鄙，當今社會則賣弄那些毫無美感又駭人聽聞及故意令人反感的行為、品味和慾望。然而在這狂熱的被媒體加醋添油的文化背後，存在著深刻的孤獨感、不安全感以及愈來愈無法與異性連結的無力感。這種無力感（儘管有著數不清對於「關係」方面的書籍、課程、理論和工作坊）的發展是因為現今西方社會許多部分，都已喪失了固定的社會準則和對性別角色的清晰定義，導致一個人很難健康地與異性接觸。

事實上，根據我的觀察，我們今天之所以過度強調性（從情感或關係中分離出來）

的重要性，部分原因是我們生活在工業化的城市社會中，我們都與地球失去了連結！我們失去了健康、自然的生活方式，失去了與身體感官的廣泛接觸。對大多數人來說，性變成了與原始的身體力量以及自然世界之間唯一的聯繫。如今有關性的看法簡直無止盡，譬如：

- 性是身體之間產生的化學反應。
- 性由愛而生。
- 性是一種不帶個人色彩的自發性本能。
- 性是一種可以學習的技巧——「一分耕耘一分收獲」。
- 名望、權力和金錢可以提升上床的機率。
- 在服裝與外表砸重金能增加上床的機會。

市面上有很多類似「性愛星座」、「愛情星座」等主題的占星書，但實際上僅僅用太陽星座並不能描述或解釋出一個人的性慾與情感本質。太陽系顯然要比單獨一顆太陽複雜得多，因此從占星學的角度來看，由龐大的太陽系構建的個體心理本質也遠比太陽星座要複雜得多。正如我將在此書中探索的，在做任何關係協調性或更廣泛的心理學分析時，必須考量其他因素，尤其是金星、火星和月亮。

本書關注的重點是「契合度」。從字面含義來看，契合度（compatibility）一詞源自拉丁文 cumpassus，意思是「與某人走在一起」或「共同邁步」。我特別喜歡一個景象：兩個人以和諧或雙方都感到舒服的節奏攜手走過一生。他們並不需要從對方身上尋求所有的滿足，但會共同面對人生經驗。許多彼此滿意的伴侶會自然而然地意識到契合度的驅動力，對此他們會說：「我們只是在相處！」

契合度一詞與「同情心」（compassion）也有著緊密的關係，後者來自拉丁文 compati，意思是「同情他人，與他人共鳴」。契合度的這層含義令我想到兩個樂器的共鳴發聲，這一形象準確地描繪出兩個人在能量交換中所體驗到的和諧。簡而言之，我理解到有關契合度的所有層次都隱含著「行動」：兩個人的行動協調一致，能量自然流動；也意味著兩個人相互支持，有著共同的生活目標。

另外，我也覺得有必要給大家提供一些背景資料，以便了解關於此書以及這些年來我所研究的占星學語言。當我與客戶進行一對一的交流時，我發現只要使用描述經驗的簡單語言來解釋占星學（而不是占星書中那種常用的抽象用語），各階層的人都很容易理解我的意思。在很典型一週諮詢中，我也許會遇到如此多樣的客戶：種梨的農夫、新教教會的牧師、嫁給牧場主人的家庭主婦，帶著小孩的徬徨的教授夫人、單身男性企業家、會計、圖書館員、藝術系的女學生，以及一位渴望透過占星學來更了解客戶的整脊師。多年來，我的客戶群裡有教授、醫生、事業有成的商人、藝術家，以及各行各業的專業人士。我占星班上最好的學生包含了化學教授（後來他幫我在初階班上教如何計算出生盤）、工程師（他不得不承認占星學對關係契合度的分析精確得令人難以置信）、法醫病理學家兼醫學博士（他總是喜歡調查事物的內在成因）。大多數稱職的占星從業者幾乎都有一些成就傑出的長期客戶和學生，雖然他們熱切地從占星學中獲益匪淺，卻傾向保持低調，因為社會上大多數人依然對占星學持有嚴重的懷疑和偏見。

近四十年來，我發展出一套適用於各類人群的占星學敘述。本書也演變成對某些占星元素——特別是金星、火星、月亮的深度研究。總而言之，本書是基於更廣義的出發點綜合而成的訊息重點。鑒於大多數占星學員都是女性，因此大部分完整的調查問卷都是由女性提供的。開始做本書的研究時我就體認到了隱藏的比例失衡問題，為了平衡這點，我特地採訪了許多男性，以及一些我知道她們出生日期但不懂占星的女性。總之就算書中引用了不少些微傾向女性的觀點，但都可認為是我已經平衡過的觀點。

儘管絕大部分經過本書檢驗的原則可以廣泛應用於各種一對一的人際關係，但我還是更為著重男女之間相對親密的關係。本書所涵蓋的內容並不包括親子關係、師生關係、雇傭關係或是朋友關係，雖然理解各種能量交換的類型和原理，也有助於人們較好地了解上述人際關係。

這裡要注意的是，我討論的是廣義上的男性、女性、感情、行為的原則，不應當成單純的生理或心理上的男性或女性。當論及相對男性和女性的特質以及表達方式時，占星比起絕大多數的心理學術語來得更為明確，因此讀者應當可以準確而靈活地使用占星語言。我無法在本書中涵蓋性與愛的全貌。單只是異性戀的一對一關係就複雜得令人難以想像。我不會試圖把特殊的案例或是非傳統的生活方式作為研究焦點。要知道，最好的作品和研究，總是作者本身較熟悉又有親身體驗的領域，在本書中我也遵守了這個原則。雖然我有不少客戶承認自己是同性戀，或是正掙扎在性別爭議或身分混淆上頭，不過，我做過的契合度分析（使用兩個出生盤合盤）研究對象都是異性戀伴侶。

為了要透過占星學的觀點更全盤了解所有類型的關係，就應該要有一張透過出生時間和出生地點計算出來的完整出生盤。這樣縝密計算過的出生盤說明可見附錄B。除非出生時間沒有任何文字記錄否則不要依賴媽媽的印象。

我希望讀者必須認識和學習到一種深刻又極為準確的自我認知工具，雖然時至今日，仍然有很多人忽略或駁斥占星這個工具。占星心理學（我通常喜歡稱為「宇宙心理學」或是「天體心理學」）已經成熟並對各行各業、各種教育程度的人都有著驚人的價值。這種「宇宙心理學」關注人們的內在體驗；無論在個人層面還是關係層面，它都能識別出人們在生命沉浮中的能量體驗；它研究個體的動機，並探索由各種人格表現出來讓人驚訝的不同類型意識。

〔第二章〕

為什麼我應該嚴肅看待占星？幾世紀以來的答案

理論取決於我們的觀點。——科學家阿爾伯特．愛因斯坦（Albert Einstein）

比起西方文化，許多古老的文化，以及含納整合了大自然節奏的某些現代文化，無須討論就理所當然地認為人類生活與天體運行週期和模式是協調一致的。人類生活是大自然整體實相的一部分，這對他們來說是明擺著的事實。而我們這些自我中心的現代人，置自然力量於不顧，隨心所欲選擇生活方向和目標，這些在他們看來無疑相當幼稚可笑、自負愚蠢。然而，在占星學拓展之際，根本不懂占星學的群眾受到宗教和政治的擺布，拋出種種極端且負面的見解。對於這種無處不在的偏見，我們也並不陌生。

如今，大多反占星學狂熱分子頑固不化地發表著種種批評占星學的愚昧論調，全然忽視了許多傑出顯要的歷史人物，曾經研讀過占星學並有龐大的收穫。這正是本章要說的內容。此外，那些趕著反占星學潮流的人，不管是「科學家」還是各信仰的基本教義派，都遭到他們反對的迷信之反噬，因為這些人允許基於恐懼所產生的信仰取代真知。大眾之中也流行著對占星學的刻板印象，認為這僅僅是種傻氣的消遣，也可以說是一種娛樂，比如很多報紙都有看似證實過的「太陽星座」專欄；許多大眾媒體對占星學的無知，和其輕率和不負責任的態度進一步加深了人們對占星的偏見。

有時候我會想知道，現代人是自大到了哪種程度，才敢慷慨激昂地對占星學表達出與歷史洪流中的真知灼見截然相反的見解。難道這些人真的認為他們聰明到與伽利略（Galileo Galilei）、克卜勒（Johannes Kepler）、布拉赫（Tycho Brahe）、笛卡兒（René Descartes）、榮格（C. G. Jung）、馬可・奧理略（Marcus Aurelius）、愛默生（Ralph Emerson）、培根（Francis Bacon）、庫斯勒（Arthur Koestler）還是歌德（Johann Wolfgang Goethe）不相上下？我也想知道，究竟是什麼會令這些人明目張膽地暴露自己的無知、成見和恐懼？澤爾丁教授的解釋是：「一次又一次，看似聰明的人用滿腔輕蔑來保護自己免於未知事物的傷害，就像動物用臭味來捍衛自己的領地那般。」（《人類親密關係史》）

另一種可能的解釋是，現代人的自我大多建立在傲慢、小心眼以及唯物主義「教育」之上，以至於許多人不覺得自己是宇宙的一部分，也不知道宇宙生養了他們。他們反而相信自己是完全獨立的人，有著絕對的意志自由和對萬物的全盤了解。令人吃驚的是，這種近乎精神疾病的妄自尊大，如今卻在西方世界四處蔓延。這種愚昧只會帶來孤獨、幻滅，讓人背離自然、宇宙和其他人。

今天，「有教養」的西方世界遭遇了可悲局面，與歷史上其他時期形成了鮮明對比——像是歐洲的文藝復興時期。正如普林斯頓大學教授安東尼・格拉夫頓（Anthony Grafton）在其著作《卡爾達諾的宇宙》（*Cardano's Cosmos*）提到，十六世紀時大部分受過教育的思想家（他們熟知多種古代的和現代的語言，同時精研哲學、數學和藝術）在占星學中找到了大量現在所謂的心理學、政治學、天文學、科學、哲學、社會學和經濟學內容；找到了大量用於自我分析、了解人類天性和社會的基礎工具。

從某種程度上說，占星學在現代社會的惡名，源自科學與藝術這兩大領域的分裂，定量（因而可以被測量）和定性的分離。英國作家庫斯勒是首先注意到這種分裂及其對科學和社會造成負面影響的人士之一。庫斯勒卓越非凡、多才多藝，他的作品包括小說、多語系國際新聞撰寫、社會變革和政治隨筆、個人傳記，以及關於心理學、心靈學、創造理論、科學歷史方面的書籍，涵蓋了現代社會廣泛的知識成果。他是一個有著罕見的才智和勇氣的人。在二十世紀中葉，庫斯勒的小說《中午的黑暗》（*Darkness at*

Noon）因揭露了蘇維埃共產主義體系的現實，在全世界掀起軒然大波，也引起了廣大藝術家、知識分子以及學者的共鳴。他後來的一些作品，比如《創造的行為》（*The Act of Creation*）、《夢遊者：人類眼中不斷變化的宇宙史》（*The Sleepwalkers: A History of Man's Changing Vision of the Universe*），也相當客觀地整合了許多現代知識和科學的關鍵議題，領先當代其他人早好幾十年。

庫斯勒在《夢遊者》中寫道：「所有宇宙系統，從畢達哥拉斯（Pythagoreans）到哥白尼（Copernicus），從笛卡兒到愛丁頓（Eddington），都反映出作者本身在無意識中的偏見，以及哲學或甚至政治上的偏好；從物理學到心理學，自古至今沒有一門科學能誇口擺脫了這類的抽象的偏見」（《夢遊者》）。這本書的重點被庫斯勒稱為「人類對周遭宇宙視野的改變的全面調查」。提到這部作品，是因為它與本章開頭那句愛因斯坦的引言緊密相關：我們持有的理論取決於我們的觀察或是想像。假如理論太過狹隘或失衡，我們就會被限制在自己所能觀察到的視野之中！約定俗成的、狹隘的、唯物主義的觀點或許能讓我們與同輩、鄰居相處得更好，避免與專業同事產生分歧。但是這樣的觀點會令我們在生活中畫地自限，限制我們的心智以及個性的發展。因此，回答「為什麼我應該嚴肅看待占星？」這個問題非常簡單：為了了解更多。

事實上，哪怕從嚴格的唯物主義觀點來看，亦有許多支持占星學實際應用價值的證據。正如美國著名靈性導師兼醫學博士德巴克．喬普拉（Deepak Chopra）在一次採訪中所說：「我們的身體反應出星體的運行。生物動態——晝夜交替、四季變化之類的……都是因為星體運行的作用。有一個潛在的智慧，主導著萬物在宇宙中的生長變化和將之聯結起來。」（摘自一九九七年一月十一日《舊金山紀事報》〔*San Francisco Chronicle*〕）。事實上，在許多研究領域，狹隘的唯物主義正在分崩離析。環境科學家威廉．凱賓（William Keepin）博士在《生活》（*Life*）雜誌的一篇文章，檢測了量子物理學家戴維．玻姆（David Bohm）提出的學說，他認為宇宙本身即是一個不斷流動的整體（也稱「全動像」），其中任何一個部分都包含著整體的訊息。整體的三大基本展現是物質、能量和意義，每一個部分都包含著其他兩者。玻姆的理論恰恰符合占星學的古老法則「天上如是，人間亦然」（As above, so below）。換句話說，**行星與人都是宇宙進程的一部分，兩者因意義而結合**。占星僅是試著透過星盤去監測或分析這些模式而已。由於意義無法測量，因此占星對那些追求數據事實的人而言是無法被科學證實的，也無法令他們滿意。然而這樣的一種態度毫無用處，因為正如凱賓指出的：「這就好比用化學來證明莫札特的音樂之美。」

特別有趣的是凱賓博士用音樂來做譬喻，另一位科學家在其備受爭議的出版作品中也用了音樂舉例，闡述太陽系的運作與人類之間的關聯，用以解釋占星學令人費解的準確性。英國普利茅斯大學天文學以及天體物理學資深講師珀西．西摩（Percy Seymour）博士，也是格林威治皇家天文臺的研究人員，寫了一本《科學的證據》（*The Evidence of Science*）的占星書，導致他那些保守派同事的強烈反應。倫敦的《泰晤士報》還刊登過一篇文章描述這場爭議。文章援引了西摩博士書中的內容：「……整個太陽系在地球的磁場上演奏著交響樂」。西摩博士的理論再一次用振動、和諧以及能量振動來評估太陽系與個人之間的關係。他用行星磁場共振的複雜網絡來解釋太陽系。

西摩博士出版過多本天文學著作，其中《宇宙磁力》（*Cosmic Magnetism*）一書還為他贏得過國際學術盛譽。擁有文學以及天體物理學的雙博士學位的他，此前從未對占星學感興趣，直到聽說平時擺出「客觀」嘴臉的科學家同事對占星學不屑一顧甚至粗暴攻擊。如他在採訪中所說，「就這樣，當我審視完那些意在駁斥占星的論點，得到的結論認為它們完全不科學——不過是一種披著學術語言外衣、自我合理化的偏執而已」（摘自《山脈占星家》〔*The Mountain Astrologer*〕雜誌對西摩博士的採訪〈The Magus of Magnetism〉一文）。鑒於西摩博士的理論和假設都太過複雜，就不贅述細節了，這些理論打開了一道讓我們能部分理解占星學的大門。西摩博士的想法甚至還猜測，個體在胎兒時期就已經開始與太陽系的磁場調諧相應了。這裡扼要引用一段，讓讀者領略一下他的研究方法：

在試圖解釋高格林（Gauquelin）的實驗結果時（法國心理學家高格林曾經對行星坐落的位置和職業選擇之間的關聯做過資料統計）。讓我聯想到了磁生物學，這是一門涵蓋了廣泛知識的學科，將行星排列、太陽的磁場活動與由地球磁場波動引發的生物學結果聯繫起來。這令我想到了磁波共振這種機制，它不但能夠解釋太陽的磁力，也能告訴我們為什麼某些地球特殊磁波會被行星的磁波「鎖相」（phase-locked）。（同上）。

總的來說，如今法律用語中的所謂「證據權衡法」已經勢不可擋，有關生命、科學、人性和潛能等方面的新觀點，需要研究領域和相關輔助專業接納。假如我們真的去了解，至少在理論上，把整個宇宙（至少是太陽系）視為一個完整有組織的能量系統，有自己的節奏和功能，接著會發現每一個有機的系統都被更大的整體涵蓋，並且與其他部分關係一致。在許多古老文化中的哲學家、先賢以及占星師稱之為「微觀宇宙與宏觀宇宙的聯繫」。

愛默生、伽利略和達文西有什麼共通點？

之前我提過幾個史上偉大的人物，也談到了他們都承認了占星學的價值所在。接下來我將簡要介紹一下他們對占星學的實際說法和做法。與莎士比亞（Shakespeare, 1564-1616）同時代的法蘭西斯．培根（1561-1626）爵士，是大家熟知的歷史上最傑出的人物之一，他的學識、獨創性和作品內涵的廣闊性，常與達文西媲美。這位「科學之父」曾經斥責那些濫用這門技藝的占星師，期待有朝一日占星學能有更理性的基礎，以清理濫用和不當使用占星學的風氣：「占星學應該被整肅，而非完全排斥。」（《學術的進程世界篇》，〔*Advancement of Learning, World Classics*〕，第一卷）培根還寫道：「行星主導著人們天生的差異性，並非全無道理。」

發現了行星運動定律約翰尼斯．克卜勒備受天文學家推崇，在這個問題上顯示出真正的科學態度。起初他也對占星學嗤之以鼻，不過，最終他得出了如下結論：

> 凡間的種種經驗總呼應著天空中的星體變化，這不得不讓我改變原本的信念……正如經驗告訴我們的那樣，天體在軌道上運轉並給地球帶來變化，這種種神聖的顯現（占星學）就是上天賜予我們最美好的禮物。然而因為一些輕浮而迷信的占星師吹噓，讓它蒙塵，反而令那些有學識的人避之不及（《克卜勒文集》〔*Collected Works*〕, Munich, 1938）。

最後一句話最得我心（克卜勒寫於一五九八年！）因為我曾多次口頭或書面闡述過，通常就是那些過度吹捧占星學，或將之視為一種宗教的占星師，汙名化了占星學。事實上克卜勒畢生致力於將占星學提升至更可靠、更受人尊敬的地位上。他這樣寫道：「然而面對這般濫用，占星師只能怪罪他們自己。他們的所作所為令這門益於人類的技藝備受污辱和懷疑，事實上他們對占星學真正的價值所知甚微，導致我必須挺身而出支持占星學。」（同上）

優秀天文學家伽利略（1564-1642）教授占星學長達幾十年之久。他在義大利的帕多瓦大學向醫科學生傳授占星學。當時的占星學被認為是學醫的必要輔修，而我敢說，即便今天也應當如此。我是知道我所認識的醫生、整脊師、心理醫生以及精神科醫生（通常是祕密地）都會使用占星學去了解病患的本質、活力狀況以及正在經歷的生命週期。這樣有助於醫生迅速而深入地了解病患。

多年前，一位著名的物理教授（恕我不透露他的姓名，以免危及他的事業）說過以下這段話：「數學一直以來是科學的語言，未來仍然如此；然而，占星學則將會是人的狀態定調語言。」

在商業管理領域，我同樣發現執行長和總裁也都不太願意別人知道他們接觸占星或是占星學顧問，因此有很多實例我也不方便寫出來，以免洩露機密情報。銀行家理查・

詹雷特（Richard Jenrette）卻是一個特例，這位太陽牡羊座的名人非常富有，且完全不在意他人的看法，他在《逆向操作管理》（*The Contrarian Manager*）一書中，大書特書了占星學給他帶來的幫助。通常牡羊座的人都缺乏耐心，他們需要迅速掌握問題的重點，了解他人的能力，在我看來這正是特別強而有力的證明。毫無疑問，假如不是一下子就發現了占星學的實用價值，像詹雷特這樣的日牡羊絕無可能在這上面浪費時間。詹雷特是華爾街極為成功的唐納森和拉夫金與詹雷特公司（縮寫為DLJ）的創辦人之一。該公司是針對小型企業進行分析研究的先驅，後來被另一家公司以數百萬美元買走。最近我接觸到一位在製藥業擔任行政主管的專家，為了將人才安排到最適合也最能發揮他們專業技能的位置而使用占星學。

激勵人心的美國著名哲學家愛默生對占星學有一個簡要的定義：「占星學是被帶到地球上運用於人類事務的天文學。」這句話幾乎等同於心理學家拉爾夫．梅茲納（Ralph Metzner）所說的「把天文學用於心理學研究」（引自梅茲納博士的文章〈潛在科學和直覺藝術〉〔Potential Science and Intuitive Art〕），因為在愛默生的時代，「心理學」一詞還沒有出現。

在文學領域，我更是能夠舉出上百個例子，不過在這裡我姑且只引用兩個人的話。偉大的德國文豪歌德寫道：「占星的起源有其浩瀚的宇宙合一性。」另一位極富爭議的美國先驅作家亨利・米勒（Henry Miller），他在多本著作中表達對占星學的深刻見解和欣賞，並解釋：「占星學既不是對宇宙法則的詮釋，也不解釋宇宙為何而存在。占星學的作用，用最簡單的話來說，它告訴我們宇宙自有其節奏，而人類的生活就在這個節奏之中。」（《心的智慧》〔*Wisdom of the Heart*〕NY: New Direction, 1960）

在現代科學中，占星無疑在心理學領域中已廣泛地應用、檢測和承認。這不足為奇，因為占星學可能是理解不同的人類個性和動機中最有效且精準的工具。從下文中你大約能看出占星學是如何被心理學研究者廣泛運用到實際操作中的。

> 在未來的心理學課本上，假如不提占星對當代心理學家的幫助，就好比是談論中世紀的天文學家時，絕口不提到望遠鏡對他們的幫助。（加州綜合研究學院心理學教授理查・塔納斯博士〔Richard Tarnas〕，著有《西方心靈的激情》〔*The Passion of the Western Mind*〕以及《宇宙與心靈：新世界觀宣言》〔*Cosmos and Psyche:Intimations of a New World View*〕等書）

占星學所提供的，首先是一個基於外在架構上的個性系統參考，因此在對於個性的研究中，它的優勢遠超過在個性研究領域中大量產生的武斷系統，而且我們確信，在未來勢必會成為通用心理學的研究系統。占星學提供了人類心智的象徵藍圖……在心理學家的問卷調查當中，它比較不容易被研究對象的「裝好」或「裝壞」所操控。占星能在研究對象所知極少甚至一無所知的範疇中提供見解……像是壓抑、不曾自覺述說過的價值觀、無意識地投射到日常生活和關係中的矛盾和衝突。占星學也能提供線索讓我們了解那些尚未覺察到的潛能、天賦以及整合和昇華的管道……使個體之間的「配合」成為可能，無論是醫患關係、婚姻伴侶還是雇傭關係。我堅信未來在心理治療或心理諮詢中會慣性使用到個人星盤，就好像我們現在透過採訪和背景資料去了解研究對象那般尋常。（心理學博士吉波拉．都賓斯〔Zipporah Dobyns〕的〈占星學作為心理學的工具〉〔Astrology as a Psychological Tool〕一文，發表於一九七〇年出版的《水瓶時代雜誌》〔*Aquarian Agent magazine*〕）

另一位心理學家拉爾夫．梅茲納博士曾在哈佛大學擔任要職，出版過包括《意識的地圖》（*Maps of Consciousness*）在內的許多著作，對於占星學為心理學以及人類的自我了解做出的貢獻，他給出了簡潔而全面的解讀：

作為一名心理學家及心理治療師，我對這個令人困惑又充滿吸引力的主題某部分很感興趣。占星學中存在著一種心理類型學以及診斷評估的方法論，無論是在綜合性還是複雜性上都遠勝於現有的任何一種系統……占星學的分析架構，由環環相扣的三個黃道十二宮象徵符號——星座、宮位和行星相位所組成。與現有的研究系統相比，占星學更適於研究複雜多樣的人性的類型、特質、動機、需求、因素或範圍等。

這個系統的另外一個優勢在完全獨立於研究的對象，因此不會因為研究對象的回應而有所偏差……與其他人格評估方法不同，占星學模式有種與生俱來的活力：嫻熟具經驗的占星師在解讀星盤時，不但能夠綜合描述出盤主世襲的性格傾向和天分，還能指出潛在在盤主身上的可能性，建議必要成長的方向——簡單來說，占星學給出了自我實現過程的象徵地圖。（《意識的地圖》）

醫學博士兼精神科醫生史坦尼斯拉夫．高福（Stanislav Grof）擔任過馬里蘭州精神科研究中心的負責人，也是約翰霍普金斯大學醫學院精神病學的助理教授，他在《古代智慧和現代科學》（*Ancient Wisdom and Modern Science*）中一針見血地表達出占星學的價值：

就我看來，占星學是唯一一種可以在非日常的意識中體驗心理療法時，成功預測出會遇到的狀況和時機的系統。（高福，《古代智慧和現代科學》〔*Ancient Wisdom & Modern Science*〕, NY: Sunny Press, 1984）

占星學，一門讓牛頓、笛卡爾科學駁斥和嘲諷的學科，是研究人格發展和轉變的訊息來源，有著不尋常的價值……這種方法論認為意識是宇宙的主要元素，與其他存在緊密交織在一起，且認為原型結構優先於物質世界而存在，也決定了物質世界各類現象的發生，因此占星學的功能發揮相當具有邏輯性。（同上）

著名心理學者兼精神科醫生榮格是最早使用占星學來了解病患內在驅力的心理治療師之一。榮格承認在很多個案中都使用了占星學，尤其是對於那些他難以理解的病人：

作為一名精神科醫生，我對占星學能夠照亮人性複雜的一面特別感興趣。在一些困難重重的心理學診斷中，我經常會利用占星學，以便從完全不同的角度得到更多的觀點。我必須說，我常常發現占星資料能夠闡明一些其他方法所無法了解的問題。（摘自一九四七年九月六日榮格寫給拉曼教授〔B. V. Raman〕的書信）

在接受一家來自法國的占星學雜誌的採訪時（一九五四年），榮格陳述：

有一點相當確定：一個能夠被明確定義的心理學現象，會伴隨著相應的占星學結構。占星學是集體無意識象徵的組合，而集體無意識正是心理學研究的主體。「行星」就是神祇，象徵著無意識的力量。

在同一個訪談裡，榮格還表示，個體內在某些精神層面的傾向「似乎能在占星學中得到印證」。榮格在他很多著作中都強調過占星學是涵蓋了古代心理學知識的總和，包括個人先天的傾向以及精確測定危機的方法。

總之，無論是在科學上還是哲學上，占星學確實都有不可確定性。但這門古老的主題仍然豐饒，如同這章前面已經介紹過的，占星學被史上某些優秀的智者認為很有價值，得到廣泛的認可。在我看來，大多數群眾在心中將占星學和運勢預測連結在一起——很不幸——許多占星從業人員也如此身體力行，這樣阻礙了更多知識分子來檢驗這門深奧而實用的學問。雖然仍有很多占星師堅持使用幾個世紀前的方法來做運勢預報，然而幸運的是已經有大量心理健全、技藝純熟的現代占星家日趨成熟，不再做那種不稱職的主張。

醫學、經濟學、氣象學和地震學也都是難以精準求證的科學，而且並非完全可靠。因此對那些凡事要尋求確定答案的人來說，這些學科也常常令他們失望。然而卻很少有人會以這些學科缺乏合理性，來反對這些領域內的研究。事實上，經濟學還常常被人們稱作「憂鬱科學」，部分原因是經濟學家時常做出一些根本不切實際的預測。然而經濟學領域和占星學一樣，假如不強求某些具體的預測，那麼會發現可以學到更多有趣的東西，獲得更開闊的視野——尤其是在價值觀、動機以及人類行為層面。

換句話說，在接觸不同領域的學習和研究時，應該按照它們本身的角度來看待它們，這樣才能盡可能從中受益，而不是試圖找到想像中的完美科學。沒有哪一門科學是絕對完美或滴水不漏的，一般來說人們也不會要求醫藥學、氣象學或是經濟學做到完美。因此，這樣的要求對占星學並不公平。

〔第三章〕

愛、性與關係：綜觀歷史到今天

愛是需要學習的。它是人際間的「極性」在無數的交互過程中，艱難而複雜地維護個體完整性。——英國作家 D. H. 勞倫斯（D. H. Lawrence）

愛是無止境的寬恕，是一個成了習慣的溫柔眼神。——英國演員彼得・烏斯蒂諾夫（Peter Ustinov）

生活在西方世界的我們正處於一個奇怪的時代，我們以「自由」和所謂的現代「知識」為豪，與此同時，我們卻被自己的恐懼和不安全感所囚禁，因為缺乏自覺而情緒耗弱。著名的教育制度評論家查利・塞克斯（Charles J. Sykes）曾寫道：「與其體認到人類生命的特徵是失望和局限，我們反而將無窮無盡的期待供奉進神龕——為了心理滿足、自我實現，自我體現和幸福——彷彿這些不是我們要贏得的目標，而是我們應當被

授予的權利。」（《吾等蠢兒》〔*Dumbing Down Our Kids*〕）

當代社會的經濟以強迫性廣告為導向，這種狀況和生活方式節奏，創造出與現實脫離的人群。這些人被一些支離破碎、互相矛盾的慾望、觀點和感情所驅動。這種混亂以及與肉體和內心的深層情感（與表面的、轉瞬即逝的所謂自我放縱的「感受」很不一樣）失去連結的狀態，常常讓我們無法感受到勞倫斯所說的那種人類「極性」（polarity）。「極性」一詞除了電學和磁學等物理意義外，還意味著生命中的對立。這些往往是互補的，並且能夠互相刺激——男與女、陰與陽、創造與接受等。有句霍皮族印第安人的諺語說：「極性是一台織布機，將種種現實都編織於上。」如果我們不能有意識地參與並享受極性之舞，就真的錯失了太多生命的饋贈。

如果我們無法體驗極性，我們就無法體驗到生命的活力，也無法體驗到真正的創意、強烈的興奮感和滿足感，這些感受會在一段重要的關係中被與我們人格互補的人點燃。不管在什麼時代，愛與性被賦予的重要性，以及人類對其所持的態度，都跟當時的社會、心理、生理環境緊密相關。但在今天西方世界中，節奏快速的生活、不接地氣、瞬息萬變的生活型態、城市人群的無歸屬感，以及透過電子技術極快傳播至全球的極度時尚狂熱（甚至包括心靈傳染），導致人們迷惘和焦慮。於是，人們開始探索「接地」（grounding）體驗（或極性體驗）。而性的本質就是極性，因此，許多人試圖僅透過性行為尋求圓滿和滿足感。事實上，西方世界的現代生活愈來愈缺乏專注、放鬆和極性體驗，於是人們常常試著在性愛或沾染情慾的關係中尋找。但近年來生活在西方世界的人應該已經相當明白，西方社會中的性超載了期望、權力和廣告形象，導致愈來愈難以根據自己的本能需求和感受建立誠實、純粹的關係。我會在本章的後半部分就這個話題繼續展開討論。

來自舊金山海灣地區的心理治療師史丹利．克爾曼（Stanley Keleman）就現代生活這個重要領域寫了一些驚人的犀利作品——應該要特別注意——最主要是針對北美，因此與該社會和心理學環境特別相關。他對現代人群中常見的妄想、自欺以及深層心理需求的診斷非常發人深思，值得我們注意：

> 現實變得令人迷惑。我們為了營造一個平等的社會，而政治化並扭曲了性別。我們生活在一個試圖消除性別差異的政治氛圍裡，抨擊生理差別決定命運的說法。透過立法，社會想要廢除男性和女性的差別，否認千百年來人類公認的性別差異和兩性張力。這種概念上的平等，與實際經驗和人體解剖學漸行漸遠。（《為異性戀辯護》〔*In Defense of Heterosexuality*〕）

藉由消除兩性間鮮明、與生俱來的差異，實際上我們也消弱了極性經驗及其可能帶來的滿足感、啟發感和治癒能量。克爾曼還表示：

近年來，社會對於男性和女性的角色及感受、兩性的家庭責任等，給予了或明或暗的打擊。在我們的文化中，許多人都想要強調兩性間的相似性，而非差異性。（同上）

我們的社會公開鼓勵人們在本能被剝奪的情況下，追求性別平等卻不接受性別差異，追尋瞬間的滿足而對忠誠、承諾和奮鬥輕描淡寫。這個社會模型是一個神祕的享樂主義花園，男人和女人在此尋求各自政治及生物上的權利，卻不需要付出努力或培養技能以讓兩性或家庭關係更長久、感情更緊密。因此當人對性慾、性別角色和性別本身產生疑惑，又有什麼好奇怪的呢？（同上）

當今社會，許多人與生命和愛中的基礎失去了聯繫，本書對此也許可以提供一個全新的解讀方式，以說明極性。讀者將在後面的章節裡讀到，占星學建立在對極性的研究基礎之上：溫暖的、充滿能量的太陽和涼爽的、撫慰人心的月亮；與人為善、提倡和諧的金星和不近人情、具侵略性的火星；風象與火象元素的自我表達能量，對應著土象和水象元素的自我保護能量……如此種種，不勝枚舉。在某種意義上，我們可以把占星學**看做一門科學或藝術，研究日常生活中人類個體和人際關係的能量運作模式**。占星學不僅能幫助個體更了解自己及自己的人生伴侶和人際關係模式，更能有效矯正現代社會中日益增加的錯覺妄想和自我毀滅的概念。克爾曼這樣寫道：

> 當我們打亂了生育本能的步調，也扭曲了性別的意義，我們就削弱了人類所能經驗到的最深的情感和最無私的願望：對孩子的撫養和愛，為了給後代一個更人道的世界。（同上）

歷史和文化背景

研究各種文化和歷史，能夠幫助我們了解各類令人歎為觀止的人類情感和性愛表達模式，了解社會結構的構建方法，明白在性、撫養孩子、維持社會穩定和世代關係穩定等方面，性別角色是如何認定的。這樣的研究也能帶出人類試圖理解親密生活及親密關係奧祕的不同方式。眾所周知，古希臘人用五個不同的詞來形容不同類型的「愛」，其中最奇妙的是「eros」（愛慾），衍生出英語中的「erotic」（肉慾的），而意義範疇卻比它的字根狹隘多了。

古希臘人相信，自我持續不斷地再生、更新，是愛慾固有的一部分，促使著人們追求真、善、美。他們認為，純生理的性慾被包含在內，最終會昇華為愛慾。希臘神祇厄洛斯（Eros）是戰神阿瑞斯（象徵火星）和愛與美之神阿芙洛蒂忒（象徵金星）的孩子，他放射著兩兩相對的能量：男性與女性、性慾與親近、剛毅與柔美。不僅是古希臘人，後世許多不同文化背景的作家也將愛慾理解為一種自我昇華、尋求與他人連結與親密的驅動力，甚至如聖奧古斯丁說的，愛慾還驅動著我們與真理和神合一。愛慾吸引著我們，引導著我們向前，而性，僅僅是背後的推動力。愛慾指向的是各種可能性，若占據主導地位的僅僅是尋求自我滿足，愛慾的力量就被削弱了。希臘神話中的厄洛斯與他的弟弟安特洛斯（Anteros）在一起時，立刻化身為翩翩美少年，而一旦與弟弟分開，就會立即變回幼小的樣貌。這個故事剛好說明了古希臘人的愛情觀：愛（厄洛斯）離開激情（安特洛斯）便無法成長，至少不能缺少強烈的感情或能量的介入。

簡單來說，本書會有很多主題包含神祕的愛慾之謎。愛慾涉及生活中許多面向，然而現今卻不幸地已經演變為支離破碎、政治化和失去了價值的領域。在那些領域裡，人類已經與歷史上質感豐富的人類經驗、與對親密的深層需求分裂了。麻州大學的人類學家愛麗絲．羅西博士（Alice S. Rossi）寫道：「現代社會只是進化史的一瞬間，設想我們大膽嘗試將性別角色平等的小小實驗能在……一個世紀內，更別說只有十年了，就能推翻千年傳承習俗的話，我們就未免過於天真了。」心理治療師克爾曼也提出過相似的論點：「如此亂搞兩性角色的目的，實在是有待商榷。」（《為異性戀辯護》）

事實上，當我們探討愛、性和性別角色時，廣泛了解古往今來世界各地的習俗、傳統和社會模式，能將我們從那些過於死板的觀點中釋放出來。這類題材其實應該是「性別研究」、「女性主義」、「人類性慾」等大學研究課題的一部分。澤爾丁教授寫道：「……愛的歷史不是一場奔向自由的浩大運動，它經歷了潮起潮落，陷入過漩渦，也曾長期停滯不前。如今，掌握著避孕技術的西方人面前有太多選項。令人吃驚的是，人們前所未有地看重愛，然而學校裡並不傳授愛的知識，諸如愛的歷史、愛的戰爭、愛的興衰、愛的方法和修辭、愛的虛偽和經濟學。」（《人類親密關係史》）

因愛而結婚，是相對較新鮮的歷史現象。在今天的西方世界，卻相當普遍。然而，世界上大部分的婚姻，還是由父母或長輩安排，或是出於社會階級和經濟問題的考量。在許多地方，「為愛結婚」是一種不理智的表現。澤爾丁寫道：

> 在歷史上，愛一直被看做威脅個人和社會穩定的力量，因為穩定通常比自由更重要。在一九五〇年代，只有四分之一的美國訂婚伴侶表示正處於熱戀；在法國，只有少於三分之一的女性表示她們體驗過美妙的愛情。四十年後，超過半數的法國

女性開始抱怨她們的男人不夠浪漫，希望他們經常開口說「我愛妳」。她們普遍認為，現代生活令愛的激情變得更難點燃，但事實上，愛的黃金時代並不存在。出於絕望，人們開始說自己愛動物、愛運動超過愛人類。在俄羅斯剛開放的歲月，哪怕是對於新婚夫妻而言，愛情在其「結婚的十八個理由」上，也只排在第五名。這意味著，激情是一種人類尚未掌握的藝術，愛情是一場尚未成功的革命。（同上）

儘管我們經歷了性解放，擁有著所謂的感情宣洩自由，然而，如同藝術史學家兼社會評論家卡米拉．帕格里亞（Camille Paglia）所寫：「我們對於自己了解多少？幾乎沒有。與社會鼓吹的女性主義相反，對那些重大的性別問題，我們沒有找到答案。事實上，我們還沒學會提對問題」（《蕩婦和流浪者》〔*Vamps & Tramps*〕）。此外，帕格利亞還指出，「政治正確」的暴行不僅會抑制「理解人類，實現兩性真正的平等」的實現，甚至還會弄巧成拙（同上）。澤爾丁也總結了我們無法學習前輩的愛與性經驗的原因：「每一代人都只看到他們與父母以及子女的區別，卻忘了男女之間長久以來的各種問題，也忘了從古至今人們都不斷撞在同一面牆上。」（《人類親密關係史》）。

另一個貫穿歷史的跟愛和性有關的主題是，人類有將異性或將某一個特定的伴侶（主要是女性）理想化的傾向。澤爾丁教授指出，這種做法不會幫助我們真正理解另一半，但會為我們的孤獨提供一劑暫時性的浪漫解藥，在某一歷史階段，這種理想化是對人類自身缺陷和罪惡的壓抑意識作補償。這種理想化的傾向作為愛慾的表現形式，從古至今有很多例子，或者是一種宗教性的獻身精神，或者是詩歌、雕塑、繪畫的藝術昇華，甚至是騎士精神，都在人際關係中注入了更多恭謙。在印度、阿拉伯和基督教文化歷史中，還有其他理想化女性的表現形式。

此外，在這個沾沾自喜的當代社會——因為在兩性平等、性別權利保障方面似乎取得了一些成就，理想化另一半的傾向就很明顯。不過，這種理想化常常以神經質的形式出現。比如一個人內在面臨衝突時，一方面是對浪漫感情的理想化（通常是無意識的）——另一方面卻以自我為中心，要求過度的自尊、個人權力以及不願妥協的個人自由。事實上，有些類型的理想化會讓我們頭腦混亂，破壞關係，這正是從我在本章前文中所提及的那種「無盡期待」的利己文化延伸而來。

有一種理想化的表現形態，在當今西方世界裡崩毀的家庭與婚姻關係中出現，「靈魂伴侶」因此而生，一個讓人賺得荷包滿滿的概念。對於這個論點，我不會著墨過多，但我要指出，精確而明晰地比較兩個人的出生盤，通常能夠看出兩人之間是否適合，繼而考慮是否可以發展出親密關係。另外，查看兩人的合盤還能指出一方或雙方的理想化程度如何，這種理想化究竟是鼓舞人心、創意無限的，還是迷惑人心甚至自欺欺人的幻象——抑或兩者皆有（研究這個方面，應該特別分析海王星的互動）。

那些過度的、不健康的理想化——我們對他人的想像，對親密關係可能性的想像，以及完美尊崇自我的概念，如果恣意瘋長，會帶來悲劇性的後果，生命的維度會因此而縮減，將把我們隔離在肥皂泡泡裡漂浮，與地面和感情現實失去連結。若放縱自己習慣於理想化另一半（這是為富足社會所允許的，許多心理治療和自我成長行業也鼓吹這一點），那麼我們就會與個人經驗、與那些滋養我們的深層經驗漸行漸遠。在加拿大歌手李歐納·柯恩（Leonard Cohen）的《讚美詩》（Anthem）副歌裡，他用詩意來表達，當一個人理解自身關係的現實限制後，就能體驗到光芒四射的理解力與能量，這種感覺跟一個人活到四十歲後憶起往事時的感覺差不多。

回憶每件尚憶得之事，
忘了你那完美的獻奉。
萬物皆有縫隙，
方能讓光透進。
（出自專輯《未來》〔*The Future*〕）

我們在亞洲宗教傳統中常常能讀到這樣的觀點：認為心靈是「現實的敵人」。在人際關係領域，理想化才是現實的敵人。我這麼說並不是指我們在生活中不應該樹立理想化的典型。若雙方擁有相同的精神以及（或者）哲學理想，那麼這段關係當然有可能開花結果。然而，必須接受人際關係中在現實層面的「各取所需」，我會在後面的章節具體說明這點。我們應該牢記一個引導性的概念：有了理想，你的心中就會有完美的形象，但它並不一定真實存在，也未必有生命力。極性會令你們發生衝突，但能量流動和各種可能性也會隨之而來。

因文化背景不同以及歷史的變遷，人類的各類親密活動有著無窮的魅力，不過本書不打算對此進行全盤的探索。我的確想做一個鋪陳，以便為後文詳述人類本性的原型維度做基礎，此外我還想簡單地描繪出人類行為、形象、態度的各種表現。鑒於今日社會充斥著太多的期待、理想、生活方式、宗教信仰和文化傳統，在本章之後，我基本上會忽略掉那些大多數轉瞬即逝的流行趨勢、時尚臆測、具爭議的問題和政治正確的信條。反之，我想把重點放在人類個體能量諧調的本質上，相較於媒體和學術迷思，這才是永遠的現實問題。此外，因為這本書的面向是給全世界的讀者，所以我也不想窄化占星學的使用範疇，僅僅去迎合西方世界少數人侷限而浮躁的品味。

標準而虛偽的社會走向

早在這幾十年的性別政治爭議誕生之前，許多西方國家的社會結構就已經搖搖欲墜；如今，在各種因素的作用下，這種解體的趨勢愈演愈烈，讓那些想要獲得體面和穩定生活，特別是想生兒育女的人帶來了巨大的挑戰。離婚率的增長速度令人擔憂，經歷父母離異的兒童數量在過去二十五年裡增加了三倍。一位專家預測，如今百分之四十五的美國孩童在十八歲以前某段時間會在單親家庭中度過。愈來愈多的成年人選擇當單親家長，或者決定非婚生子。沒人能準確預測，這樣的趨勢會導致怎樣的後果，但許多專家擔心不穩定的家庭會導致社會制度的不穩定。耶魯大學兒童研究中心主任阿爾伯特・索爾尼（Albert Solnit）說：「離婚是現下兒童面臨最嚴重也最複雜的心理健康危機。」如果占星學或者其他心理治療手段，真能幫助人們更了解他們在關係中的需求，那麼對其進行研究和嘗試就是值得的，也勢在必行。畢竟，大多數的西方社會有許多政府政策、心理學理論、自我成長書籍和普遍看似有效的建議——但我們必須承認，一點效也沒有。

有一份特別的研究報告，可以為當下的社會趨勢做一個警惕的例子。動物行為學研究者哈利・哈洛（Harry Harlow）指出，如果猴子離開母親長大，會在社會適應和性兩方面產生嚴重的問題。牠們會變得暴力，對性別角色產生疑惑；這些猴子中的母猴如果懷孕，會對腹中的孩子心懷敵意，暗藏「殺機」。在人類社會裡，因缺少父親角色所帶來破壞性影響也如是。我們必須去想，在這樣的社會環境中成長的孩子，將來會有怎樣的生活和感情健全程度。舉個例子，在美國有孩子的夫妻占人口統計家庭總數的百分之二十五以下。

另一個令人擔憂的趨勢，已經從西方世界蔓延到保守的亞洲國家，公開和私下的行為標準都退化了。在部分社會階層竟然會欣賞暴露癖好，那些著名的流行「藝術家」，其實應該精確定位為媒體之下的性表演者。正如理查．湯姆金斯（Richard Tomkins）在《金融時報》（二〇〇四年三月二十六日）上的文章指出：「性的意象流竄於大眾文化的各個角落，尤其是在媒體、廣告、時尚、娛樂和流行當中。」他所謂的社會「情色渲染」（pornification），不可避免會對親密關係造成粗暴殘忍的衝擊，特別是在年輕人以及親子關係之間。湯姆金斯指出，一九六〇年代開始，商業王國「嗅到了苗頭」，充分利用性解放運動帶來的盈利機會，用前所未見的方式兜售有性的形象。

如此宣傳、推廣性的形象產生了嚴重的反應，人們內心的親密情感和性本能與外界推崇的性形象分裂開來。史丹利．克爾曼寫道：「當媒體宣傳某種外貌和行為會讓一個人更有吸引力時，性就變成脫離了我們深層需要的幻象。性變得靈肉分離，性被過度消費了。」（《為異性戀辯護》）。他還寫道：

我們不是花時間從自己的經驗中學習，而是試圖模仿那一剎那的形象。社會並不鼓勵我們參考體驗過的發展，卻指導我們聽從假象的指引，結果是情感人格發育不良。人們被這一體適用的模式所困惑只好逃避，不做選擇。（同上）。

一個壓抑社會的形象是不切實際的。但我們身處的並不是一個性壓抑的社會；反而是一個慾望被過度強調、敏感度過高的社會。我們共同的危機不是壓抑，而是過度刺激。電視、書籍、學校、廣播、報紙爭先恐後地吸引著我們的注意力，想要進入我們的感官和內心生活。我們的大腦、荷爾蒙和身體都遭受著槍林彈雨般的衝擊。（同上）

請特別注意關鍵字和整句話，外界力量「想要進入我們的感官」和「內心生活」！在詳細論及占星學如何幫助我們理解人際關係之前，我之所以提及當今社會的諸種現況，並引用了多位專家和敏銳的評論家觀點，是因為一個人必須首先「擁有」（或者重新擁有）內心生活，才能獲得健康的、彼此滿足的關係。而如今，如果一個人沒有意識到心理和社會方面的影響與壓力，對真正人際關係的扭曲、操縱和破壞，就很難做到這一點。換句話說，我用大量篇幅描述這些無處不在的問題，是為了給讀者提供一個現實的背景，以便大家理解我們今天的生活；是為了闡明而不是用粉飾太平的方式，描述在二十一世紀想獲得成功且令人滿意的人際關係，首先需要克服的障礙。

在探討這股會削弱我們的敏感度、降低我們理想標準的潮流，對每個個體的影響時，克爾曼毫不留情：

> 我們過著這樣不分青紅皂白靠著性衝動的生活，失去了聽從我們的性別訊息來採取行動、獲得深層情感滿足的機會。性由此變成了一種經由外界刺激來開發的理想中行為。最明顯之處就是過度刺激，因為我們的文化需要並產生它，我們所使用的性並不能促進個體的成熟，也無法保持長遠的關係。性已經變成了性事，人們開始追求各種名堂、新的激情技巧、替代接觸的幻想慾。關係不重要了，未來也不重要了，性就只是性而已。這並不是解脫，而是避孕的濫用和結果。（同上）。

隨著熱潮而來的是大規模的衝突、「進退維谷」（double-bind）的處境和表裡不一的狀況。其中一個矛盾在於，許多女性宣稱自己需要尊重和平等，而她們的衣著、行為和刻意營造的公眾形象卻與之衝突。全世界的男性都注意到了這一點，但還是有很多女性不願意在生活中承擔這份責任。這種否定態度往往會令男性不解，心理學家榮格的妻子艾瑪・榮格（Emma Jung）以下這番觀察也許能夠解釋：

女性能在無意識層面對男性施加魔法般的影響，男人根本無法抗拒。她憑直覺就能感知到這種能力也不想失去，因此她常常盡力抵抗它浮到意識層面。（艾瑪・榮格，《阿尼姆斯與阿尼瑪》〔*Animus and Anima*〕, Continuum International, 1985）

許多男性都覺得女性不當的穿著和行為挑逗男性，理應視作性騷擾，跟許多男性含有性暗示的侵略性挑逗無異。當想升職的女性的穿著或某些舉止如同街頭妓女或者輕浮的少女時，許多高權重的男性很難認真對待她的「玻璃天花板」抱怨，因為她看起來確實是不為他人著想、缺乏責任感的樣子。史丹利・克爾曼對此清楚解釋道：

性時尚從四面八方打擊我們，更大大加劇了困惑。挑逗的裝扮意味著可遠觀，但不能碰。凸顯性器官的衣服並不能帶來真正的性滿足。事實上，不僅產生挫敗感還伴隨著不受歡迎的反應，而且還是一種直接與身體本能作對的暴力。我們允許自己接受過度的刺激，同時按照社會規範的要求克制和自我控制。因此，當在這種放縱的

文化中，產生出愈來愈多以及各種劇烈的暴力行為，也就不足為奇了。（《為異性戀辯護》）

社會角色、性別角色與真實世界

我拜過一位最明智、最慈愛的導師曾說過：「有愛的地方，就不會有權力和平等的問題」。我不懂為什麼有人無法接受如此適合所有人類關係的理想，儘管我確信許多人會反對以及認為我是無藥可救的浪漫主義傻子。但請記得，我宣稱是一種理想。做為一個日天秤（象徵著公平與公正之秤），我欣賞日常生活中兩性角色互補平衡的功能，以及二者心理天性上的互補。人與人之間的公平、平衡的和諧關係理想，非常吸引我——我期待——大多數人也是如此。因此，是時候去檢驗現代社會中壓抑和諧關係的趨勢和觀點了。與此同時，盡我們所能，最廣義地和最現實地去認清社會角色和性別角色的真正作用，就很重要了。

討論這個主題時，為了盡可能地保持平衡，我會強調男性觀點的展現，而非假裝成不說，就像我曾遇過的其他男性心理學家那樣假裝。其實我覺得他們遷就女性，而對男性不太公平。更別說大膽建議客戶使用更有幫助的新思維方式來思考問題時，偽善地使用「姊妹情」、「受害者」、「女性賦權」這些字眼。也許因為大部分客戶都是女性，因此他們戴上了這種不真實的人格面具，這種態度甚至會使女性客戶誤解男人的天性。

我也發現近年來女性的意見得到了相當程度的重視，到處都在宣揚女性主義的觀點——特別是最響亮和最憤怒的那種。毫無疑問的，這需要一段時間，但在西方世界中，此階段想必已經過去了。精神分析師愛蓮娜·伯汀內（Eleanor Bertine）博士在她出色著作《榮格對我們時代的貢獻》（*Jung's Contribution to Our Time*）中談到了關於女性主義的極端版本：「我們可以原諒他們的一面倒，所有的運動都需要點偏頗才會有影響。然而，想要抹除兩性特殊的特徵，且將女人視為沉重負擔且效率較差的男人，這點男女兩性皆不以為然。從心理學來講，一個人真正的唯一滿足來自於自己的內在潛能，而不是歪曲自己去模仿別人。」

最後一句話再度提醒我們，真實的自我表達如何被各種抽象概念、社會潮流和偏激主義所竄改——就像我們在整個二十世紀看到的，許多人在強權和社會處境的威脅時，扭曲了人格和個人原有的正直。不假思索地對性別極端主義者讓步，無原則地滿足其需求，讓整個社會付出了代價。美國急於安撫性別激進主義者，但想法和計畫都極不周全，這個活生生的例子應能讓歐洲得以仔細分析並吸取經驗。因為輕率對待極端女性主義，已經在社會、感情、經濟和法律付出了巨大的代價。經驗豐富的女性企業家莎拉·麥卡錫（Sarah McCarthy）在《富士比》雜誌上的一篇評論提出「文化法西斯」一詞。

她指出，這種極端的手段使女性疏遠了她們自然的盟友，而想要一起並肩前行的男女卻必須分神擔心身旁的狀況，不是吃官司就是性騷擾指控。她也指出無傷大雅的遊戲、微妙輕鬆的調情，原本可以減緩辦公室的緊繃氣氛，現在可能會成為犯罪行為。她還提出另一個不小的觀點：

> 我是女性主義者，但法律卻令我不敢聘用女性職員。如果公司的廚師或經理……冒犯了誰，公司就得付出高達十萬美元的懲罰性賠償和訴訟費用。我想對女權運動的領袖說：你們給女性幫了倒忙……你們嚇得主管只敢雇用男性而非女性。我知道我被嚇壞了。（〈我的看法〉〔In My Opinoin〕，發表於《富比士》，一九九一年十二月九日）

心理治療師克爾曼最令人醍醐灌頂的見解：「角色的重要性在於，它是大自然按照我們天性生活安排的管道和通道。」（《為異性戀辯護》）。拒絕承擔起千百年來發展的社會和性別角色，就等同否認人類和人類社會，其後果不堪設想。西方世界根據想像中「人」的概念來塑造自己，這充其量只是人類近期的一次實驗，人類似乎到了面對現實的時候了。克爾曼再一次強調這個問題：

性別是決定兩性關係的要件，如今它受到「人」這個概念的挑戰。概念裡的人被設想為不受男女性別的限制，一個理想的意識狀態，不具有生理和感情上的性別。這種概念已經滲進政治、法律和司法領域，平等就意味著克服因性別不同帶來的歧視。法律和制度上的機會平等又被延伸，詮釋為男性和女性在生理和情感上都是一樣的存在。我們憑著政治、法律和性幻想，創造出一個虛構的、沒有實際的生理性別基礎的人。（同上）

我們接受了激進主義提倡的性別角色教條，製造出愈來愈多的誤解，造成兩性和整個社會的損害。當女性接受了最響亮的、最偏激的「女權主義者」的極端觀點時，會強迫自己發展出原本屬於男性而她們自己並不喜歡的特質，她們還常會破壞、拒絕，或貶低大部分女性所展現出最好的自然天性。西方女性成功擺脫過時的「狹隘」角色時，男性則剛剛起步，而也無法從女性身上獲得幫助。很多研究顯示，許多國家的多數男性都因過時的性別和社會角色，而在生理、社交、和心理備受壓抑。有人可能讀過華倫·法雷爾（Warren Farrell）博士的著作《男權神話》（*The Myth of Male Power*），書中收錄了寶貴的資料。事實上作者曾是紐約市全國婦女組織的男性理事，當他確信這種女性主義是「一黨專制」的性別政策後，決定卸任。

極端性別角色激進分子設計了很多理念、指控，甚至參與制定政府政策，男性在容忍好幾年疲勞轟炸的宣導和幾年來的狹隘行為，影響到他們的內心與關係之後，被迫反擊（通常不太情願）。坦白說，大多數男性不想與女性競爭。他們需要女性，需要的強烈程度似乎遠超過了女性的理解（更多細節參見本章下一節）。男人陷入了廣大無邊的兩難困境；他們因社會要求之不真誠、往往是虛偽的舉止而病了，太多男性，無論是年齡、社會階層、教育程度，都會大喊：「我受夠了！」

「兩難困境」指的是什麼？我總結為以下幾點：

- 「現代」女性表示，她們希望男性展現出「柔和」的特質，自如地表達情感、和善，並敢於示弱。但渴望打開內心以求從壓抑中解脫的男性表示，一旦他們表現得不夠「堅強且掌握」——正是傳統文化的男性特質——女性就不再尊重他們了。
- 延續上述觀察，一份調查指出，大多數男性高級主管的妻子都沒有工作，以便應付其複雜的生活方式。可幾乎所有的女性高級主管的丈夫都有全職工作。我們難免會猜測，如果丈夫沒有工作，這些女性還會尊重丈夫嗎？
- 成為「完整」的男人有很嚴重的問題，因為商業社會要求的職業道德相當強硬，全然不考慮個人的需要、情感表達，以及男性在轉換生活方式階段出現的不確定因素（女性進入「男性世界」，並不能改變它，只能適應傳統的男性職業道德，長時間工作並為了公司利益犧牲自己）。
- 當許多男人厭煩了不涉及感情的性愛征服遊戲時，愈來愈多的女人拒絕認真的承諾，反而採用過往「男性」的態度去檢測自己的征服權力。
- 相當多的男性很難在情感上給予相互支持。與女性間互相扶持的人際網絡形成鮮明對比，許多男性有時連交到朋友都很難；認為自己有男性友誼的男人都承認，很難與男性朋友交流私人問題。
- 許多女性被問及在伴侶關係中想要什麼時，都會自然回答她們要的是愛，或者深入的感情。但愈來愈多的深度報告和不具名的調查顯示，她們還有其他的動機，諸如：金錢、安全感、社會地位、子女、規律的性生活等。這樣一來，那些浪漫又輕信了女性表面話的男性，會受到她們表裡不一時的震驚而大失所望。許多治療師確認都遇過這樣的案例（必須承認，這點跟女性常抱怨，男性為了滿足性慾而願意給出任何承諾是一樣的）。
- 隨著性解放擴散，女性能在更大的範圍內探索；但許多男性認為，女性並沒有增加對自身慾望的誠實。多數女性仍然期待男性在性行為中採取主動，同時還要能猜出她們的喜歡的方式。如果一位男性非常直率坦白地表達其熱情或慾望，儘管有些女性可能會欣賞這份誠實，但絕大多數女性仍認為這是一種不當和出於本能的羞辱行為而忿怒，回應惱怒、流淚或其他失望的方式。然而，儘管女人厭惡這種耿直的誠實，可相當多的心理諮商師和治療師常聽到女性說，她們無法從性愛中獲得滿足，也找不到夠有氣勢、足夠「霸氣」的男性。

男性角色受限以及與生俱來的兩難處境，還帶來了另一種本書著重探討的重大影響。眾所周知，女性較為開放更易接受微妙的、直覺的，難以解釋但又有用的人性體驗領域。研究、使用占星學並重視其價值的人中，女性的數量比男性大得多——多數女性認為占星學很準。然而，某種程度上，這只是一種跟社會角色有關的文化現象。舉例而言，在亞洲，占星從業人員中絕大多數是最嚴肅、學究型的男性學生。但在西方世界，傳統上男性角色的意義常與「邏輯」和分析的思維連結，跟最狹義的「科學」有關，並不是客觀的方法論。很多男性因此對「非理性」感到恐懼，不但使得他們探索認為值得的生活領域受限，而且制約了他們與自己內在以及他人連結的能力。許多西方男性缺少所謂的「直覺」，也就是感知所處情境的意義與可能性的能力，以及在根本沒有線索之下，信任自身反應的本能天性。男性已經到了打破角色限制的時候了。這一限制，不僅影響人際關係，也會影響一個人的智力範圍、創造力、感情表達以及身體健康。

男性對女性的需要被忽視

過去二十年來，聚焦男性和女性角色的出版物足以裝滿整個圖書館。然而，關於兩性如何看待彼此，或者在親密關係中如何理解對方的需求研究卻非常少。舉例而言，很少有女性知道男性有多麼需要女性的陪伴、支持，以及——我敢說是——女性的溫柔。支持這個看法的古今例子太多，五百頁篇幅也說不完，但我會在後文提及一些大家都認同的看法，還有一些引用。

很少有女性能理解男性性慾中的暴力，以及女性對他們的吸引力——那是一種強烈、突發、執著且堅持不懈的天性。女性忽視這個赤裸裸的真相，體現在女性（包括女性主義者）幼稚的言論和期望中，以及可能是最明顯的：許多女性選擇的穿著風格。如同羅伯特．強森（Robert A. Johnson）寫道：「很少有女性能理解，一個男人有多麼渴望接近女性的溫柔。」（《她：理解女性心理學》〔*SHE: Understanding Feminine Psychology*〕）兩百多年前，偉大的法國文學家蒙田驚人坦率的描繪：「渴望的色慾引誘著我們追尋女人，去驅除熱切燃燒的慾望，一心只想減輕這份痛苦，從這般不安燥熱中解脫。」（《蒙田隨筆》）。

現代社會中最糟糕的問題之一，是生活中日益增長的需求和壓力迫使每一個人，包括女性甚至兒童，變得愈來愈有競爭性；這項特質讓女性愈來愈難以與男性互補，儘管男性仍然無比需要女性。顯然，兩性間需要更有效、更深入的交流，不僅是為了互相了解，也是為了認清彼此的需求。對此，心理學者納撒尼爾・布蘭登（Nathaniel Branden）寫道：

以我的經驗判斷，許多所謂的兩性戰爭都是害怕被拒絕、拋棄或失去的結果。通常男性和女性都很難接受他們有多麼需要彼此，不情願承認異性對獲得快樂生活，對圓滿自身的陽性或陰性特質有多重要。我們經常對於我們竟然如此需要異性而產生憎恨。（《浪漫愛情心理學》〔*The Psychology of Romantic Love*〕）

如何理解現代的性、愛與關係

多年來，我認為這個領域的調查研究存在著巨大的不足，嚴重缺少與人類經驗共鳴的人性深度。許多教學、研究、諮商手段和調查報告都顯得非常抽象和呆板，讓我覺得它們探討的好像只是未來的機器人或喪屍，沒有感覺、社會規範、宗教價值、精神理想，也沒有感情渴望。去人性化地描述親密生活，不僅無禮而荒謬，而且毫無準確性可言。在個人、性和家庭生活還掌握在神父和牧師手中的舊時代，人們向他們尋求權威意見時，得到的建議總是有某些限制；但人們對此有所預料，並且懂得如何彌補！然而到了今天人們向現代的神職心理諮商師以及堅信「科學」的信徒尋求幫助時，得到的卻是另一種狹隘的意見；忽視了人生的多樣性，並不能保證一定幸福和富足的未來。我們才剛開始意識到這些侷限的手段和學習如何彌補——藉由對無孔不入的媒體資訊置之不理才能做到這一點！

就像克爾曼寫道：

心理治療師和諮商師常常鼓勵人們透過釋放性慾來獲得滿足，忽略了性本身的嚴肅性和神祕性。他們很少提到克制和成熟的價值，也很少討論性慾的感情天性中擁有的力量，或構建一段關係不可缺少的痛苦掙扎。強調家庭和長期關係的價值在他們看來太狹隘、限制或者無聊。單親家庭數量快速增長，見證此一現代版本的自由。不僅僅成功的兩性關係典範愈來愈少，我們作為一種文化，卻已經與從異性互動中學到的永恆真理漸行漸遠。（《為異性戀辯護》）

今天的媒體充斥著各類統計調查，標榜著「科學」的口號，但調查的基礎和其中的偏見卻少有人過問。那些願意花時間就某個主題回答問題的受訪者，顯然對該主題比其他人更有興趣。自願參與關於親密生活問題調查的受訪者，也比大眾更能認識到這些問題的重要性。此外，他們並不介意對陌生人透露某些私生活的細節，這也就意味著他們將自己定義為非「普通」大眾。因此，我們不能認為他們可以為大眾發聲。事實上，他們並不能代表「普通」人。這些調查往往採取的手段同樣是完全呆板的，似乎每個人都是從同一個模子裡製造出來，在情緒、敏感度、強度、需求、品位或價值觀等方面，彼此差異並不大。這多荒謬啊！克爾曼寫道：

> 有些關於性慾的專業文獻將性解釋為一種機械功能，認為性無非是一種刺激反應。人類的性慾如同機械般運作，只要插上電源就能工作。當前有太多人對性的態度是故意不斷地將之從個體的情感發展中抽離出來。過分聚焦於技巧和表現，將性行為描繪為一種機械程序、高潮宣洩或自戀式的滿足。（同上）

儘管雪兒·海蒂（Shere Hite）的書《海蒂報告》（*The Hite Report*）當中關於性和關係的調查，為研究各種人類天性和行為提供了大量有用的訊息，但仍不如占星學那般清晰，可以直接提供以下線索，包括：

- 從各個層面了解契合度（compatibility）

- 認識將自己的能量調整至和諧的方式
- 深入洞悉一個人的需求為什麼會和感受與想法相同

在為此書收集資料和素材的過程中，我清楚地意識到了以上幾點。毫無疑問，用腦過度型的人會樂於分析他們的私生活，提供我最詳實的回應（占星學裡稱他們為水星人）。但我也試圖彌補這點，只在書中選錄了我認為最有見地的反饋／回應，而不是用統計學的方式，同時也引述了一些過往的諮商案例，並主動邀請了志願者多次訪談。其實我經常發現自己會徹底盤問對方，導致許多受訪者拒絕回答我的問題。無論如何，我都很高興能在本書中直接原文引用，幫助我公平公正地、準確地反映事實並總結。

〔第四章〕

二十一世紀的占星學：一個新觀點

智慧在哪裡
我們在知識裡迷失了嗎？
知識在哪裡
我們在訊息裡迷失了嗎？——美國詩人T.S.艾略特（T.S. Eliot）

十年前，人們常說，每五年我們獲知的訊息量翻一倍。而如今誰又知道，隨著網際網路的普及和不計其數的資料庫，資訊爆炸的速度有多快？然而，人們得到的可用資訊占總資訊量的比例，卻在逐日遞減！而且毫無疑問，其中有用的資訊量比例更是史上新低。隨著大學生水準低落、學術和新聞標準普遍下滑，以及反抗各種權威浪潮愈演愈烈，網際網路不斷打破國界擴張至全球，說它已經變成一個無人管理的浩瀚博物館並不為過。

然而，隨著到處充斥的資訊和偽知識愈來愈多，任何一個想要深刻追尋人類生存意義和內心平靜的人，可能都會提出同一個問題，如同優秀詩人艾略特在本章引文中提出來的：智慧在哪裡？換言之，什麼才能幫助我們真正理解個體的處境，以及我們社會的人際關係和文化困境？我們應該準備好承認，過去幾十年裡的文化潮流並不能提供解答，因此我們需要尋找一種全盤的新方法，能夠開放地整合各種人道企業與探索人性的模式。過往對知識領域的人為區分，若干擾到我們尋找有益的方法以及取得實際結果的話，也必需加以排除。

著名哲學家、歷史學家、前紐約公共圖書館館長瓦坦・格雷里安（Vartan Gregorian）博士曾說：

我擔心追求技術進步不再是一種手段，反而變成了最終目標。技術脫離了人類的掌控，成為人類的主宰，隔離了我們自己、社會與環境……我認為，我們見證了人文與科學之間，人為又非必要的巨大分歧……我相信，若人類社會要存活下去，知識會重新整合……技術是我們創造的文化產物。它是達成某個目標的手段，而這個目標是什麼，必須由我們自己決定。我們必須控制和引導技術走向，否則它會帶我們前往錯誤的方向。（節選自《出版人週刊》〔*Publishers Weekly*〕，一九八六年五

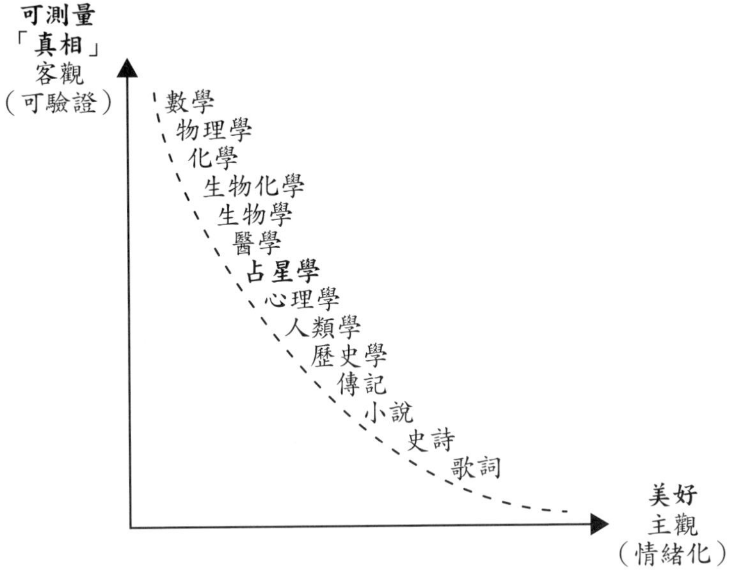

圖 4.1

月三十日）

我在第二章中提到庫斯勒優秀和多樣的成果，他在許多本著作中提到可以讓我們理解生活的方法，能連結定性和定量之間，具毀滅性又沒有必要的鴻溝。他指出好奇心與懷疑精神（心智與感情組成）「共同激勵科學家和藝術家踏上探索之旅」。事實上，即使我們都認為真正的「探索之旅」其多樣性值得被人尊重，但許多不同學科、專業和社會派系間的合作還有很長的路要走。庫斯勒繪製了圖表（參見圖4.1）說明了各領域基於其定量和定性各種獨特的組合，我將之些微改動，納入了占星學——這個探索個性、經驗、人際互動、生命能量與週期變化的方法。

庫斯勒在其著作《創造的行為》中所繪製的圖表，旨在闡明「兩種文化」（人文與科學）的連貫性，以及眾多領域所組成的廣大光譜：

其中，縱軸代表「客觀真理」，可由實驗驗證；橫軸代表著人們對於「美」的主觀經驗。前者由智力支配，後者由感情決定。圖表說明科學與藝術緊鄰的序列科目。當我們沿著曲線往下移動，「客觀可驗證性」逐漸降低，而主觀的感情因素逐漸增強。即使是曲線的頂端，在純理性的數學領域，我們也會發現難以解釋的邏輯矛盾，而數學家也渴望「算式之美」。當我們沿曲線由數學來到次原子物理學時，實驗資料的詮釋愈來愈有爭議；我們繼續往下，會從所謂精準科學如化學到生物學，接著醫學——一種不那麼精確的學系——走過混合的領域，如心理學和傳記到傳記體小說最後進入到純粹的小說……這個遊戲的目的說明，不論你選擇什麼代入，都會在同一條連續的曲線上移動，曲線上不存在任何斷層，兩種文化間並不存在斷崖。（《創造的行為》）

占星學的描述很多，但根據庫斯勒的圖表，最恰當的說法應該是用於理解人類個體的數學式傳記。這是個剛剛好的字眼，因為占星學的研究涵蓋了人內在和外在的生活，又建立在行星的精確計算基礎上——行星在天體中的位置、行星之間、行星與地球的幾何關係。事實上，出生盤（古希臘人說天宮圖）就是從一個人確切的出生時間和出生地，繪製一張從地球觀察天體的行星地圖。在思考「數學式傳記」這個詞語之後不久，我想起了偉大的哲學家、作曲家、占星學家丹恩・魯伊爾（Dane Rudhyar, 1895-1990）。早在一九三六年，他就將占星學稱為「生命幾何學」。這個說法出現於魯伊爾開創性的著作《人格占星學》（*The Astrology of Personality*），該書是第一本將占星學與深度心理學整合的著作。這本影響深遠的著作至今仍不斷再版，並有多種語言譯本。

對於剛接觸占星學的人，還有一個簡單的學習方法：把占星學看做我們日常生活的延伸和拓展。占星學研究的是時間以及行星的運行週期（包括地球週期）。每個人都經歷著每日（地球自轉）、每月（大約月球繞行地球一圈）、每年（地球完整繞行太陽一圈）的週期變化。每個人都能看到（並且很難忽視）日常生活經驗與太陽系運行週期之間的關聯。要想將個人經驗與占星學基本理念結合，我們就得拓展意識的疆域，從地球和月球意識超越到新的生命維度。要知道太陽系的其他星體，在整個系統中也自有位置與其效用，我們需要聽到它們的合弦。眾所周知，地球、月亮和太陽的運行週期和節奏

學測量。

最近幾十年來，出現了大量的新思維與模式，綜合了長久以來爭論不休但罕見收穫的二分法討論。過去對「科學」生硬的分類已經崩解，讓我們在思想、情感和精神上留出了自由呼吸的空間。事實上，我們要知道科學「真理」總是代表當時的世界觀。因此，當代科學真理將不可避免地演化，而且到了未來可能會被全盤推翻。任何熟悉人類史的人都必須承認，現代科學的主張中，免不了會跟古代的科學和神話相同，帶有一定的迷信和誤解。

勞倫斯・凱西迪博士（Laurence L. Cassidy）不但是科學家，也同時研究和應用占星學，他在一篇文章中寫道，許多現在的物理學理論指出，宇宙中的交流隨時都在發生。這正好解釋了為什麼太陽系的所有行星都與人類生命息息相關，不管這些行星距離地球多麼遙遠。他還表示，「因果並非取決於空間的距離。」（〈當代科學與占星學〉〔Contemporary Science and Astrology〕，一九八〇年發表於《占星學會期刊》）

琳恩・麥塔格特的暢銷書《療癒場》，總結了許多新近科學和治癒藝術研究成果，指出各種認識生命運行和人類本性的方法出現了融合的趨勢。這本書寫道：「建構宇宙的基礎是一種記憶媒介，它提供宇宙萬物彼此間的交流方式。」她進一步總結：「人類與其所處環境是不可分割的。生命意識不是孤立的存在」（同上）。這本書用大量篇幅證明，應該推翻那些老舊的分離概念，諸如時間、空間侷限以及物質形態的差異。麥塔格特宣稱：「我們更應該把宇宙看成一個複雜的能量場網，彼此影響……」（同上）。她還進一步總結道：「你只能將宇宙理解為一張動態能量網……穿越了一切空間和時間」（同上）。她運用的這些術語，與我三十年前在《占星、心理學與四元素：占星諮商的能量途徑》裡用來描繪能量的語言非常相似。這些理論也與幾十年前整形醫生、教授羅伯特·貝克爾（Robert Becker）在其著作《人體電學》（*The Body Electric*）中的研究結論不謀而合。貝克指出，即使是最微弱的磁場都能產生巨大的影響，「生命的磁場連接著天地，就像一張網絡，而不是簡單的電線和插座」。

占星學對生命本質和宇宙的真知灼見和整體觀念，能為多疑和理性的人打開一扇大門，使其重新認真看待占星學。也讓占星家（和可能謹慎使用占星學的學者、醫生以及心理治療師）能夠全心接納占星學對生命的整合觀點與其帶來的幫助。正如勞倫斯·凱西迪博士所寫：

> 對於我們占星學家而言，這一切都為我們帶來了一股清流。首先，科學界對占星學是偽科學的譴責並沒有合理的根據。也許我們的實踐方式並不符合目前公認的「科學」規範，但既然科學界幾乎沒有人堅稱「科學方法」是真理的唯一途徑，那麼科

學家能欣賞詩歌，甚至能研究神學，為什麼卻不能接受占星學，這點就沒有道理了。不同專業擁有不同的研究方法，我們不能因為手不是腳，而去譴責手。（〈當代科學與占星學〉）

畢竟，我們不能忘了，所有研究都只是在建立模型，模型只在一段時間內有用，但不等同最終的現實。一段時間後，這些模型可能會被其他模型取代。這些有限的人類模型背後有不可思議的實相，其中只有一部分能夠通過理性思維或科學體系來解讀。模型的真正價值，至少在人類心理和身體健康有關的領域當中，主要是用來判斷它所造成的效用，例如更積極的行為、更健康，或增加理解力和包容力。不同研究領域，可能會以大相逕庭的模型或概念代表相同的事物。舉例而言，對太陽的敘述，認同占星學研究價值的人，和認為傳統「科學」才是真理的人，肯定截然不同：

> 後者會說太陽充滿氫氣，之所以這樣說是有意義的，因為證明說話的人了解化學和光譜分析。前者則會說太陽象徵一個人的自我，以及（或者）一個人的生命中的光芒，這說法具備理解心理學的意思。你可以爭辯，後者講的是譬喻和象徵的用法，就某種感覺而言是真的。然而，將太陽形容為一個巨大的氫氣球同樣是譬喻性以及

（或者）象徵的用法。也許後文藝復興時期的科學之所以能夠自欺欺人，在於它幼稚的認為它的譬喻有特權，因此顯得比其他方法的譬喻更高級。（〈當代科學與占星學〉）

既然所有的模型都只是模型，並不是最終真相，隨著時間推移和人類理解的提升和意識的發展，模型都會跟著衰退，我認為當各種模型發生衝突時，知識分子應該接受更廣泛的視角和更多的客觀性。我發現一種模型對於理解占星中的太陽系很有幫助，就是地質學者與考古學者傑佛瑞．古德曼（Jeffrey Goodman）在其著作《我們是地震的一代》（*We Are the Earthquake Generation*）所提及的。他將一位創新理論家的觀點略做說明：

「……高斯磁定律比萬有引力定律更重要。」他將太陽系形容為一個巨大的電磁場，其中太陽和行星之間佈滿各種磁力線。他說，行星系統是精確平衡的，每個行星都像是磁性迴旋羅盤，其中任何一顆行星忽然偏移都會直接影響到磁場中所有其他的行星。因此……小行星引力影響就比較小，但就算如此，當它們處於關鍵，也可能會對其他行星產生巨大的（由磁力引發的）影響。

請注意「其中任何一顆行星忽然偏移都會直接影響到磁場中所有其他的行星」。這個論點不僅能夠幫助我們擺脫行星的「影響力」僅限於時間和空間的硬性規定——占星學基本原理相似——而且還能解釋占星學中遙遠行星如海王星和冥王星，是如何也能對人類造成巨大的「影響」。這個模型架構符合近年來許多科學研究成果，太陽系視為一個自給自足的能量系統，也許有點像一台電磁感應發電機。對占星從業者來說，這個模型對於理解各種能量的變化週期，和個體生命常發生無法解釋的重大變化，也很有幫助。

所以，二十一世紀需要什麼樣的占星學呢？它的價值是什麼？它的應用是那些？它可能依據的又是什麼？我已經在之前幾本書中，用幾百頁的篇幅說明這幾個複雜的主題，但這裡我只想強調幾點。在我看來，現代占星學應該是這樣的：

- 建立在經驗觀察以及行星象徵的傳統意義之基礎上
- 經過人們不斷的體驗和回應加以驗證
- 在明確的基本原則之上運用
- 藉由研究和探索，完全開放地不斷更新和發展

如果運用簡潔明瞭的語言來溝通，占星學可以提供理解和療癒的內在力量，我已經見證了許多年。的確，占星學是包羅萬象的架構，廣泛到囊括心理學領域，用以解釋能

量動態以及生命原則，這是個體鮮明個性的原因。智慧地運用占星學可以促進自我接納。此外，占星學還能揭示出個體的生命週期——一旦意識到週期的存在——我們就能利用或者適應它。

重要的是，占星學顯示個體人格的客觀實相（當事人多少可能會意識到），在社會壓力、文化影響、以及教養類型帶來影響之前。也就是說，出生盤是一個人在受到外在影響之前，敘述深層天性的象徵地圖。缺乏安全感是我們這個時代的共同抱怨。但為了獲得安全感，一個人必須透過內在的確信和／或自我認識，而從內心建立強壯的安全感。占星學是實現自我理解和獲得內在安全感的重要工具，而且，占星學有助於澄清關係中的契合度議題，進一步幫助我們接受自己和獲得更滿意的人際交往體驗。在接下來的章節裡，我們將運用占星學去解開許多人際關係中令人困惑的奧祕，以及釐清一個人對自己的個體關係需求。

〔第五章〕

占星如何增進人與人互動能量的理解

愛情不能強求，不能誘騙，不能嘲弄。天賜良緣，要不來也求不到。——美國文學家賽珍珠（Pearl S. Buck）

人與人之間的能量互動很容易立刻被察覺到，我們大部分人都會將其視作理所當然，包括它所造成的衝擊，我們不會質疑是否能理解這些體驗。我們更不會去問這種強大的交流互動，能否清楚地透過某些系統、科學或語言表達出來。縱觀世界，到處都是以「元素」為基礎的系統，在治療領域應用得廣泛而深刻，範圍從傳統中醫到印度的阿優吠陀醫學，以及由芝加哥的骨科醫師蘭道夫．史東博士（Randolph Stone）研發的極性療法（Polarity Therapy）。因此，熟悉四元素（風、火、水、土）的價值，不僅能了解關係契合程度，更能了解和改善我們的身體健康狀態。當如此強大的力量衝擊我們的生活，愈來愈多的人不再感覺奇怪，而是企圖辨認和理解這些能量。占星學正是幫助我們認清這些能量的語言，若忽視它能改善生活的真知灼見和潛力，就太傻了。

波斯神祕主義者魯米（Rumi）的作品，因為其靈性之美以及奧妙的心靈洞見，最近在西方世界廣為人知。他寫過：「愛是上帝神祕的星盤。」我想，大多數人都曾透過熱戀關係，一窺飄飄欲仙、神魂顛倒的心神和感情的體驗——哪怕很短暫——但仍瞬間與魯米的詩句產生共鳴。依我的理解，這句詩的意思是，透過愛情經驗，你能夠更感受或者直覺到神的奧祕、更多的宇宙實相，和更多魯米的詩作時時刻刻表達出的宇宙生命之舞。用魯米的話來說，藉由愛情，你可以體驗到一部分最終實相，這些無法靠思考和分析而獲得！許多優秀的作家都描述過這種經驗，也許你現在可以臨摹各種愛，但你卻無法解釋。

占星學也無法解釋愛情，但它能夠描述一些往往很強烈，有時深刻而彷彿很神奇的能量互動。誠然，相較於分析我們稱為「愛」那種難以估算的經驗，占星學更擅長用相當具體的方式解釋與某個人的「相處」。但不要小看占星學的應用範疇。依照我的個人經驗，如果兩個人體驗了非常濃厚的相愛，那麼星盤上會反映出關係中的吸引力和濃厚程度，通常也會顯示出關係的深淺，以及能持續多久。這種複雜的分析方法超出本書討論的範疇，本書的目的還是為了向普通讀者介紹占星學對關係的研究中最易懂，且能快速運用的部分。如果我在本書中所介紹的概念和分析方法在實際應用中證明有用且準確，那麼自然而然，讀者也許就會選擇繼續在這個迷人領域進行更深入的學習。

在深入介紹占星學如何幫助我們理解生命能量和關係之前，我想先深入談談前面曾提及愛的昇華體驗，藉由參考著名的榮格學派精神分析師醫學博士愛蓮娜·伯汀內。她注意到在多年臨床觀察中，男人和女人之間重要的愛情體驗不僅超然和深奧神祕，還是一種強大的能量，能夠增強感情的濃度並為轉化提供「燃料」。

我仍記得一九三八年在紐約世界博覽會的斯坦梅茨館，目睹人造閃電的那一幕，給我帶來的巨大衝擊。幾百萬瓦特的電流在兩個電極間嘶吼著、爆裂著……我滿懷敬畏地看著那一幕，突然想到，也許這幅畫面就是男女之間強烈感情碰撞的寫照。這是一幅描繪直覺的巨大能量以及猛烈互動的原型畫面。這種巨大的能量遠不是人類的意志所能控制。掌管它的只能是戲劇之神，或者說宇宙能量……同樣，能夠迫使許多人從幼稚的心理狀態變得成熟的，也只有類似的命運之手。這種強烈的慾望能量，要麼摧毀一切，要麼轉化煉金為偉業。我見過許多人從小嬌生慣養、放縱成性，相當幼稚，卻能藉由某些經驗成長為像樣的成人，在感情裡願賭服輸也勇於承擔後果。誠然，人類的確不能指望有朝一日能控制閃電，卻可以合理地渴盼在電閃雷鳴中適應良好。

這樣的努力能讓人們突破平庸日常生活的侷限，努力融入超越個人和令人敬畏的命運力量——這種能量在過去一直被人們當做神來崇拜。」（《榮格對我們這個時代的貢獻》）

簡單地將伯汀內博士的話翻譯成占星學語言：所謂的「神」是存在人類生活中一種原型的力量，在許多文化中都代表著行星。她所指的生命的強大能量有四種表現形式：風、火、水、土。她所說的極端不只是男性和女性這兩種身體差異，也代表了陽性和陰性、創造和接受、表達和保留等的對立，而它們一直存在生活和占星學中。在關係中有兩個極端組合很重要，日月和金火，這些將在後文中詳細探索。

能量互動：一種經驗而非隱喻

現代占星學中的四元素——風、土、火、水——當然可以視作「純粹」的符號，但所有的語言都是由符號組成。所有的語言都是為了表達某種意義和認知，幫助人類交流共同經驗。因此，本書剩下的內容，我將簡單地用這四種元素代表四種生命中確定的能量，這些能量是我們能夠體驗、可與之互動，以及可以實際演練的。我將在第六章有系統地定義這些元素，但在本章中我會從多元角度介紹元素。

為了讓你更明白專用詞彙，首先我會舉例說明四元素的表現形式和相互作用。一旦你能夠識別這些能量和與之相關的占星學元素，你可能就會詫異為什麼人們沒有早點了解這些重要且有用的專用詞彙了。

環繞在人與人之間的能量互動是如此真實，你能發自內心真實地感受到這種力量。事實上，這些互動的複雜性促使了整個行業得以蓬勃發展，承諾之下幫助人們應對衝突、溝通障礙，以及不友善的分組活動或不愉快的氣氛：夫妻心理諮詢、企業內員工與團體溝通諮詢、公司團隊培訓等。在某些人面前，你會感到呼吸困難、音量減弱，或者眼睛出現不適感。而當有些人靠近你時，你會覺得舒服、興奮，或充滿了創意，在另一些人身邊，你可能會感覺惱怒或氣憤，甚至頸椎僵硬、頭痛，要不就可能太陽神經叢痛而疲憊。在一些人身邊，你的敵意會比平常難以控制；但對另一些人，你更能接受和欣賞，不管問題多麼嚴重，情況多麼棘手。一位心理治療師在跟我討論人與人之間的能量經驗時說：「在有些人面前，你只要走近他身邊三公尺內，就感覺好像已經大失血了。」概括而言，另一個人的能量場會與你的能量場互動，對方的能量會影響到你的，可能會妨礙到你整個能量場的功能和運作。在這種情況下，你不僅能感受到身體能量和健康受到影響，還能知覺到精神上和（或者）感情上的迷惑。

如果你是一個敏感、感受力強的人，你還會發現，無論誰跟你相處，只要足夠長時間，都會影響到你。我們可以這樣描述這類現象，如果互動是積極的，雙方常會在能量層面上滋養和鼓勵彼此；如果互動是消極的，那麼雙方會互相抑制或者衝撞彼此的能量。事實上，大部分關係都是類似的能量互動組合，因此在許多具體案例中，很難將之解釋清楚。因為不管你多「愛」一個人，你有可能在某方面不能容忍對方。或者你也許發現需要徹底遠離對方，以便為你自己的「電池」充電。我也在其他書中詳細地寫過一些夫婦必須分房睡，才能保持身體健康。這些例子中，大多數的夫婦如果長時間近距離相處，會感到筋疲力盡。少部分則證實彼此間的能量互動過分活躍，興奮致無法好眠。

我有一個朋友當了三十多年的護士，她通過占星學來了解同事以及病患，以求在與他們的能量互動中得到最好的治療效果。有一天她建議我：「你真的可以透過身體看見和體驗四元素——不僅僅從病患的能量，還有從人們關懷其他人的天賦和意願。有許多水元素的人是天生的關懷者和治療者。他們頗富同情心，能安撫他人。而缺乏水元素的人不喜歡與他人產生感情聯結，缺乏照顧人的能力。一個只有土象和風象元素的人來醫院探望患病朋友時，還很遲鈍地指責說：『你真是個糟糕的病人。一生病，脾氣就很大。』」

讓四元素活起來

有很多方法可以讓四元素具體起來，並想像它們如何互相影響。但首先，若你不知道的話，可以參考第六章的內容，至少要知道你的太陽星座屬於什麼元素，最好也要了解月亮星座、金星星座和火星星座的元素。如果你已經有了一定的占星學知識，知道你的上升星座，或者上升點（一直都是根據準確的出生時間），上升星座的元素也是一個你內在驅力的和諧音調。

如果你能花幾分鐘想像一下生命四元素是如何合作的（或根本無法合作），你就能很快看見元素能量如何彼此相互作用。所有的元素在每日生活中都有一定程度的必要性，為了實際運用在所有人類行為和經驗的領域當中，但是它們在人際關係中無法總是合作良好。傳統概念中，風元素和火元素合作良好，因為火需要風的氧氣助燃保持燃燒，而風若沒有火的溫度就無法流動。同樣，傳統認為水元素和土元素都是兼容並蓄的，主要因為兩者容易彼此當中棲息，土可乘載水而不流走，而水過多則會讓土變成爛泥，只有水量剛好才能成為沃土。

相同元素的星座不需要任何努力就是和諧的，它們自然而然會自動融洽相處。然而，一個人要體驗生命的其他領域和其他型態的實相和意識，就得和不那麼協調的元素互動。幾乎每個人的出生盤都是多個星座重點的組合（基於星行的位置），至少會包含兩種元素，而大多數人都傾向與其中三種元素和諧相應。有些人甚至十分平衡，能與四種元素和諧共生，不過這種情況相對罕見。然而，大部分人對一種元素無法調和，甚至還有人是兩種元素，這些幾乎會給日常生活帶來一定的問題，有時還會產生重大的心理影響。

最強烈的能量互動產生於風與火，以及土與水之間，在星盤十二宮中，用圖形方式呈現的話，風象星座的對面是火象星座，而土象星座總是在水象星座對面。在人際關係中，兩個人出生盤上重要的主角如果正好處於軸線星座，會體驗到一種占星學上稱為對宮狀態，呈現異常的活躍和刺激。對宮星座（牡羊座和天秤座、金牛座和天蠍座、雙子座和射手座、巨蟹座和摩羯座、獅子座和水瓶座、處女座和雙魚座）在性格、氣質上並不是全然相反，而是互補。有些對宮星座多少有些衝突，主要發生在固定星座（金牛座和天蠍座、獅子座和水瓶座）之間，因為固定星座往往比較固執；但總體而言，對宮星座在能量層面上互相刺激和回應，也能夠互相吸引。

人往往會被擁有自己缺乏元素的人吸引。舉例而言，如果我沒有行星落在土象星座，我可能會特別欣賞或受吸引而尋找星盤上有摩羯座、金牛座或處女座的人。這不一定意味著我適合跟這種個性和能量型態的人發展親密關係，但這種互補的能量能令我學到很多，在各個層面都能幫助我腳踏實地。再舉個例子，如果你缺乏水象元素，你會覺得巨蟹座、天蠍座或雙魚座的人特別有趣，因為他們具有強烈的同情心、敏感度，和擅長表達感情，而這些都會讓你覺得困難或尷尬。特別是在親近的同居狀態中，對這樣的人——和自己主要的星盤元素明顯不適合——做出承諾，必須特別留心，這種情況下，對其中一方重要的，可能在另一方眼中根本枯燥無味或無關緊要。這樣的兩個人也許能夠互補，但如果設想一個人的本性和能力，恰好可以補足另一個人的困乏會非常危險，最後可能證明是一種幻覺。因為為了維持這種關係——如許多心理諮商師和治療師都會同意——剛開始的強烈吸引隨著時間而逐漸變淡，就會不太容易跨越兩人之間天生的鴻溝。實際上，距離感和疏遠感可能會漸漸滋生。

我在其他書中提供許多實例，證明四元素及其交互作用是可以具體化的，但在此我要引用一個人的觀點，因為她以輕鬆卻非常具體的方式讓四元素鮮活起來。以下是恩妮塔・埃拉（Jeanetta Era）發表於期刊《水星時刻》（*Mercury Hour*）上的文章：

> 你無法掌握火，如果你試過你就會燙傷。你無法將其置於容器內保存，因為它要麼會燒毀容器，要麼會因為氧氣用盡而熄滅。火需要風的助力才能燃燒，但若風太大，火很快會燃盡。土給了火燃料維持燃燒，但土也能掩熄火焰。水能控制火勢和

保持控制，但也能澆熄它。

你無法掌握風。把風裝進盒子裡，如果你想就留它在那裡。但請記住當風不再流通，會不新鮮，最後就無法呼吸。風需要土的重力牽引，否則傳散稀薄，回歸虛空。偶爾，風需要火的加速和讓風升得更高，也需要水來淨化風中雜質、保持新鮮、令風涼爽，然後把風帶回來貼近土。但土氣太重會令風變得沉重而遲緩，太多的火消耗了風，太多水則讓風變成了霧氣並且掩蓋了視野。

你可以掌握水，可以用水來澆灌你、滋養你，但最終，水還是會流走的。水需要土的支持，因為水重得不像風那樣可以自由飄蕩。沒有土，水只能無止境地往下流。儘管如此，水有時也會改變流向，或者水量過多溢過了堤畔，淹沒了土壤。有時，強風可以讓水吹向土。水需要風流通才能保持新鮮。如果沒有風，水會沉重到限制水中的生命，除了水藻什麼也無法孕育。但如果風太強，會吹皺水面，掀起波浪，改變流向。火能把水燒開並淨化，偶而水是需要沸騰，但若與火親密太久，水會快速燒乾，或者因為沸騰翻滾出容器，反過來澆熄火。

你可以控制土，但當你緊握著土，土的孕育能力很小。如果把土放在盒中，土終究會變得毫無生機，寸草不生。土需要風，因為土壤中需要空氣流通。土需要水以免變得僵硬。然而太多風會把土吹乾，風太大會吹走表層土壤，水太多則會把土變沼澤。不過，偶爾一把火能有助於清理一片雜草叢生的土。這樣可以為了下一輪做準備，清理雜草和沃土。不過絕對不能太多，否則烘土成荒蕪。所以，我們以愛之名企圖掌握彼此，對雙方都沒有益處，有時甚至會有危險。如果我們選擇與另一半分享人生，對方也選擇與我們分享，這會令彼此受益。彼此分享我們的天性，那麼雙方都會成長。四元素需要彼此之間的交互作用，才能使每個元素盡可能地成長和幸福，雖說有些只需要極少量就夠了，或者很短時間。

在另一方面，兩把火很快會燒掉彼此中的空間，燒成一把火。兩股水可以沖刷掉彼此之間的障礙流成一股。而將兩種土壤混合，一般都能得到更好的效果，如混入沙能令黏土輕點，肥沃的沖積土則含有其他的土壤等。兩陣風更能和諧地吹在一起。當然，即使是你擁有的元素，也會有過猶不及的風險，黏土互相混合變得更稠、熱風與冷風相遇導致雷電交加、兩道方向相反的巨浪交會在中間。（一九八〇年一月刊）

準確地說，一個人的元素調和情況揭示著他會把什麼當真，他的意識聚焦在哪些領域，以及他的動力來自哪裡。舉例而言，風象星座的人認為概念比甚麼都真實，這種信念正是其行為動機，他們特別需要找到喜歡思考的其他人。火象星座的人仰賴靈感為生，靠志向推動，他們覺得只有願景才是真實的，現實生活的瑣碎點滴會令他們厭煩得要死。水象星座的人認為情緒和渴望才是真實的，是生命中唯一的動力來源，因此他們鄙視那些只靠頭腦生活、只追求物質，或者只在乎外表的人。土象星座的人則認為大自然和其物質形態魅力無窮，毫無疑問只有這些才是真實的。他們受生理需求推動，只對那些他們覺得有用的東西感興趣。

還有一種方法能夠描述這些不同種類的人類性格和能量協調方式，每個星座所屬的元素對應著特定的意識狀態，揭示出此人最舒適自然的直覺反應。風象星座的人熟悉的是頭腦的認知和表達，也習慣於與他人分享想法。火象星座的人向外界散發溫暖的生命能量，往往表現為熱情、愛，或者自大。水象星座象徵著冷靜、治癒、撫慰的本能，是敏感、情緒化，以及易於接受的。土象元素最能適應物質世界形態，有利用物質世界的體現能力。

占星心理治療的本質和侷限

我不能苟同這種觀點：所有處理關係問題的心理療法和諮商純屬浪費時間。相反地，在處理很多關係，尤其是大部分還不錯再稍加努力就有機會的關係時，諮商或小組討論的價值很寶貴，可以幫助透析問題。假如還能運用占星學的見解，那麼諮商會更有價值，能提供一種全觀的視野——不同的個性類型如何適應複雜的生命藍圖。透過千年來的百種文化，占星學為我們提供了方法。

然而，心理治療和諮商方式確有其侷限，並不能解決所有的問題。如果兩個人真的非常不適合，關係裡充斥著衝突、敵意、憤怒、不信任或持續性壓迫，那麼心理治療師能做的也只有幫助雙方接受事實和認清自己的天性。有時只要能接受這些，雙方至少可以克服彼此責難和怨恨的問題。假如治療師還具備占星學知識，那麼個案就能更宏觀地探索，在宇宙實相層面正視生命情境，接納生活中的狀況以及開始療癒。對於那些透過努力可以持續發展和前進的關係，占星學能讓雙方理解彼此間的獨特天性，讓兩人樹立信心。占星學能讓我們深入地認識對方，接受他們本來的樣貌。於是，我們就不必繼續隱藏自己的恐懼，也不必揣測對方的動機。而這二者，常常是關係發展的障礙。

占星學清晰地揭示出許多「宇宙實相」，其中一個是，某人向他人做出承諾時，在關係中隱含的「交易」。這裡我是指每個人的天性都是一個整體，必須被完整地接受和對待。換句話說，星座的所有屬性和特徵都是一整包！如果你需要處女座的整潔，就得接受他們的挑剔和批評；如果你想要天蠍座的熱情，就得接受他們的嫉妒和偏執；如果你欣賞牡羊座的主動和無所畏懼，那麼你就得接受他們的自私和少根筋。所有黃道星座都能以此類推，但我指出這一點是因為，這些都是生命中「宇宙實相」的一部分，我們必須面對，才能擁有健康的關係。只有當我們拋開期待的幻象，扔掉心中嚴格限制的所有條件，放下不論在個性、心理癖好和心情都適合自己的理想關係渴求，我們才會以成熟的態度對待親密關係。簡而言之，占星學給我們的生活最有價值的貢獻，就是闡明了「宇宙實相」定義了對每個人最合適和最自然的東西。可以說，占星學是宇宙對一個人真實自我的確認，能夠幫助我們克服過度的自我懷疑和自我批判。

儘管心理諮商師和治療師都在關係諮商中強調「溝通」，但不幸的是，他們沒有辦法意識到每個人的溝通方式和能量調和模式都不盡相同。我的整體意見是，假如沒有基本的契合度（同理心、能量和諧、關懷以及彼此理念上的相互理解），那麼再好的溝通也會是一場艱苦的戰爭。治療師所謂的語言交換和「洞見」一致並不算是溝通。反過來，承認他人的思維和溝通模式雖然與我們不同，但仍然有其效果，就是一個好方法。透過占星學，可以更清晰迅速地領悟這一點。

人與人之間的溝通涉及多個層面。然而每個人都有自己所接受和欣賞的特定溝通方式，可以純熟靈活地運用。事實上，一個人可能會用他或她自己的方式愛你，但你不一定能接受，或者欣賞——或甚至察覺不到。或者你所感覺到的「被愛」，是因為對方某些行為背後的訊息容易讓你理解為好感。但這並不必然意味著對方真的全心全意愛著你。

在親密關係中，當然也包括日常生活，兩人的能量協調時，關係中的能量流動就不會出現速度、節奏、強度不一等問題。能量會自然而然匯流在一起。你們不會在背後互相批評，因為關係不是「靜止」或衝突的，而且彼此覺得容易相處。然而，親密關係裡雙方的差異愈大，彼此契合度就越低，也就愈需要營造一些特別的氣氛、情話、魅惑和情境來拉近彼此的距離。

例如，經典的愛情故事中，常常有自創特殊氣氛和愛語的橋段。這就是人們精心創造了與海王星相關的夢想，如果成功製造這種氛圍，那麼你就會進入奇妙的地方，你自己的小世界，在那裡，你對於明顯差異產生的緊繃和真實感就消融了。雙方愈不適合，需要做的就愈多，愈需要培養典型的美好幻想，因為有助兩人融合在一起。這種海王星式氣氛或魔咒，常常由帶有海王星色彩的物質（藥物或酒精），或者蠟燭和音樂製造出來——非常脆弱，如果沒有任何現實基礎，通常會非常脆弱。如果沒有基於真正能量流動和真實的溝通，單只從想像、渴望和幻想，利用圖像和幻覺來自創的話。這種不真實的情境會迅速瓦解崩潰。只要任何一方「說錯」或「做錯」一點點，對方就注意到與想像中不符合的言語或行為。那麼肥皂泡就被戳破了；有裂痕的碗盛不住水的。

人與人之間的親密、親近的感情分享和舒適的、有意義的性行為，對很多人來說都是非凡特殊和渴望已久的體驗。因此，人們會試著營造海王星式氣氛，製造特殊氛圍，但若沒有能量交流或特別的互動，那最後的體驗往往讓人失望。令我們生氣蓬勃的即時交流透過電磁波和能量場是自行發生的，我們不能強令其發生。因此許多人的問題，包括性方面的問題，都源自人們想要強行製造某種能量的交融。他們給伴侶和自己施加壓力，假裝一切無事安好。但假裝畢竟無法長久。經過時間的洗禮，感情中的任何幻象終究破碎，雙方會看清楚對方真實的樣貌，看清楚出生盤上早已顯示，但我們卻沒有準備好接受的訊息。

什麼是合盤？如何評估人際互動能量

比較兩個人的出生盤（或說進行「合盤」），是分析兩個人的能量互動模式時極具價值的方法。在我看來，它是一種終極工具，幫助我們打開一扇深入探索人心、進入各種關係和人際互動的無形大門。比較任何兩個星盤，都必須考慮到兩人的行星之間是否和諧，這取決於行星的元素、所落星座以及兩人行星間特殊的角度關係。這個特殊角度的意義我會在第十七章進行詳細說明，不過我現在應該先提，兩個人的行星之間如果有接近0、30、60、90、120、150或180的角度愈多，那麼雙方的能量互動會愈強烈。

要全面理解合盤及其複雜性得花上好幾年，目前已有許多書籍針對這個主題，其中包括拙作《關係與生命週期》，裡頭有步驟說明和用於分析的範例表格（參考書目中也列出了一些優秀著作）。然而，讀者只需聚焦在一些容易掌握的基礎條件，就能入門探究這門非常有用的技術。我會在本書裡強調這些基礎條件——初學者也能讀懂。我們可以將合盤視為兩個能量場的圖形描繪，能夠表現出人們在哪些領域與程度上相互鼓勵、挑戰、刺激、阻礙、消耗，以及適應對方。

如果阻礙存在，雙方會體驗到失落感或嚴重的能量消耗，也可能兩者都有。如果能量交流和諧，會感到滿足、活力和完整。自然，大多數的關係中，以上兩種能量交流都可能發生，但畢竟總會由一種主導。和諧的能量交流會為雙方提供所需資源，願意付出必要的能量來處理關係中的障礙。但如果由不和諧的能量主導交流，那麼其中一方或雙方早晚會結束這段感情——關係中只剩下疲憊。

最和諧的能量組合是元素相同但不同星座。最不和諧的能量組合，比如水象星座與火象星座，會在不同層面上互相消耗。最中性的能量交流是兩個太陽星座一樣的人，他們沒有足夠相容或且振奮的能量來共振建立活力。他們不太能夠有效地為彼此加油，往往有像「同一個人」的感覺。因此，太陽星座一樣，而缺乏其他明顯的適合指數的兩個人，在能量調和上常發現神經系統不敏銳。他們並不一定起衝突，只是雙方沒有接收到不一樣的頻率，因此活力難以被激發出來。這種情況與孩子和父母的能量互動類似，孩子會自然地被父母的磁場吸引。如果父母與孩子的能量模式不和諧，結果往往是孩子會脆弱以及敏感，而父母則無法了解孩子的本質。

儘管太陽星座的元素是一個人最主要的能量燃料，但月亮星座和上升星座的元素也是能量源頭，因此在合盤中必須考慮這兩個因素。每個人與四元素都有不同程度上的調和，但最活躍、最容易察覺到協調的元素是出生盤中的太陽、月亮和上升。尤其是太陽和月亮之間的極性呼應非常有力量。因此，一個人感應到與之最和諧和回應的，是有相同調和度的人。雖然有很多婚姻，例如夫妻的太陽和月亮星座的元素非常不和諧，但大部分這類婚姻要麼無法長久，要麼至少有一方會持續失望，不管他們是否有意識地承認這一點。

合盤中某種元素存在或缺席的影響力，取決於這段關係之類型，像是親密程度、雙方連結有多緊密，以及彼此陪伴的時間長短。與戀愛關係、同居情侶關係、夫妻關係或者親子關係不同，一段遠距的商業關係或疏遠的友情，並不需要深入地考驗彼此能量上的契合度。太陽與月亮的和諧表現在兩個人能互相理解、認同，立即產生一體感。這種狀況下，每一個人的自我表達都融入了身分的連結、彼此支持，也會自然而然鼓勵對方。這種融洽的關係象徵著愛情的最高形式，是一種彼此接受和回應的感情，比傳統「愛」的指標，如金星與金星、金星與火星、金星與太陽，或金星與月亮的交互作用，更長久也更能帶來滿足感。在合盤中出現傳統上的積極或說「和諧」因素總是不錯，相當令人愉悅，能夠幫助我們撫平日常生活中的摩擦。但若要了解更廣泛的「相容性」和更深的愛，在分析合盤時就應該要避免狹隘聚焦在這些指標上。

如果一個人與某種元素非常不和諧，那麼就不太可能充分融入生命領域和意識狀態的這個部分。關係中，當一方如果沒有元素調和另一人主導的元素，隨著雙方以不同方式成長、發展以及個人化，就會發現彼此的距離日益疏遠。愈意識到自己的本質，他們就愈認命於無法將想要的生活之深度與對方分享。不滿的程度取決於彼此對這段感情的期待、有多依賴靠它實現自我，以及雙方的投入程度。例如一個情感疏離的摩羯座對婚姻非常滿意（只是因為婚姻為他提供安全感和舒適），那麼他看重人際關係的天秤座伴侶就會非常失望。

正如我在前文中所提到的，人們常常會被擁有自己所缺乏元素的人吸引。許多研究合盤的作者都表示過，這種關係之所以理想是因為彼此能「互補」，雙方可以截長補短。這種論調在占星學著作中很常見，但往往只是紙上談兵，實際生活中很難實現。的確，我們很容易被展現自己缺乏的氣質和才華的人所吸引。但是，我的個人經驗顯示，我們很難長期與之親密相處而不失望。若在以短期目標為導向或實際的商業關係中，雙方可能會比較滿意，因為這類關係裡，不同的個性可能以不同的方式交替實現共同的目標。有些作者甚至還強調，理想的關係能體現兩個人的元素平衡，例如，一方有火土元素，而另一方提供水和風元素。再說一次，這只是聽起來比現實美好。因為這兩個人的差異太大，以致於長期相處下來，某種特定的意識和經驗層面的差距將愈來愈大。兩個人常常會發現無法融入彼此的世界或難以理解彼此的想法。

很多文章和書籍介紹過一些合盤法，但相當基礎，過度簡單化了這複雜的藝術，不能指望這些半吊子方法有助於深入理解任何關係。我非常強調四元素，但不排斥傳統合盤法中的相位分析，我只是試著解釋，元素是能量層次上關係中的深層根基。例如，合盤中精確的行星相位（或能量互動），能顯示出某種特定的能量是順暢還是堵塞，假如兩個人的元素和諧，那麼面對由強硬相位或緊張相位的挑戰時，會更容易找到建設性的解決辦法。

合盤中的關鍵要素

現在，我們總結一下，在比較兩個人的出生盤時，除了四元素代表的總體能量調和程度外，還有哪些重要的考量因素。換句話說，還有那些生命維度要特別注意？也就是每個人出生盤上訴說的主題。

太陽與月亮：之前已經討論過非常重要的日月兩極關係。太陽和月亮是出生盤上主導的要素（傳統占星學稱為「發光體」）。我想補充一點，親密關係中如果一個人的日、月星座與對方的「發光體」都不和諧，那麼兩人要想長久和諧相處，取決於一方的日、月星座是否與對方的上升星座和諧。

一個簡單的例子能清楚說明我的意思。例如，如果你日雙子而月牡羊（風象和火象），你的伴侶日金牛、月雙魚（土象和水象），那麼你的上升是土象或水象，或者對方的上升是風象或火象時，這段關係才可能會長長久久。

月亮和諧：這是契合度分析的重要部分，我將在第七章仔細說明。在此我想先說明一點，兩個和諧的月亮，有助於日常中頻繁互動的家庭和睦以及感覺愉悅。簡單的測試來看你與對方的月亮能量是否和諧，只要問自己：能否自在放鬆地與這個人一起自駕旅遊個幾天，是會感覺自在放鬆，還是會感覺尷尬緊張，很難從彼此身上找到共同點？

上升星座：在完整的合盤分析中一定要精確地定位兩者的上升星座，以及上升星座與對方的行星元素是否和諧。上升星座與早期心理學書中所謂「性情」有關，當兩個人的性情和對待人生的態度截然相反時，總是會引發一些衝突。

水星和諧：比較合盤中兩人的水星星座可以學到很多，從中透露出他們如何簡單發展思緒交流和分享共同興趣。對比兩個不同元素的水星星座，可以幫助我們詮釋兩個人不同觀點和思考方式的原因，幫助我們理解和欣賞對方的見解。兩個人的水星元素不一定要和諧，只要一方的水星與對方的其他行星良性交流即可。一些最刺激的關係中，投入的雙方擁有截然不同的水星。只要雙方在其他方面和諧友好和互相尊重，思考模式的巨大差異不一定會成為問題。

金星與火星的兩極性：這個龐大的議題是本書探討的核心，所以這裡我只強調，理解金星的調和揭露出人們的品味、日常生活的快樂泉源，以及一個人付出和接受感情的習慣模式。火星顯露的是一個人的生物能量，包括性能量，廣義來說，也顯示一個人生活各方面的行為模式——也就是，一個人會如何行動去取得想要的東西。

木星和土星的兩極性：木星的和諧能量特別能夠鼓舞和促進關係的成長，意味著彼此更大的接受度和建立積極的關係。木星要素也表示某種程度上，兩人在宗教和哲學領域上是和諧還是分歧的。土星和諧交流可以使關係穩定，意味著長期的承諾和責任感。土星若互動緊張，也具有相似的意義，但少了一分快樂，多了濃厚的責任感，有時甚至會帶來很大的壓迫感。

天王星、海王星和冥王星：這些「外行星」不在本書討論的範疇，但要掌握主要的原則，這些行星一旦與其他占星學要素強烈互動，就會強烈地轉化它們。

〔第六章〕

四元素、十二星座與上升星座

世俗之物因愛而知；神聖之物因知而愛。——法國神學家帕斯卡（Pascal）

談論占星學基本要素及其象徵意義的書籍已有很多，許多讀者早已有了一定的基本概念，因此，我將在本章裡簡單介紹我個人總結出的占星學基本知識。不過，由於上升點（或上升星座）很少出現良好的詮釋，而且許多著作的描述都著墨於表面，和特定上升點對人體生物外貌的假設，因此我會在本章摘要每個上升星座的重點。

也許有人會說，四元素是**經驗的四種能量本質**。每個元素以三種形式（稱為創始、固定、變動）在人類天性中各自呈現出來，造就了我們稱為黃道星座的十二種可能的能量模式。星座象徵著**經驗的不同特質**，我們可以透過星座了解人類不同的意識與知覺，以及人類基於經驗偏好產生的不同動機。

出生盤中的四元素象徵著一個人參與外界事物的能力，與某些人生經驗領域的和諧度有關。這些元素跟化學元素無關，事實上遠遠地超越了化學元素。占星學的出生盤所繪的是人吸入第一口氣時的那一瞬間，也就是一個人與宇宙能量開始建立和諧以及節奏的時刻。因此，出生盤顯示了個體的能量模式，是我們與四元素一起奏出的樂章。

四元素——火、土、風、水——每一個代表一種人類內在運作的基本能量和意識。每個人都能清楚意識到某種特定的能量，或者說比起其他能量，他對某種能量更加敏感。我們在出生盤中強調的星座（比如有重要行星落在某個星座）元素，代表著個體的能量與特定類型的意識和感知方式非常和諧。

火象星座代表的是溫暖、散發光熱、振奮生命的原則，這種能量可以表現為熱情、信心、鼓勵和自我表達的驅力。

土象星座透露出與物質形態世界的和睦相處，以及可以應用和改善物質世界的實際能力。

風象星座通常與人類內心的感知和表達有關，尤其是涉及人際互動和表達概念及抽象想法時。

水象星座象徵著藉由對他人敏感、回應感覺、同理與同情作用的療癒原則。

傳統上這些元素分成兩組，火象與風象元素通常被認為是主動的自我表達類型，而水象與土象元素則被看做是被動的、包容的和自給自足類型。這種差異對出生盤整體歸納非常重要。

這些詞彙與能量的運作方式和個體自我表達方式有關。舉例來說，水象和土象星座比火象及風象星座更擅長自給自足，因為他們比較常活在自己的世界裡，不會讓自己不謹慎和不深思熟慮就向外投射基本能量。然而正因如此，他們的行動才都有堅實的基礎。火象和風象星座比較主動自我表達，因為他們總在「釋放」，毫無保留地傾瀉能量和生命力（有時全然沒有節制地）：火象星座直接行動用表達，而風象星座透過社交互動和語言表達。

一般來說，屬於同元素的星座（火象的牡羊座、獅子座和射手座），或是屬於相同類型元素的星座（如金牛座和雙魚座——土和水），兩者皆公認為「契合」的。這兩項原則不但在解讀個人出生盤時具重要意義，更在分析人際關係的合盤解讀中擔任要角。

火象星座：牡羊座、獅子座和射手座

火象星座表達的是宇宙放射的能量，熱情、衝動的能量，透過它光芒的輻射，世界才有了色彩。火象星座反映著高昂的精神力量、強烈的自信、無窮的力量和率直的誠實。

•關鍵概念：

精力充沛、自信、主動

•個性關鍵字：

無所畏懼的衝動

高昂的鬥志和熱情

想要有所作為的動機

強烈的進取心

率真，幾近魯莽

外向

許多層面的自由表達

專注的意志力和領導能力

感情外露、精力旺盛

行為急躁

靠直覺分析未來趨勢

土象星座：金牛座、處女座和摩羯座

土象星座非常依賴感官和切實的理由。他們生來就了解現實世界是如何運作的，這種能力令他們比其他星座更有耐心和自律。土象元素代表著謹慎、深思熟慮、保守，而且往往值得信賴。知道自己在世界上的位置，對於土象星座來說很重要，他們終其一生最重要的目標就是安全感。

- **關鍵概念：**

實際利用物質世界能力

- **個性關鍵字：**

協調物質世界
身體感知力強
腳踏實地和經驗法則
有耐心以及堅持
自律和謹慎

可靠和結實
深思熟慮
保守

風象星座：雙子座、天秤座和水瓶座

風象星座釋放生命能量的方式總與呼吸有關，超越了物質世界，是概念世界的原型。在風象元素中，宇宙能量通過特定的思維模式表現出來。風象星座的內心需求是將自己從當下的日常生活中抽離出來，以便客觀地、宏觀地透視，並且以理性的方式來處理每一件事。

- **關鍵概念：**

心智感知、構想，和表達

- **個性關鍵字：**

生活在精神世界裡，將一切概念化
把所有經驗合理化

超然、有洞察力
求知慾旺盛
積極表達
需要與人建立關係和社交
善交流和有好奇心
對分享觀點有強烈的需要
將他人看做獨立的個體
系統化思考和原則

水象星座：巨蟹座、天蠍座和雙魚座

水象星座依靠感覺生活，他們能感知到別人常常忽略的細微差異。水象元素代表的是深度情緒和感覺的回應，從強迫性狂熱到摧毀一切的恐懼，乃至對世界萬物概括承受的大愛。水象星座天生就能意識到自己靈魂深處的渴望，他們必須保護自己不受外界影響，以確保自己能夠進行深度的反省，獲得內心的平靜和敏銳的察覺力。

•關鍵概念：

深層的情緒、同理心與感覺回應

•個性關鍵字：

各種面向都敏感

受無意識的渴望驅使

有時在現實中呈現無意識狀態

直覺、本能感受、受恐懼主導行動

清潔與淨化

心靈敏銳

需要深度反省和冥想以保持健康

習慣性保密以及注重隱私

富有同情心地服務他人

需要與他人感情交流

太陽星座的關鍵字和守護行星

以下是黃道十二星座的列表，其中標明了各個星座的關鍵字，顯示了每一個太陽星座表達自己核心意識的方式，以及有意識與無意識尋找身分認同的領域。還標明了太陽進入黃道星座的大約日期。

星座	守護星	日期	關鍵字
火象星座			
牡羊座	火星	3/21-4/20	我是（我做、我行動）
獅子座	太陽	7/23-8/23	我會（我賦予……生命、我戲劇化）
射手座	木星	11/23-12/21	我理解（我啟發、我追求）
土象星座			
金牛座	金星	4/21-5/21	我擁有（我控制、我生產）
處女座	水星	8/24-9/23	我服務（我分析、我要……完美）
摩羯座	土星	12/22-1/20	我使用（我組織、我成就）
風象星座			
雙子座	水星	5/22-6/21	我思考（我提問、我連結）
天秤座	金星	9/24-10/23	我平衡（我協調、我與……有關）
水瓶座	土星和天王星	1/21-2/19	我知道（我革命、我實驗）

星座	守護星	日期	關鍵字
水象星座			
巨蟹座	月亮	6/22-7/22	我感覺（我記得、我建立）
天蠍座	火星和冥王星	10/24-11/22	我渴望（我挖掘、我探索）
雙魚座	木星和海王星	2/20-3/21	我相信（我逃避、我想像）

黃道星座及其關鍵概念

下面的星座列表不僅指出了不同星座的關鍵性概念，還標明了星座在心理學上的不同屬性。這些言簡意賅的短句，對理解各行星位於不同星座時的特色很有幫助。

星座	關鍵概念	行星落入時染上的色彩
火象星座		
基本：牡羊座	將能量投注於嶄新的經驗	任性採取行動的衝動、自我確立
固定：獅子座	持續保持熱情與忠誠度 熱烈的生命活力	驕傲、渴望受到肯定、戲劇化
變動：射手座	不斷驅策自我朝理想前進	信仰、統整與歸納能力、理想性

星座	關鍵概念	行星落入時染上的色彩
土象星座		
基本：摩羯座	完成任務的客觀信念與決心	自我克制、謹慎、保留和企圖心
固定：金牛座	能深入欣賞身體直接感知到的事物	佔有慾、持續力、穩定性
變動：處女座	自發性地幫助人、謙遜、服務他人的需求	完美主義、分析、良好的辨識能力
風象星座		
基本：天秤座	藉由平衡所有對立來實現自我	平衡、公正、圓滑
固定：水瓶座	以超然立場協調所有的人和概念	個人主義的自由、極端主義
變動：雙子座	立即覺察到語言上的關聯性	三分鐘熱度、愛說話、友善
水象星座		
基本：巨蟹座	本能的滋養和保護他人的同理心	感覺、保留、情緒化、敏感、自我保護
固定：天蠍座	用強烈的感情力量穿透一切	強烈的慾望、深度、控制、熱情、祕密
變動：雙魚座	用同情心治癒一切苦難	靈魂的渴望、理想主義、合一、靈感、脆弱

上升星座

出生的瞬間在東方地平線升起的星座就是上升星座，出生盤的上升星座是很重要的要素。要確定一個人的上升星座（稱為「上升點」是因為它是此人出生那一刻地平線上所升起的星座），必須知道這個人準確的出生時間和出生地經緯度，以及可靠的訊息（諸如夏令時間、時區之類的）。此外，計算上升星座的方式必須精準。因此我強烈建議讀者使用專業的星盤繪製工具，確保出生盤的完善。使用不正規的算命軟體、不精準的占星網站、書本裡的上升星座速查表格，或請冒牌占星師繪製個人星盤，約有50％的人覺得上升點有誤。

若確定你知道出生在夏令節約時期的話，務必要將出生證明上的出生時間減去一小時。若查詢出來的上升點是在該星座的開頭或結尾，那透過下面的觀點來比較可能的星座特質就特別重要。很多情況下，兩個星座間的鮮明對比能合理判斷出上升點。

我根據四元素對上升星座分類，因為同一種元素的星座具有共同的能量特質與協調性，他們對待人生的態度也會較為相似。上升星座的元素是一個人散發出來的能量，通常是無意識的，在青少年時期尤為明顯。此元素象徵著貫穿整個人的存在和個性的一種態度。（有種說法是，上升星座是一個人看待人生的基本立足點！）常有人說，上升星座是「人格形象」，我覺得非常精確。然而，形象並不是有意識的投射，而是自動自發投射的，很容易成為別人對你的第一印象。上升星座的動力就是這樣，我會根據經驗以直接、輕鬆的方式來描述，並且不會試圖完美敘述各個上升星座。比起優雅的修辭，我對精準正確更有興趣。

火象與風象的上升星座偏好在外部世界做積極的自我表達（有時候會毫無節制地噴湧而自我消耗）。土象和水象的上升星座傾向於保存能量和注重隱私，因此往往自我封閉（有時會自我壓抑），活在自己的世界裡。

我還要強調，上升星座及其元素對親密關係分析非常重要，本書後面的章節會更明確解說。因此，為了能夠理解人際占星學，讀者應該盡可能精確地判斷出自己的上升星座。

火象星座（牡羊座、獅子座、射手座）

精力旺盛、體力充沛、由內而外地向世界散發能量。以積極、樂觀的人生態度，和自信、率直誠實的風度受人注意。活潑，想要讓生命更有意義，想要看到自己的力量影響外在世界。這類人屬於行動導向人格，導致能量的浪費和消耗，常常忽略自己和他人的細緻需求。

•牡羊座：身體焦躁不安。不斷創新，重點在「新」！容易感到厭倦。大膽，許多領域的拓荒者，特別喜歡當第一個去做或發現的人。簡單快速掌握任何問題或狀況的重點，也許比起其他星座更直接和快速，也自然而然更果斷。有活力，對待事物有著積極的態度，不過他們往往缺乏耐心，時常半途而廢。他們都是急性子，手頭的事往往最緊急！他們不欠缺社交能力，但並不特別看重。

•獅子座：驕傲但總是拿出最好的表現，以獲得渴望的尊重。高貴莊嚴，通常很有現代社會非常缺乏的忠誠和正直。不願承認弱點，擁有渾然天成的權威（像孔雀開屏，但通常沒有摩羯式的獨裁主義傾向）。因此，他們比較像主管，而非活躍的領袖。開誠布公的舉止讓他人產生忠貞不二的反應。

•射手座：大概是星座中最「樂觀」的個性。令人詫異於他們的人生態度，甚至在遭遇重創、失望或重大挫敗十分鐘後就恢復原有的樂觀主義。終極正面思想家，具有天生的哲學和／或信仰，儘管表現方式並不傳統。經常慷慨大方並懂得感恩。往往散射鼓舞人心、有創意的、愈來愈好的正能量。

土象星座（金牛座、處女座、摩羯座）

擁有腳踏實地的世界觀。關注物質世界和保守的態度，常常會壓抑想像力，因此限制了一個人的選擇和自我表達的自由。不論是他們自己或其他人，都對他們的穩定與可靠給予高評價。注重實際和與生俱來的耐心，讓他們比其他上升星座更能容忍例行公事。很有系統規範、通常遵循公認的途徑，是他們常有的自我表達方式。

- **金牛座**：步調緩慢，但不可低估他們的意志力。他們通常有藝術家的氣息，對生命節奏有耐心，能夠與人為善。當其他人在壓力下棄船求生時，他們還能處變不驚。絕對堅持自己的行事步調，常令旁人火大。平時性格溫厚，偶爾也會因別人逼迫他們加快速度，或不能保持照自己方式進行而惱羞成怒。

- **處女座**：最好的細節處理者，但出於謙遜和容易焦慮的傾向，討厭掌權做決定。長期精神緊張，神經系統非常敏感，表現為對食物或周遭環境挑剔不滿。他們真心熱愛工作，也許是他們唯一能證明自己價值的方式。這是一群少見的謙遜以及需要服務他人而非另有所圖的人。

- **摩羯座**：比實際年齡老成。他們給人以可靠、可信、值得尊敬的印象，往往早擔大任，且行事得體，除非他們屈從於內心的獨裁主義需求，設法支配他人。雖然看起來自信，但他們內心相當焦慮。時間管理是掌握這類人個性的關鍵，他們通常不是耐心十足、有條不紊地處理問題，就是行動過於遲緩、裹足不前、行事過於謹慎，打亂其他人預定好的時程。

風象星座（雙子座、天秤座、水瓶座）

思考迅速以及活潑；好奇、好問、愛社交、友好、健談。通常很聰明，洞察力敏銳。有時因智性發達而糾於腦內思辨所有一切而沒有行動。想要理解萬物；活在概念的世界裡。擁有天生善於溝通以及理解他人觀點的能力。

- **雙子座**：非常友善、很有好奇心。善溝通，無論傾聽還是主動講述，他們的興趣都廣泛。非常健談並且聰明。詞語、概念、新技術永遠令他們著迷。思緒敏捷，但在控制自己的思緒上有點麻煩。他們大腦中的一部分並不承認其他部分的想法或行為，因此經常自相矛盾，令他人搞不懂。他們幾乎都很聰明，但在日常生活中需要指引和規範。
- **天秤座**：對他人的意見、社交和藝術氛圍和當代品味都非常敏銳。本能地想要取悅他人。非常有創意，但通常在與他人合作或在團隊中效率最好，因為他們需要從別人身上獲得靈感和自信心。思緒不斷，權衡所有的選項，有時分析太多而行動不足。他們對個人外表很看重，通常很有藝術品味。善良、富有同情心，除非感受到競爭或遭受不平等的對待。給別人出主意時常常能提供最佳判斷，但對自己的問題往往難以保持清醒，孤軍奮戰時特別缺乏準頭。
- **水瓶座**：看似精於社交，對他人很友好，其實極端超然。智力上非常敏銳，在文化、社會、專業層面通常「與時俱進」。在群體中感覺舒適，比較人道主義，但對親密關係和情緒狀況時常常不知所措。常常有極端的態度和行為——有時沉溺於抽象思考，顯得「怪誕」；有時又才華橫溢；有時有過分死板以及保守，受困於自己狹隘的標籤。

水象星座（巨蟹座、天蠍座、雙魚座）

容易受環境和他人的影響。敏感、情緒化，因為太過脆弱以及害怕受傷害而具有警惕心。自我保護，也保護他們關心的人。有同情心，立即且強烈地感受到他人的情緒。注重隱私，活在自己的世界裡。依賴預感和直覺，是所有上升星座中最具療癒能量的。

- **巨蟹座**：極有同情心，但注重隱私，常常活在自己的世界裡。容易受到傷害，永遠不會忘記，因此非常注重自我保護，行為謹慎。他們是世界上最固執的人，雖然舉止謙遜，可內心強烈地渴求被尊重以及堅持自己的目標，但很少透露——甚至對自己也是！儘管你可能永遠無法了解，除非他們肯接納你成為內心小世界裡的「家人」，並且透過情緒暗流發展出非言語的友好關係。
- **天蠍座**：他們是口碑最差的上升星座，卻也擁有最豐富的才能礦藏。他們非常注重隱私，感情強烈且極端。對此，他人常常難以理解。就連他們自己，也要經過緩慢、深切感受以及誠實自我分析後才能明白。他們本能地想要挖掘他人的祕密、被否認和壓抑的部分，但並不擅長處理自己這部分。他們擅長偵查、調查研究、治療和挑戰危險任務等方面。如果你想了解某個事物全貌的，快找個有天蠍座特質的人吧！

• **雙魚座**：天生善解人意、反應靈敏，對人、動物、病人或精神上有需要的人很有直覺。具有藝術家或詩人的氣質，很有想像力和創造力，現實世界對他們而言太過殘酷。因此，常常會奉獻自己給另一個超越現實社會和物質世界的理想世界，那裡更奧妙，能給人靈感。他們通常擁有超凡脫俗的個人魅力，不過可能連他們自己都覺察不到。儘管他們看似過於敏感甚至脆弱，但在遭遇困境時，他們的精神力量有時卻強得驚人。

理解上升星座的幾點原則

儘管上升星座對每個人有重要的作用，但不可否認，必須結合出生盤上其他的因素，特別是太陽星座來分析，才能全面了解上升星座對一個人的具體影響。太陽星座是核心身分，是意識的中心，是我們吸納各種人生經驗的方式。上升星座是我們的生活方式，而太陽星座就是意識和生命本身！

上升點會修飾太陽能量的表達方式。光研究太陽和上升就有一百四十四種組合，都可以寫成一本書了。但我只舉一個例子，上升雙子座會給各個太陽星座增添社交活力和智力的好奇心。它甚至可以讓步調緩慢的日金牛加快；令日天蠍社會化一點、不那麼神祕；幫助日摩羯少點防備，更樂於溝通；鼓勵日巨蟹不那麼害羞！然而，無論上升雙子看起來多麼類似，但此人內在的特質，還是由太陽星座的位置所定義。

另一個理解上升和太陽星座如何作用的方法，是比較兩種星座的元素。例如，日巨蟹但上升為火象星座的人，通常比日巨蟹但是上升是保守的土象或水象的人更外向、會表達與自信。再舉個例子，太陽是風象星座但上升是水象星座的人，看起來會比真實的他更加情緒化；而上升風象太陽水象的人則比真正的他看起來超然和感情淡薄。了解不同的上升與太陽星座的組合，無論是想像，還是在紙上系統地羅列出來分析，或者是與其他占星學生討論和集思廣益，都異常有用而且能學得更透徹。

〔第七章〕

月亮：我們的情緒之家

我們迷失了宇宙。太陽不再給我們力量，月亮也不……現在我們必須回歸宇宙，雕蟲小技做不到。各種殞落到我們身上的答案必須回到生命中。人們用了兩千年扼殺，誰知道需要多少時間才能回來生命中……我們缺少的是宇宙生命，少的是內在的太陽與月亮……——D. H.勞倫斯《啟示錄》（*Apocalypse*）

如今關注太陽星座的書籍不勝枚舉，但是對於同等重要的月亮星座，卻少有見解卓越的深度作品來加以詮釋（唐娜．坎寧安〔Donna Cunningham〕的優秀著作《月亮星座》〔*Moon Signs*〕是一個例外，書中有大量心理學方面的洞察，見地精妙）。這種差異的原因之一，在於月亮所象徵的個性面向較為私密、也更無意識，如此直覺又來自本能，人們更難以辨識出來。另一個實際原因是，人們只要根據出生日期就能輕易知道太陽星座（見第六章），但卻必須透過精準計算的星盤才能確認月亮星座。在此之前，我們只能粗估月亮的位置。報刊雜誌（如今還有網路）如雨後春筍般的「太陽星座」專欄，也造成過度重視太陽星座而忽視月亮星座。另外還有文化方面的原因，我會在本章討論。

本章標題指的是月亮的基本意涵——所有人都在經歷持續變化的情緒波動，有些人比他人更加明顯。不斷變化的情緒，就如同月亮每個月不間斷的盈缺。在占星學無數的象徵意涵中，月亮及其星座顯示一個人如何協調環境中不斷的能量波動，以及一個人適應內在和外在變化的能力。這是自我認識的必修課之一，認識自己月亮的和諧可以教導我們：不僅要學習接受自己的內在天性和自發的情緒反應，但還必須融入生活（儘管有時情緒能幫助我們做到），才能與自己在更深的內在平靜中和平共處。

此外本書還有一個重要的主題，那就是探討自己或任何人之親密對象的月亮星座，能了解兩人間極端的情緒、反應以及天生的情緒傾向。比較兩人的月亮星座和諧與否，能夠可靠地描繪出兩人的情感契合程度，從而判斷他們能否成功地共同生活。月亮星座還描述本能的能量以及天生對伴侶和建立家庭（有人稱之為家庭本能）的態度，因此對於感覺身體和情感上的舒適有深遠的影響。月亮星座代表一個人如何表達以及感受滋養和關懷，從這方面切入，月亮星座對於親密能力有濃烈的情感影響——尤其對女性而言——會嚴重影響一個人的性需求和作風。因此，比較兩人的月亮星座就能明顯看出，一個人的安全需求能被對方滿足多少，無論是否有熟悉和支持的感覺。

當然，月亮星座的比較並非此類評估的唯一標準，但它無疑是判斷我們在日常生活與他人情緒和睦相處的重要占星學要素（例如，就算兩人的月亮星座本身不符合和諧原則，但只要一個人的月亮和諧對方的太陽、金星、木星或上升點，也算有一定程度的感情和睦）。

月亮的基本內涵在第五章和附錄A中，因此這裡我不再重複。但是在我們逐一檢視月亮星座之前，我要指出一些不容忽視的月亮關鍵特質。首先，月亮與非智性、非理性的心理機制關係密切——對我們思考的影響之大，遠遠超出很多我們願意承認的範圍。當我們說「我覺得……」時，我們就是從月亮的觀點說話，儘管意識到自己說的不一定有依據或邏輯，但我們對此觀點怡然自得。月亮同樣也顯示出一個人在家裡如何與自己相處——是怎樣的內在安全感。月亮的位置和元素密切關係到一個人需要什麼才能自我感覺良好。此外，月亮特別能說明，在社交場合中，讓我們感到最舒適表達的感覺或本能行為是什麼。

其次，假如你只要記得一個解讀月亮星座的關鍵詞，那就是本能反應，因為月亮星座代表了面對各種生活層面時，我們立刻以及無意識的回應方式。或許你會沿著這條思路，繼續思考諸如以下這些問題：哪些月亮星座反應很積極？（牡羊座、射手座、雙魚座）。哪些的反應是立刻分析？（風象星座和處女座）。哪些格外慎重？（摩羯座、金牛座、天蠍座）。哪些試圖隱藏情緒反應？（巨蟹座、天蠍座、摩羯座）。……繼續提出任何相關問題。這是一種很好的練習，能幫你迅速學習每個月亮星座的不同傾向，在讀完這個章節之後，或許讀者可以嘗試如此練習。

月亮：女性、被動和依靠

占星學著作中欠缺關於月亮的優秀資料，另一原因在於西方世界存在文化偏見，認為行為和自我發展是與太陽相關的特質。千百年來的占星學傳統，月亮在日月兩極觀念中被認為是女性的原型（甚至視為女神）。它掌管家庭、居所、子宮、生育，以及所有關於滋養和治療的一切。一般來說，在現代社會中，女性比男性更容易認同自己的月亮星座，也可能是西方世界的絕大多數男性，尚不能欣然接納自己月亮星座表現的特質。事實上，對很多男人來說，表現出被動、依賴或是需要似乎有違天性，可能會將之解讀為軟弱（比如說尋求幫助）。畢竟，太陽簡簡單單就閃耀著固有的力量和尊貴，而月亮反射太陽的光芒，在每月墨守成規的運行週期內，規律地向地球散發或強或弱的光芒。這個強烈象徵顯示出很多東西，毋庸置疑的一點是月亮散發的光芒較溫和、清涼如水並撫慰人心，比起詩人葉慈形容太陽的「無情凝視」，月光更容易觸動人的情感。太陽的光芒與力量不會調整，也缺少週期性的強弱變化，它輕易就能燃燒所有植物、蒸發水分，並將土地變為沙漠。

如此眾多的男性疏離自己的陰性面，由此引發社會以及心理上的衝突等等話題，在這裡我們當然無法延伸探討。畢竟，整個圖書館都充滿了此類書目和文章！因此我克制自己只談幾個要點，其中大部分在賀伯．高登伯格（Herb Goldberg）的著作《男性危機》（*The Hazards of Being Male*）中已有清晰敘述。他指出，沒法忍受自己的被動會摧毀生命律動交替的自然節奏（月亮本質）。他還指出：

> 毫無疑問，這是許多男性年紀輕輕就出現過勞或患有慢性疾病的主要原因。壓抑被動面向，會導致男性無暇進行必要的休息和康復。（《男性危機》）

這段話部分解釋了月亮與治療有關，可以讓我們理解出生盤上的月亮，可幫助我們培養健康的生活方式，提醒我們身體有休息和復原的週期生理需求。舉個例子，男性往往不願意尋求幫助，就是源於男性拒絕顯示出對他人的依賴。愈是了解月亮的角色，我們就愈能深入察覺到一個人的月亮特質對其生理和情感的健康提供了龐大的支持。事實上，自從大多數女性投入勞動力，也學習到了傳統西方男性的壞習慣與不平衡的生活方式，因此上述意見現在也適用於她們了，包括「過勞」症候群以及其他壓力失調症。

多數男人會將其大部分月亮特質投射在女性伴侶身上，彷彿這樣就把自己所有的原型女性面向都一勞永逸地打點完畢。但正如高登伯格所說，這樣做的後果不僅有害健康，更會帶來災難：

很多成年男性一旦與女性確定了關係，就開始拋棄其他全部關係。這種依賴會愈來愈強烈，一旦對方離開他，他就會遭遇足以顛覆人生的危機……就像把所有雞蛋都裝在一個感情的籃子裡，男人沒有其他的養分可取……男人孤立了自己，疏遠其他男性，以為是在嬌縱自己的女人，讓她感到競爭勝利的愉悅。而今他的女人也成為他的競爭者，甚至是潛在的敵人，口口聲聲訓斥他是「男性沙豬」。他不但失去了大地母親，同時也陷入恐懼與迷茫，掙扎著尋求解脫，他並非只為他自己，更是為了取悅她。（《男性危機》）

文學作品中不常提到這類男性困境，很多女性助長了這樣的依賴，用隱晦或公然的方式影響男人與朋友斷絕往來——不僅女性朋友，男性友人也是。一些治療師同仁曾多次證實了這個觀察：女性這種極端的毀滅性行為，緩慢地侵蝕著男性的獨立和自我意識。動機似乎是女人渴望完全主宰男人的心理和情感生活，認為男人不能想像沒有她的生活，因此他愈來愈認同她想要的一切。而一旦她成功，我們不禁好奇她是否還會像他沒有如此唯命是從前那樣尊重他（平心而論，我必須指出男人也常嘗試孤立他們的女性伴侶，但可能出於不同的動機也帶來不同的意涵）。因此，從男人的立場來看，逐漸熟悉並接觸月亮的能量和特質，長遠來說確實能令自己更加強大，也不再容易被不同類型的情感支配或操控。

當一個人開始熟悉私密、溫柔、親近、回應、情感接受以及關懷等月亮詞彙，可能自以為月亮對女性在情慾、浪漫、性融合上的影響遠勝於男性。然而，擁有強烈月亮特質的男人（尤其是月亮或其他重要配置在其守護的巨蟹座），在親密關係和性行為中也會有許多感覺和需求。這也適用於星盤上另外兩個水象星座（雙魚座和天蠍座）特質明顯的男人。

請注意在本章接下來的篇幅中，我將引用多年來我所做的採訪和調查。這些內容將標示AI（作者採訪）或是AQ（作者調查）。我相信讀者能從如此鮮活和切身的觀點中受益匪淺，即便不那麼正式，想來也無傷大雅。我會自由地將手頭上的相關內容，插進恰當的議題作為點睛的補充。所有的引用來源都會表列在附錄中。我會將引用的長文精簡，因為本書並非學術或專業科學類的作品，不需要長篇累牘的參考資料。我也盡可能精確扼要傳達每個月亮星座的基本特質，以方便讀者迅速認識並記憶。因此，我會比較冒昧地將各類直接而精準的詞彙或關鍵字點綴其中。

月亮落在火象星座

月亮落在牡羊座、獅子座或射手座的人傾向於以熱情來回應經驗，通常態度積極且直接行動。他們更可能三行而後思，優柔寡斷不是他們的作風。當他們發起或創造一件新的東西時，或是激勵他人向某個明確的目標行進時，他們會自在得如同回到家。他們擅長推銷想法、理念、產品或服務，因為他們自然而然就會激發他人的信心。這就是他們無論做什麼都恪守道德標準的原因，只有這樣，他們才不至於濫用與生俱來的信用額度。

雖然火象月亮星座一般屬於最為積極的月亮定位，他們直截了當、精力充沛的態度能激勵和啟發他人，但不要被表象的自信所蒙蔽，他們可能私下沮喪消沉，忍受自我懷疑的煎熬（月射手和月獅子尤其如此，根據我的經驗，他們需要他人的注意和認可，不像月牡羊那樣無所謂他人的眼光。月牡羊不需要虛張聲勢演戲給人看，因為他們寧可獨自一人，也少將挫敗歸咎於自己的缺點）。然而，這三個星座經常表現出來的鼓舞人心、啟發靈感的特質，有時也會退化為自私自利和一種慣性的優越感——不用說——終究會招惹他人敵意和怨恨。

月牡羊

可能是所有月亮星座中最單純、最率真、感情最直接的。當他們開始投入最新的熱衷事物，就會變得一心一意，不喜歡被打擾（尤其不喜歡因「情感問題」而分心，或被別人的「個人需求」煩到）。他們大部分都有成百上千的興趣，每一次都會感到至關重要和急不可待……直到那個興奮點不再新鮮，他們也就失去了興趣。這些人非常以行動為導向，因而常常有些急於求成，他們經常反應出不耐煩，甚至自認沒那麼焦躁或惱怒之時，在別人看來已是暴跳如雷。首先，牡羊座在生命中需要新的挑戰。他們通常無所畏懼，唯一令月牡羊害怕的就是生活無趣。他們總是需要新的挑戰。

他們通常不善傾聽，這不僅僅因為他們沉浸自我本位裡，更因為他們傾向於立刻下結論（除非他們的出生盤上有很多雙子座或天秤座的元素，這樣的月牡羊就會是極好的「積極聆聽者」——快速抓住重點並積極給出回饋）。事實上，正如一位觀察敏銳的月牡羊女士向我指出的，他們需要感覺自己不受他人的影響，因此才表現出不聽他人的建議或意見的樣子。然而經過幾個月，他們會漫不經心地透露出其實已經把話聽進去了，甚至還仔細考慮並採納了這些意見。

他們容易厭倦、煩躁，也相當以自我為中心，有競爭的天性——儘管很多人（尤其是女性）不喜歡承認這一點。在任何事情上，他們都必須是最好的！正如這位女士所寫：「我認識的兩位月牡羊女性都專橫跋扈，她們覺得自己不但知道一切答案，並且永遠正確。」（AQ）然而，儘管本能地就想去競爭，但因他們興趣很快轉移而不太會記仇——除非他們把對方視為企圖控制或限制自己的仇敵。事實上他們特別能自給自足；喜歡獨立和不受限制的行動自由，很少會徵求他人意見。

格蘭特．萊維（Grant Lewi）這樣寫月牡羊：「你給自己的訊息是：做個堅強、有力、獨立和勇敢的人。」（《大眾占星學》〔*Astrology for Millions*〕）他們早期就能感到這股內在需求，知道自己天性孤獨。這是「孤獨者」的星座，他們是自己的私人工頭，總是驅使自己變得更好或做得更多——這也導致持續的焦躁不安感。黛比．坎普頓．史密斯（Debbi Kempton Smith）寫道：「這群人感覺生命本身就是一次緊急事件。」（《占星師筆記本裡的祕密》〔*Secrets from a Stargazer's Notebook*〕）故而他們通常頗具創造力，因為要充分利用人生。或許這也是月牡羊在很多狀況下總能迅速抓住本質，發現核心問題的原因。

月亮（或太陽）落在牡羊座的女性，通常是「大男人主義者」，不過作風還算溫和也不教條，因為她們尊重力量和競爭意識。一位月牡羊女士（還認識其他相同位置的人）在她五十多歲時寫道：

月牡羊的女人受不了「哭哭啼啼」或多愁善感，因此對女性少有同情。我們會對他人（以及我們自己）感到不耐煩，我們想要「解決它，向前進」！因為我們喜歡裝得天不怕地不怕、自己能夠搞定一切的樣子。我們也討厭在活動或計畫中慢下來或是偏離原本目標。我們非常理解男人、理解他們對於獨立的需求，並以實際行動支持來促進他們獨立。為了在任何狀況或關係中感到活力，我們需要相信自己是「最好的」，並對任何「挑戰者」都給予快速的回擊！（ＡＱ）

牡羊月亮這種生理上的躁動和強壯，讓他們熱愛運動。我甚至見過一位日金牛、月牡羊的女士精力太充沛，她醒著的大多時間都在訓練鐵人三項，因為對其他事情也不感興趣，這使她的專注和焦躁都很集中。還有一些觀察如下：

月牡羊的男人會對女性有很高的期待。月牡羊的女人則對目標和自由有強烈的感覺。（ＡＱ）

月牡羊是直言不諱且不懂圓融的，他們對刺激情緒反應看上去原始、完全發自內心

且毫無保留。（AQ）

一位三十歲的女性這樣寫月牡羊男人：

他們似乎會以一種非常直接有力的方式，將注意力放在仔細檢查的新「資料」上，常常到了壟斷談話或他人注意力的程度，直到熱度減退或轉移目標。他們也非常以自我為中心：他們的想法、行動和感受總是排在第一位，而通常對他人的需求或感受沒什麼同情心；他們會聆聽，但不擅長給予他人回饋或支持。（AQ）

月獅子

月亮落在獅子座的人反應是溫暖的、慷慨大度，且常常充滿熱情和／或幽默感。他們有種孩童般的天真，事實上，他們引人注目的自豪就像小孩子一樣。這些人需要他人的認同和外顯的情感表達，如果關注不夠多和不夠公開，他們的自尊就會受到傷害。和所有固定星座（另外三個是金牛座、天蠍座、水瓶座）一樣，獅子座是一個極端的星座，因此很難用平衡來形容他們的個性偏好。他們經常是膚淺，喜歡被奉承，不過他們相當有個人誠信，一般不會妥協。月獅子需要活在大而戲劇化的自我形象之中，他們相當引人注目。但是他們的炫耀是那麼純真和期待，以至於人們往往原諒了他們全身心投入的戲劇表演。事實上，或許是月獅子太需要被人關注和孩子氣，因此很少在生命中留出空間給孩子，儘管通常他們天生就有小孩緣，能成為優秀的家長。雖然沒有科學證明，不過我現在隨便想起一個月獅子，都會發現他們不是沒有小孩，就是只有一個小孩。

他們可以很忠誠，有時甚至盲目地做出愚蠢的舉動，給參與者造成負面影響；他們也可以很慷慨（但他們不介意是否有人注意其善舉）。目光短淺大概是月獅子最大的缺點。有些人完全只顧眼前，太過熱衷於自己的事，甚至連旁人對其浮誇、惹人厭行為所做出的反應都看不到。令人驚奇的是，他們這種短視竟也延伸到對自身潛力的理解上。我見過太多月獅子（天生才華橫溢，能力出眾！）以他們的能力本可以做得很好，但他們卻低估自己，以世俗的失敗而告終。我忍不住猜想，其中一個原因大概是龐大的自傲使他們無法聽取（或尋求）旁人的真實回饋。可能他們暗自擔心自己沒有想像中優秀。他們很容易被冒犯，因此自然不願將脆弱的自我暴露供人批評，無論是否出於善意。除非他們發展出深入的自我理解和接受來自他人真實意見的能力，否則繼續熱忱天真下去，終將會消磨殆盡，就像一個長不大的孩子。

月獅子的人有一種鼓舞他人的才能，危急關頭可以帶來極大的支持和力量。他們可以成為你最想要的堅強後盾，而在其他情況下，他們似乎狂熱地相信自己給他人帶來了偉大而積極的影響（無論真假），而想得到感謝。很多月亮在這個位置的人，被讚賞是核心需求（注意，相較總忙於創造和實踐的日獅子，月獅子要被動不少）。他們深深覺得必須活出偉大崇高的形象，有時甚至會因別人沒注意到他們的付出而憤慨。總之，月獅子的各種個性會引發他人的極端反應，在這些人的名單上，他們不是最受深愛的，就是最被憎恨的人！從以下問卷回覆可以看出月獅子的極端和不同特質：

月亮落在獅子座的人總是喜歡跑在最前面。他們喜歡被關注，有些人會因自負而輕易被奉承。月亮在獅子讓人活潑地自我表達。這些人喜歡旁人感受到他們的存在……他經常卯足力氣讓自己與眾不同，而旁人對此褒貶不一。儘管有些自以為是，但他們是優秀的聆聽者，急人所急，極有同情心，有時甚至讓人有點吃不消。月亮在獅子的人是合群的，充滿活力，也很有創造力。（ＡＱ）

另一個對月獅子的敏銳觀察：

月獅子的女人情緒非常戲劇化。她們容易心煩意亂，傾向執著於自己的感受，有時候她們的感受會成為重大議題，將身旁的人都捲了進來。她們喜歡這種受眾人矚目的刺激，即使代價是爭執或某種衝突。一旦獲得眾人的注意足夠並心滿意足之後，她們通常就會開心地拋開這件事，大方地將「聚光燈」讓位給他人。她們是天生的表演者。（AQ）

月射手

月射手的人天生就是理想主義者，豁達、心胸開闊，生活態度輕快活潑，自然地以哲學化的態度對待任何挫折，因為他們知道未來（不是過去）才重要。當他們探索想法或理想，或是在戶外探險時感到最為自在，他們熱愛無拘無束的自由感覺。遙遠的地平線總是比此時此地更吸引他們。他們特別需要心靈自由（包括在宗教和精神領域中提升自己的空間），因為他們的抱負不但遠大，還無邊無際。事實上，「樂觀」一詞就是月射手發明的！如同一位月射手女士總是像念咒般重複：「我看見半滿的杯子，而不是半空的。」他們喜歡用幽默感來娛樂大家。事實上，他們想答應每一個機會。他們想要感受那種沒有任何限制的生活，因此直覺傾向於允諾遠超過自己能力範圍的事情。我猜測，他們假設每個人都如他們般忘記那些轉瞬即逝的細節，當憤怒的朋友和同事與他們對質，質問他們為什麼不履行承諾時，才會發現自己又習慣性地誤判了。正如一份問卷回覆宣稱：「滿足所有人的所有需求」塑造了月射手的特徵。慷慨和「宏大」是他們生命中的主導要素，也是他們對現實和自我形象的感知。

射手座的人最容易忽視近在眼前、他人看來顯而易見的現實，因為他們對遙遠的目標太過專注。通往地獄的路由善意所鋪設，因此月射手的人需要確保他們的目標和理想有實現的可能。生活中的確需要宏觀指引激勵他們，但也需要定期做自我檢視，評估自己是否有能力達成理想。他們喜歡對別人說教（自認「金玉良言」），不過如果事情沒能辦成，好吧，不是他們的問題。月射手的人非常不喜歡沉重的日常「現實」和個人或情緒問題。

他們很難處理任何批評，事實上，他們比其他星座更容易忿忿不平——這是一種隱藏起來的驕傲，那些只看到他們表面積極快樂舉止的人常常會驚訝。正如唐娜・坎寧安所寫：「能激怒月射手的，就是把他們拿手的理論或是信念駁倒。」（《太陽世界中的月亮》〔*Being a Lunar Type in a Solar World*〕）這種驕傲，有時候展現為來自更崇高自己的觀點（也許是唯一能顯示「真理」的那位），是射手座二元性本質的一部分。射手座的符號是半人馬。射手座的畢生任務，就是要將自己理想化的本質與粗俗、衝動以及以自我為中心的傾向整合為一。最糟糕時，他們為自己的「誠實」驕傲（有時他人看來是不圓融的直言不諱），為自己的道德或知性正義感到自豪——除非出生盤上有較為謙遜或敏感的要素——他們會毫不妥協地堅持自己的表達方式，因此常被視為不體諒人和不必要的傷害。

也許能讓月射手在家切實感到自在的方式，是盡可能地對自己誠實，像他們對待他人那樣率直！他們經常把自己想得太崇高，想要給人留下值得欽佩的形象。他們喜歡感覺充滿理想和活力，但如果他們誠實地看待自己，就不得不承認，其實他們並沒有自己以為的那麼完美無瑕；因為他們可以在任何方便或有利的情況下，合理化自己的行為。人們對自己的感受（總是與出生盤上的月亮直接相關）並不一定符合他人對他及其所作所為的看法，月射手是一個很好的例子。

從一些問卷中也能看到這種對月射手的描述：

性格隨和，能不帶偏見地接納他人並與陌生人相處——儘管有時也有自以為是和勢利。情感獨立，似乎不需要太多來自某個人的情感，他們可以從很多人身上獲得。（AQ）

月射手可以非常高調，他們對生活態度積極。這些人會嘗試推著他人往前走，或剛好平常就比較專橫。他們有點愛出風頭，但大體上是出於熱情的天性。月射手無論男女都非常直接。男性的態度非常誠實，會說出心裡的想法。對女性來說，這也是

一個率直的定位。無論男女往往都不夠圓融；他們會說出自己眼中的事實，認為別人應該接受，而不管有多難消化。（AQ）

月亮落在土象星座

土象月亮傾向於以一種實在、實事求是的方式做出反應。金牛或摩羯月亮星座的人在反應上特別沉默，事實上，別人會好奇他們到底有沒有反應。另一方面，月處女傾向於以每個人都看得出來的方式，快速、心理活動多、神經質地，有時候緊張地對任何刺激做出反應，儘管他們試圖控制自己的情緒反應。就如同土地本身，月亮土象的人的情緒有一層保護罩；他們喜歡展示某種樣貌於公眾，而不會展現自己的弱點。

月金牛

月亮在舒適、穩定的金牛座異常愉悅。這些人感情堅定，很少自我懷疑。月金牛不容易焦躁，甚至遭遇會強烈影響他人的重大打擊或驚人事件時也不例外。他們有令人驚奇的彈性，能夠從任何打擊、失望或創傷中恢復過來。美國總統比爾・柯林頓就是一個極好的例子，他整整八年的白宮任期中，共和黨從未停止對他的無情攻擊，他們害怕這位有才華的政治家落實自己的政治抱負。即便得面對試圖使他離開白宮的彈劾與恐嚇，柯林頓還是堅守陣地且保留了很多人氣。

月金牛以令人印象深刻的泰然自若，面對生活的需求和未知，因此會給賞識他們可靠特質的人帶來持久的影響。注意我說的是「可靠」，而不是敏捷！這個星座是黃道星座中最慢的，生活中無論做什麼事，都堅持以自己的步調進行，只有當他們狀態良好、準備充足時才能積極前進。他們內在的滿足和對改變的抗拒讓他們非常頑固，因此當他們拒絕向你的要求妥協時，這局面處理起來就相當令人沮喪了。但反過來說，這也是他們的優點，當他們把注意力集中在某個目標上時，那份堅持也相當令人矚目。

月金牛與大自然和地球節奏和諧，這給了他們特殊的生活步調和大部分精力。他們的身體和感官特別明顯，對於「生活的種種愉悅」有著強烈的需求。而且他們堅持要花時間享受它們。這種獨特的和諧會令他們早年時容易相信他人，對別人要求不高，對待生活輕鬆隨意。他們大都對生活感到滿意，對自己也相當滿意。這當然會導致沾沾自喜、自負自滿以及自我放縱的散漫。就像格蘭特．萊維所說，月金牛改善自己的關鍵是要「把自我滿足轉變為積極的自信」。（《大眾占星手冊》）

在情感方面，月亮落在這個星座的人一點都不冷漠，但他們並不願意隨便暴露感受。他們是很好的聆聽者，經常會給出溫暖的回應和堅定的支持，而不是滔滔不絕的過分熱烈。他們並不喜歡被任何事情迅速影響。下面的三份問卷調查意見，為觀察這個月亮類型提供了另外的觀點：

> 看上去很積極，這令男人能與女性保持不錯的關係。也會給人帶來諸如烹飪及其他家庭技藝才能。（AQ）
>
> ……喜歡感官享受，對物質、身體類的審美（比如服裝、居家、色彩等）感知發達；很有幽默感；頑固、堅持；有時對於事物表面之下的情況無動於衷。（AQ）
>
> 男性月金牛喜歡被觸摸，特別是擁抱。另外，我注意到他們對改變有一定程度的抗拒（不同的人之間），抗拒的表現很多樣，小到不願意接受別人的情緒，大到不願意讓任何一種不尋常的可能性出現在生活中。（AQ）

月處女

月處女在內心和生活中都需要一種秩序，才能感到自在和安全。這導致他們以本能的分析反應對待所有生命經驗，根據自己的原則或偏好歸納和鑑別這些覺知和想法成各種標籤。這種對於秩序的需求也激發了他們對整齊和乾淨的迷戀。每當他們改善了環境就會更有安全感，同樣也發生在科學研究、藝術或學識追求上頭，或——名不見經傳的領域——對其他人來說。事實上，如一位女士在問卷中所寫：「有時他們愛管閒事，老是建議別人要整頓生活——通常不是太婉轉。他們忙於整頓朋友的生活，連自己家的後院都顧不上了。」（AQ）這種「管閒事」的傾向延伸為一種遠距離的批評，對象甚至是完全陌生的人，顯然他沒達到處女座的完美標準。

能幫上忙會令他們對自己感覺良好，也會幫助他們克服慣性的自我懷疑以及個人缺陷的傾向。「完美主義」是處女座的關鍵字。正因他們無法避免意識到自己的不完美，導致過度自省，有時候嚴重到使他們沒有信心去運用自己的才華。他們也有注意他人不完美的傾向，不但說出來還說得太多，往往令人不快並造成沒有用的自我反省。月處女最好還是聽從自己的深層需求，真誠服務和幫助他人，或改善外在世界。如此一來，最終他們的自我感覺有所改善——至少，他們用這謙遜的方式來獲得認同。畢竟，處女座是黃道中最謙卑的星座——為數不多的一個。事實上，月處女看起來靦腆以及保守。作家瑪麗・科爾曼（Mary Coleman）在其充滿見解的人際關係著作《選擇你的完美伴侶》（*Picking Your Perfect Partner*）中，對這類人的情感反應有精彩的描述：

> 情緒反應中規中矩，符合規範的教養和盡責。他們堅守矜持自己的感受，偶爾才會被人瞥見……有些人會被這種端莊得體所吸引，而其他人則認為太刻意、太壓抑、

太拘謹。（《選擇你的完美伴侶》）

習慣性緊張且有焦慮傾向，月處女可以在工作和強迫「忙碌」中獲得自我確認並找到內心的平靜。工作也可以令他們從不愉快的情緒，以及因為內疚和無價值感產生的沮喪情緒中逃離出來，這種情緒時常令這些人備受煎熬。但是，正如唐娜·坎寧安在《月亮星座》中指出，因為情緒會干擾到生產力，很容易在日常生活將其擱置或壓抑。因此，月處女是少數熱愛所有細瑣無聊苦工的人——甚至是家務。

他們的思考和反應模式中充斥著懷疑和質疑，當然，任何人、任何地方或任何想法，總是可供批評的目標。無窮盡的枝微末節總能成為標靶！持續的心理緊張、神經系統的敏感，以及對衛生和清潔的過度講究，使他們熱衷並渴望參與到營養學、生物科學、自然療法、治療藝術以及／或是醫療專業的各種領域。然而，最糟糕的情況下，這種傾向會令他們患上憂鬱症，或至少讓他們的消化或腸道系統特別敏感。入口食物的品質對他們來說很重要，因為這直接影響到神經以及心理狀態，而不僅僅只是消化系統。

他們處理細節事物的才能無人能及（除了那些有其他行星落在處女座的人），在應用藝術或純藝術領域發揮天生工藝天分，通常會讓他們獲得極大的滿足，正因為他們總能在任何想法或計畫中找到錯誤。猶豫不決經常會折磨有這種月亮配置的人。月處女在道德上的優柔寡斷也相當明顯，因為他們的完美主義及禁慾傾向會與他們實際或感官的需求產生天人交戰。

月摩羯

月亮落在摩羯座的人，以及其他重要行星或是上升點落在摩羯座的人，在年少時看上去會有一種與年齡不符的蒼桑和嚴肅，但是隨著年齡的增長，他們會愈來愈年輕。在青少年時期，他們就有不同尋常的老練、自制和保守，能夠在通往世俗成就的康莊大道上前進，或是聽從使命的召喚行事。真正的自信則較晚，要等到他們內在的安全感經年累月發展到一定程度才能獲得。即使未取得成就，至少得感到自己的年紀足以獲得他們一直渴望的世人的尊敬，才會發展出真正的自信。最好的情況下，月摩羯最終多少學會放鬆一點，並在相信生活和他人上更開放。摩羯座身上常有的憂鬱氣息，會隨著時間的流逝逐漸消散，有時這要歸功於他們那愈來愈不羈的幽默感——儘管都是冷笑話。

月亮的特質是易受影響、產生共鳴，而且情感充沛。而摩羯座既僵硬又冷淡，以不流露任何脆弱或個人需求為榮，因此月亮落在這裡很不舒服。月摩羯對待生活的本能反應是自我控制和謹慎，有時候他們的戒備心或消極態度到了令人震驚的地步。他們感到自己需要操控這個世界（和自己的感受），以獲得他們所渴望的力量、權威以及認同。

事實上，當他們的身分被某種社會角色、頭銜、特殊職責或是實質的權力確證時，他們才會感到最安全。甚至在年輕時，月摩羯就喜歡被委以重任，擔任家中經濟支柱、提供保護或組織結構的角色時，他們感到最為自在。換句話說，當背負某種重擔，或被別人不得不依賴時，他們才最放鬆自在！他們非常勤奮，在工作狂名單上，這些人和處女座要算第一。這也常令他們最終獲得專業成就。他們可能不是一直很有趣，但多半會把工作完成，哪怕需要付出繁重勞力、耐心和堅持才能完成。

也許這個族群最令人壓抑的是太過於沉迷在被視為重要人士或擁有權威。在某些情況，他們的私生活以及職業生活中瀰漫著「高人一等」的堅持，這種總想要「站在頂峰」的渴望會令他們變得毫無人情，同時也會引發他人的不信任。正如心理學家兼占星師格倫・佩里博士（Glenn Perry）所寫：

> 嚴格控制情緒反應常常導致孤獨和絕望，因為阻礙了個人回應他人的情緒變化。月摩羯滋養自己的方式是承擔責任以及下達命令。這種乾澀而機械化的感受方式有缺乏對他人的同情和暗示對方無能的傾向。月摩羯無法直接回應情感需求，因此給人的印象往往是冷酷、冷硬，對生活的溫情面無動於衷。（《相位雜誌》〔*Aspects Magazine*〕，一九八一年秋季號）

當一個人習慣了壓抑和否定情緒的長期極端冷漠狀態，結果就是成為一個獨裁暴君，雖然會受他人尊敬——卻會保持安全距離。然而從另一個觀點（可以說內在切入）看待這個月亮星座的情感本質，我要引用一位月摩羯的年輕女士的訪問，她對我這樣描述她自己：「感情生活很嚴肅，喜歡開門見山，沒耐心閒扯，關於情感問題需要直接切入核心。」她還說：

所有我認識的月摩羯（有很多人）身上都有一種認真，他們都很重視情感生活。尤其是女人，她們從不傻笑、隨意調情或賣弄風騷——我們太嚴肅以至於不太會調情。我猜這類型女性有點「男子氣概」，言行中有種公事公辦的風格（其實男人也是……我從沒見過這種月亮位置的人能與每個任交朋友或快速交上朋友，他們也從不公開地真情流露）。我認為「一段認真長期的友誼」概括所有我認識的月摩羯。（AI）

來自另一個女士的問卷回覆還強調，這類有能力、有野心的女性容易「對自身性別感到矛盾」，雖然她們會有強烈的生理需求。月摩羯的女性還有「被賞識的需要以培養她們的自我價值」。（AQ）還有兩份問卷證實了上文所引用關於情感承諾切實情況的自我剖析。她們的說法是「情感冷靜以及為自身利益考量」，以及「精於算計——不一定是壞事——做一大堆計畫，不會衝動行事」。另有一份來自於經驗豐富占星師，相當完整的問卷回覆如下：

特別對男性來說，這個月亮位置代表明顯的嫻熟老練，他在物質世界中遊刃有餘，至少是在處理或協調與物質相關的事物上相當拿手。他們精明地照顧自身經濟需求。這些男人通常會進入某種安全相關的機構，像是為政府工作、參加工會等等。他們喜歡安全的財務狀況。女性也非常注重經濟安全，有能力應付現實世界。總之，月摩羯嚴肅看待事情，謹慎處理許多事情。從悠閒鬆散看來也相當性感。（AQ）

總而言之，不要被摩羯座的緩慢、謹慎和躊躇等舉止誤導。他們也許大多態度保守，但事實上非常進取，行動都以結果為導向。他們只是不喜歡犯錯而已。

月亮落在風象星座

如果一個人的月亮落在雙子座、天秤座或水瓶座，調適自我融入生活的方式就是理智冷靜地客觀評估，透過邏輯推理或利用熟知的概念或理論來判斷事物。當然，這種傾向導致過度分析，反而不能做出明確的決定，但有建設性、慎重小心，以及未雨綢繆的明智考慮卻是有益的。這是在水象或火象月亮的人身上所缺乏的特質。

月雙子

月亮不斷地圓缺盈虧，加上雙子座的永恆變化，就是月雙子的部分天性。它與穩定和可預知的完全相反。月雙子的力量就是靈敏。他們對資訊反應迅捷，對他人也能迅速做出回應，也能迅速串聯各種想法和可能性。他們很快就能適應變化，其覺察常常也頗為有趣，因為驅使他們的是無窮盡的好奇心。事實上，他們經常需要各種精神刺激感知自己的存在和發展。

這些人最大的問題，也是試圖與他們發展親密關係的最大障礙，就是月雙子似乎永遠不知道自己是誰。他們的身分意識和內在安全感隨著注意力分散而淩亂。情感之於月雙子是一片相當陌生的疆域，鑒於他們不合邏輯且波動起伏的本質，情感令他們困惑。因此他們需要用言語來交流感情，試圖在不理性又多變的感受中找到某種心智上的歸納（不過有時說個沒完，而且內容空洞無聊）。總之，他們需要將情感轉化為語言，才能感到與之相連。在親密關係中，這些油腔滑調又愛賣弄風騷的傢伙不停地用感覺來做試驗——開始說一套，接著另一套——讓他們的伴侶預備軍深感困擾、沮喪和氣餒——就好像他們慣性的矛盾和變幻莫測，對他人沒有影響似的。月雙子可能比其他月亮星座更不願給出承諾，他們在情感上的膚淺亦無助於此。就像一份調查問卷裡指出的：「可憐的是他們缺少與無意識的接觸，儘管他們沒完沒了地對動機進行推理分析和理性考察，但事情就是沒有改變。」（AQ）二元性僅是這個月亮星座的一種表現，處於其中一面時就不知道另一面的想法和作為。矛盾的反應（甚至同時發生）、散漫和注意力不集中的思維和情緒經常讓月雙子顯得太膚淺。

月雙子極度需要精神上的多變和各種類型的學習。不過，他們在生活成長中的主要挑戰是這樣的問題：有了這麼多想法和「事實」，我有真正了解它們的深度嗎？學習了這麼多，我有真的理解嗎？月雙子發展到最好，會機智詼諧、多才多藝，與三教九流打交道都易如反掌；最差的卻是彷彿被自己的思緒迷住了心思，給自己帶來無盡的困惑和迷茫。有時候他們也因太主觀，以至於沒有注意到正在與之積極交談和「溝通」的對象。

最容易激怒月雙子並讓他們在所有關係中擺出防衛勢態的，就如同唐娜．坎寧安指出的，就是「抨擊他們的智慧」。格蘭特．萊維也敏銳地描寫過月雙子的知識分子自豪：

讓你最滿意的形象，就是你是一位偉大智者，而全世界感恩地洗耳恭聽。但獲得這樣的智慧是很艱巨的任務，所需的努力遠超出你所願意付出的。聰明比深刻更令你滿意。你更喜歡好玩而非公平，刺激而非穩定，興奮而非博學。（《大眾占星手冊》）

月雙子座的確非常聰明，他們也喜歡強調這點，但過分活躍的大腦以及嘗試從知識理論中解決所有問題的企圖，會令他們長期不快樂。除了早先提到的自豪智慧外，他們的自我形象是不穩定、不確定的，最主要的原因可能是雙子座難以真正相信任何事物。因此他們常常對自我形象感到困惑——有時性取向也模稜兩可——很多訪談、問卷以及客戶回饋都能證明這點。

另一位治療師提供了另一種觀點，寫給我以下內容：「月雙子男性想要聰明活潑的妻子，但後來往往發現他們的情感需求無法由她和她滔滔不絕的膚淺而滿足。此外，他們也經常受到對方的知識威脅，因此不得不打斷她或是忽視她。」另一份問卷又補充了：

月亮雙子的女性非常健談，善於交際，在日常生活中投射一定程度的緊張能量。只要有月雙子在，周圍就會形成一種高度能量交換的氛圍。男性也有類似的特質，不過他們更像是那種「跑來跑去」的類型，總是在忙個不停，這邊做點事，那邊幫點忙。無論男女都多才多藝，對很多不同類型的人和活動感興趣。（AQ）

下面這段簡潔引用來自瑪麗．科爾曼著作《選擇你的完美伴侶》，她恰當地平衡總結出月雙子的魅力和模稜兩可：「情緒反應輕鬆開心、沉著、驚人地多變。感覺就像蝴蝶般輕快掠過，難以捕捉。對有些人來說，這份光鮮豔麗難以抵擋；對其他人而言，這種展現太過空洞、薄情與無常。」

月天秤

月天秤在優柔寡斷傾向像月雙子座，但卻不那麼分散。這個月亮星座在對任何事思考前，會先在心裡衡量一下。不妨想像一幅組合的畫面來感受這個月亮星座，時缺時圓的月亮，以及天秤座象徵的「公正之秤」，它不斷搖擺，哪怕只是一邊的秤盤上加了一片羽毛的重量。的確，月天秤往往會以溫和的方式，權衡他們接收到的所有資訊。他們認真對待個人關係，以公正為榮，並能站在對方觀點看待問題。這種為他人設身處地考量的傾向，相較於其他黃道星座更加明顯，會令他們矯枉過正地去取悅對方——甚至忽視自己的利益。他們需要被他人喜愛，大多數的人際交往都出於此動機，足以破壞他們高度重視的客觀性。這種逃避不愉快的渴望會導致膚淺、不真誠的安撫性反應——有時幾乎是阿諛奉承了。他們容易在別人的能量場中迷失自己，對自己何處該停、別人又該從何開始感到困擾。換句話說，他們在無意識中不由自主地隨著對方的反應起舞！

然而，那些不平衡的月天秤會有兩種極端的表現：要麼取悅他人的傾向強烈，避免流露出不讚同的表情，甚至到了虛偽的地步；再不然對偶發的不愉快小題大做，特別憤怒和激進，彷彿故意向你表明他們不在乎你的想法。第一種人儘管有表現友好和偽裝善意的強烈渴望，但似乎無法意識到他人的真實想法和感受。當然，第二種人無論在任何情況下，都不會關心其他人的想法或感受。無論是哪一種月天秤的性格，都無法深入與他人真正連結。

這兩種「失衡」的月天秤，可能造成孤獨的生活，這對於任何天秤元素被強調的人來說是極度艱難和壓抑的，天秤座本來就是好夥伴的象徵。月天秤的人充滿理想主義，需要和他人分享想法，如果缺少充滿活力的交流和陪伴，就感覺不到安全感或滿足。我有時會懷疑，可能他們內在深處有對私人親密關係的深刻恐懼，導致了他們的情緒反應如此壓抑、拘謹、刻意。也可以簡單地解讀這類動機，上述氣勢洶洶的那類月天秤，能確保自己不會被任何人喜歡，自然也就不需建立親密關係，這樣他們就毋須公開誠實地交出自己。這類月天秤對他人無感，以自我為中心，在社交生活中和對待他人的看法相當排外，也極其武斷。哪怕是比較友善體貼的月天秤也很武斷（儘管他們很少承認自己真實的觀點，以避免不和諧），但煩躁的月天秤通常刻板地堅持，絕對不可能真正溝通。一般來說，這個月亮星座的人似乎在學識上缺少自信，因此對重要的想法總會感到矛盾，這讓他們不舒服。然後他們寧可退到安全的意見中，以避免被質疑。

真正平衡的月天秤性格，能公正地處理各種問題或概念。這份問卷的回覆很貼切地描述了他們的生活型態：「我極少偏重生活的哪一層面，而是喜歡平衡工作和休閒、社交和獨處、在外面以及在家的時間、靜態活動以及走路或騎車之間的分寸。」（ＡＱ）

月水瓶

出生盤上月亮落在水瓶座的都是反骨。他們對大多數經驗的直覺反應難以預料，顯得很古怪。假如你對他們說了、做了，或期待了任何符合社會或理性規範的任何事情，那你可以指望他們做出完全相反的回應。獨立是他們的主要指導原則，並以自己的客觀性和學識的完整而驕傲。在許多生活領域中，他們很有實驗精神，很少會把別人的話視為「真理」或最終權威——這個特質不會讓他們受到老闆、主管甚至親密友人的喜愛，這些人對某一領域的知識可能遠超過月水瓶。水瓶座是尋求真理的星座；它也是黃道星座裡最科學的，這裡指的是實驗證實過的那個科學。

事實上，月水瓶只有在完整地自由思考、自我表述以及改革時，才會有安全感。他們需要自由如同他們需要空氣那般，他們習慣性地反抗過多的束縛或任何試著控制他們的人。定期改變基本生活（社交、地理、家務或知識方面），既為他們提供了極度渴求的個人空間，也恢復了活力和滋養他們，儘管會讓他們的夥伴很難忍受。他們的確有種奇特的情緒，令相對更傳統、循規蹈矩的人感到憤怒、沮喪，這令她們在很多情況下的反應相當古怪。事實上，他們看似頭腦冷靜、超然，某些情況下甚至缺乏正常人的感受，但情緒壓力卻會隨著時間累積（他們發現不可能協調那些討厭的和陰鬱的激情與尷尬的需求）。這種壓力終會爆發，或導致衝動、偏激行為，或是突然改變計畫和看法。水瓶座是一個極端主義的星座，比其他星座都極致。

這個月亮星座必須投入某種社會參與，不是直接面對眾人（比如教書或建立團體），就是透過出版、社會運動或政治。他們有種想要影響大量族群的情感需求。他們對人類及社會需求的人道體會，遠比其對個體需求的了解大得多。事實上，他們通常喜歡研究整個社會問題或語言或其他全球性的議題，社會科學往往是他們感興趣的領域。

月水瓶認同自己與社會或是全人類是一個整體。他們客觀的處世方法經常引人批評為高傲、離群索居以及「淡漠」。事實上，正是這種疏離，使他們能夠在他人遭遇情緒危機時保持客觀，抽離躁亂和困惑的情緒來應對。這種能夠保持頭腦清醒、冷靜客觀的能力，使他們能夠成為忠誠可貴的朋友。如戴比・坎普頓・史密斯指出的：

他們是很棒的朋友，他們也需要讓他們願意奉獻自己的朋友。你什麼都可以告訴他們，他們會理解的。他們絕對誠實和值得信任，公正、講理、直截了當……你會發現，這些人的忠誠簡直到了不合理的地步。他們或許冷漠、疏離，但他們會像膠水般緊黏自己喜愛以及尊敬的人。當別人早已無法處理和忍受時，他們還能繼續堅持下去……（《占星師筆記本裡的祕密》）

事實上，月水瓶很少會在家庭中或親屬身上獲得安全感。也可以說，他們與親屬在一起並不舒服，也對與之相關的責任和禮節感到極不自在。他們一直對父母的生活方式和缺乏溝通感到不滿。在青年時代，有時這種失望會延伸成對國家或文化的不滿。他們不僅覺得需要擺脫家庭、父母以及文化的「壓迫」的影響，有時更將自己的失望推及整個社會，並經常訴諸於各種形式的社會運動，英國傳奇歌手約翰・藍儂（John

Lennon）和研究迷幻藥的美國心理學家蒂莫西・利里（Timothy Leary）皆是好例子。於是他們對童年所受的教養充滿反叛，影響了他們一輩子的行為。他們堅持要擺脫社會義務和傳統價值。

上述習慣性對立的狀態會展現在他們的人際反應、思考和理念交流方式與生活模式中。但是情感上的對立和獨立，有時會讓他們遭人怨恨或排擠疏遠，而產生困擾。他們經常冷漠面對其他人的敏感。畢竟，月水瓶把情感詮釋和抽離至更廣闊、更全體的層面，怎能指望他們出於同情心參與不得不處理的私人細節？月水瓶喜歡保持穩定的注意力以及宏觀的角度，而不是陷入在他們看來無盡困惑、卻令很多人沉溺的情感泥沼中。

我的調查回饋中有一些關於這個月亮星座特別獨到的見解，下文簡要引用了其中一部分：

不喜歡例行公事，強烈想證明自己能獨立自主。關係中不同於他人而保有一絲自己的空間。在安全範圍內追求與奮是難以達成的主要目的；在固定環境中需要有不斷的刺激。（AI）

我和好幾個月水瓶有過密切關係，他們誰也沒給過我壓力，要我變成另一個人；他們可接納也可拒絕別人。我發現，月水瓶一旦敞開就非常坦率直接。我一直在試圖

搞懂月水瓶獨立又敏感的天性，這絕對是一場永遠的挑戰。（AQ）

採訪過一些有見識的男性和女性後，我對月水瓶男性和女性，得出了某些耐人尋味的觀察。月水瓶無論男女，都能在一段時間（有時候是幾天）裡維持某種極端的情緒狀態——不是消極就是不可動搖的樂觀。不過相比之下，男性通常不太分析自己當下的情緒。男性月水瓶通常看上去情緒穩定，很多人看來或許過度穩定，人們反而希望他們在感覺層面有更明顯的回應。而月水瓶的女性似乎比較關注自己的情感和情緒，然後用相當極端的方式付諸行動。如一位男治療師說，這些女性會先分析再決定自己處於何種情緒中，接著公開地將這種情緒表演出來！換句話說，月水瓶女性會花大量時間和精力琢磨自己的感受，然後決定在一段時間內保持這個感受！

這些人在日常生活中非常超然！你永遠都說不出他們的想法或感覺，更常出現的是他們似乎根本沒聽你說話！他們不喜歡麻煩！他們能在瞬間就溜走，讓你摸不著或捉摸不定。當他們回應你時，顯得非常就事論事，非常獨立自信。他們的生活方式或興趣愛好通常會有些「不同」。我看過出生盤上有這個位置的人對性生活的態度很開明與「開放」；也有些這個位置的人對待性的態度非常具有實驗性和直接。

（AQ）

月亮落在水象星座

月亮落在巨蟹座、天蠍座或雙魚座，意味著對生活的回應渲染上一層直覺的強烈情緒色彩，可能表現為恐懼、脆弱的感受，或是直接並深入地投入日常經驗中。月亮落在水象星座總不可避免地需要鬥爭，至少幾十年中，他們必須努力去控制或改變那些干擾自己明辨力的舊有模式，努力建立客觀的態度，因為他們有記住過往消極經驗的傾向。他們有強烈的自我保護機制，因此時常從容地深入與自己相處。

月巨蟹

這個月亮星座的人總是敏感地回應各種類型的經驗。事實上，他們通常對環境品質、社交氛圍、他人的情緒等過度敏感。發展至極，他們是所有月亮星座中回應最積極的聽眾；最差狀況，他們過度的主觀以及自我保護，會令他們對其他人完全失去興趣。那些對自己充滿信心，情緒平和而自足的月巨蟹會積極地回應他人的感受和情感需求。另一方面，那些被情緒主宰和任由自己被抑鬱情緒擺布的人，無法依靠準確的直覺，因為他們已經失去了對「客觀事實」的感知。

月巨蟹的極端還有一種解釋，月巨蟹聚焦在巨蟹座的保護本能，他們的生活型態需要有足夠的安全感。他們在保護和滋養他人時感到最安全，但為了感受到內在安全感，也需要在私生活中保護和滋養自己。巨蟹座有種努力保護自己感受免受任何威脅的傾向，無論真實或想像——伴侶經常會注意到——他們會因過度保護其個人情緒，而難以與人真正交流和分享。他們需要被保護，因為他們極易因他人的輕微遲鈍而受傷，或認為自己被怠慢時也會受傷，即便是最輕微的挑釁，月巨蟹也會閃躲，因為他們需要完整的個人隱私安全。他們極度敏感、容易與人生隙，別人會把他們對芝麻小事的強烈反應視為神經緊張。一位女士有月巨蟹父親，還與月巨蟹的丈夫共同生活了十年，她這樣說：「在他們的身邊時，我覺得自己如履薄冰。」

月巨蟹與熟悉的人相處才會感到自在。因此家庭和家人對他們有天生的吸引力，從中獲得長久以來渴望的安全感，不再像處於外在大世界裡那般脆弱。月巨蟹對親密、依靠以及簡單生活有著童稚般的需要，還有難以言喻，對於家族和族群團結的原始渴望。月巨蟹非常執著，也不喜歡太多改變。月巨蟹很保守，傳統對他們意義重大。在此星座的月亮無論男女都相當多愁善感，發展至極對老友和親人非常忠誠可靠，最糟時就幼稚哀號，讓所有人都知道他多麼難過或遭遇了多少不幸，以此操縱他人。一位女士寫道：「有時候我覺得這些人有一種讓別人（還有他們自己）『內疚』的超能力。」（AQ）

月巨蟹的表現方式族繁不及備載，難以在幾段篇幅中說盡。月巨蟹易受他人影響，也會被出生盤上的其他要素影響，因此只有把這些因素綜合起來，才能較為精準地描述出盤主的個體差異。月巨蟹表現出來的性格很多元，從下面引用的問卷回覆就看得出來。儘管如此，我必須公平地說，月巨蟹的個性愈多元（由出生盤上其他要素來顯示），就愈理想，就愈能融合並散發出更多積極開朗的能量。就像格蘭特·萊維給月巨蟹的建議：「透過他人產生興趣能激發你的同情心。」（《大眾占星手冊》）當月巨蟹敢於冒險離開他們的保護殼，運用出眾的同情心和直覺直接與他人真實而誠摯地交流時，再沒有任何星盤配置比這月亮位置更能體現巨蟹仁愛、富有同情心的特質了。還有一些問卷也描繪了月巨蟹的狀況：

月巨蟹男性非常理解女性，與母親的關係也很密切。月巨蟹女性則有易被誤解、傷害的傾向。處於這個位置的月亮顯然充滿創意，有豐富的想像力。（AQ）

他們需要強烈而深入的感情！有時候如朔月的「黑暗」時期。男性想要與女性發展親密關係。（AQ）

月亮在這位置的女性確實比男性更好。我並沒見過這個位置的女性像傳統描述的那樣執著、佔有慾強或者整天提心吊膽。大部分看起來強壯、在關係中是很成功和幸

福的個體。這些女性是偉大的母親，哪怕沒有孩子；她們是母性典範。（AQ）

月天蠍

月天蠍對於經驗反應激烈，但通常糾結著如何隱藏或表達他們濃烈的感受。這些人都有著隱祕的情感生活，至少他們認為自己能成功地隱藏情感。事實上，很多時候就他人來看水象能量的爆發其實相當明顯。他們對許多經歷念念不忘，有時候會對別人有憤恨或報復心。這種月亮位置的人都需要投身濃烈且深刻的感情，而能否滿足這份情感需求、能否表達內心的熱情，嚴重影響到他們能否尋得情緒的寧靜和幸福。

我常用情感偏極來形容天蠍座。情感充沛的月亮落入這個感受深刻而強烈的星座時，這種極端就必然會出現：控制感情的渴望與表達感情的需求互相衝突；重隱私的直覺與挖掘自我與他人未知領域的渴望產生鮮明對比；一方面害怕被強烈的感受以及經驗領域中的「禁忌」所淹沒，同時又身不由己地被這些東西所深深吸引；懼怕失去性愛能量的控制（通常導致壓抑），又常迫切渴望找到一個性與愛的出口。

月天蠍發展至極，可以進化到能控制情感力量，給自己強烈的直覺和情感套上韁繩，克服自身的脆弱和放手的恐懼。渴望投身激情的需求以及驚人的聰慧，常令他們在治療藝術和研究、精神分析或其他需要刺激冒險的危險領域找到一席之地。天蠍座通常善於危機處理，因為這需要自我控制和強大的果斷，所以天蠍座常常處於危機中，若缺少危機，就會無意識地製造危機，令生活更加緊張刺激。當他們能夠意識到並克服過度的恐懼和偏執時，就會受到驚人準確的直覺引導，發展出內在的自信。事實上，很多天蠍能量和諧的成功人士發揮潛力時，都是在允許自己接受「直覺」引導的狀況中。這時，他們充滿激情的使命感，會支持他們發展出健康、積極的自信心；他們的神祕和魅力，也會反映出這種內在的自信。

然而，獲得這種內在自信之前，無意識之下，有時他們對私生活和個性的安全感有著孤注一擲的渴望。他們想要深刻洞悉生命，而許多管道都能作為引導，有些在上文中已經提到過了。有時他們會對歷史、神祕學、科學研究或其他試圖發現生命法則的領域產生濃厚的興趣。黛比·坎普頓·史密斯把月天蠍這種疏離自我情感的狀況描繪得鞭辟入裡，他們透過這樣的方式，讓自己更加滿意情感生活：

他們太需要控制局面，這令他們看不到真實的狀況。他們發作起來，會殘忍地讓你知道，你多麼嚴重地傷害了他們的感受……他們隨著時間成長，會善於隱藏起對你的反應。不幸的是，他們也學會了對自己隱藏反應。尤其是男性，需要對心理學稍有涉獵又有足夠耐心的女人——還要足夠堅強無畏——幫助他們挖掘出令他們懼怕

月雙魚

月亮落在雙魚座，有很多展現以及個性方式：從同情心深厚和慷慨的人（往往身懷治療才能）；到無限靈感的藝術創造者，比如達文西、歌德和米開朗基羅；到各種的公務員；到社會精神領袖，如馬丁．路德．金恩和拉瑪克里斯納；到四處漂泊拾荒街頭的流浪漢；到沉迷藥物和酒精或者是其他癮頭的長期逃避的人。不管哪種情況，月雙魚總是有豐富想像力，他們敏感富有同理心，以及同情心，特別理想主義。事實上，這個月亮位置喜歡被視為擁有敏感和理解力的人。他們的確透過藝術或服務他人來表達天生對他人的同情，來滋養他人和取得安全感。這些活動會帶給他們有意識或無意中中追尋的宇宙合一感。

月雙魚在日常生活中明顯反應出對他人的同情傾向，但脆弱、含糊及逃避也很明顯。事實上，通常認為主要協調雙魚座能量的，是「夢幻」、迷亂和「恍惚」。這可能是真的，通常旁人也沒發現的是，他們定期需要時間發呆、做白日夢、幻想、聽音樂或其他類似的「逃避」，以重新獲得感情上的平衡。這些是雙魚座需要的「逃避」行為，因為他們沒什麼心理防衛，與人打交道時容易受他人的心理影響。月雙魚有一種持續的情感需求，逃離侷限、日常生活限制、物質世界，以及自己心理模式的囚牢。在最深的層面，雙魚座需要逃離受限的「自己」，逃離被自我捆綁住的個人身分及其所有的恐懼與不安全感。更深的滿足感來自對個人性格限制的超越，或透過某種自我認知或靈性練習來超越自我。

雙魚座的矛盾天性為數眾多，其中一個是：他們時常會想方設法逃避自我認知！他們往往不想知道自己的真實天性，也不想知道別人對他們的看法（這有點像另外兩個水象星座——巨蟹座和天蠍座。他們最自在時，就是待在自己個人的、主觀的世界中，在那裡他們只會聽到自己想聽的話或是害怕聽到的話，而不是別人真實的表達）。這是月雙魚人格中至關重要的一個面向——他們忽略或避開自我的現實感受以及誠實率直的自我評價。這也許是因為他們太過理想主義，於是也理想化自己。他們想要盡可能地把自己想得美好：他們時常感到自己比他人更有同情心、更和藹可親、更體察入微，但有時他們只不過是對自己一人敏感（或過度敏感）而已。月雙魚（太陽以及上升雙魚也一樣）的人很明顯地有一個「隱藏的自我」。儘管沒有證實他們是故意地或明顯地以自我為中心，不過雙魚座還是有大量無意識的自我展現，還有驕傲和操控他人的傾向。月雙魚的人會以激發他人的憐憫來操控他人。有時候，這種被動的操控則表現為釋放出含糊不清的訊息，試圖引誘他人來做出公開的承諾或決定。在一些極端例子中，月雙魚會「披著感情的外衣」，臉上露出痛苦的表情，彷彿是在訴說一個長期受苦的故事，似乎眼淚馬上就會流淌而出，用他們情感需求將你淹沒。

占星著作很少強調雙魚座天性中的這種雙重性，然而這一點卻是理解該星座所表現出來的諸多對立傾向的關鍵。雙魚座古老的象徵符號是兩條朝相反方向游的魚。這個原型符號所代表的雙重性在雙魚座身上有無窮無盡的表現形式，不但外人會覺得深不可測，就連雙魚座人自己也搞不清楚。在現實生活中，他們能同時進行兩種截然不同的心理或情緒，這種複雜且矛盾的過程或許不受他們自己控制。心理學家兼占星師格倫·佩里博士敏銳地描寫過月雙魚：

同一時刻，雙魚座與你同在，又不與你在一起。他們徹底地失去自己的邊界，難以釐清他們正經驗的感受，究竟是你的，還是他們自己的，或者是其他什麼人的。總的來說，這些排山倒海而來的經驗令人恐懼，會讓他們壓抑自身的感受。（節選自《月亮》，一九八一年《相位雜誌》秋季刊）

月雙魚內在的雙重性，不管對他們自己還是對他人都是如此深奧難懂，有助於解釋為什麼他們總是感到自己被困在一座情感（或心理）的牢籠，這也說明了為什麼他們能夠生活在自己的世界中，而對他人視而不見，但同時又似乎在積極地回應他人。這種內心經驗的複雜性，自然使月雙魚成為一個複雜體，自我感受模糊不清。有時會對自己都感到困惑，並有自我懷疑的傾向。這會抑制他們的自信，令自我理解變得困難重重，主要原因在於清晰的辨別力對於雙魚特質強烈的人來說極其困難。

他們這種既個人又客觀的傾向，會展現在生命的兩個面向：口頭表達以及人際關係。就像與月雙魚（或太陽）打過交道的人所熟知的，他們時常與人搭話，與他人的交流看起來很容易。實際上，他們有著口語、文字和詩性表達才能，往往天生就是優秀的諮商師或治療師。然而在另一些雙魚座人身上，這種流暢卻會變成連篇廢話以及記憶和情緒的失控，這些情況都顯示出他們失落在主觀世界中。一些人會喋喋不休地說個沒完，談及自己的「私生活」、感覺或經歷（有時對方是完全陌生的人），也不管別人是不是用心在聽。看上去他們似乎是在卸下情感的重壓或負擔，或者是在疏通情感，其實他們並沒有真實地表達自己。換句話說，所謂的「私人」內幕，其實根本就不是那麼私人。

這種個人與客觀的相互作用，也能大致勾勒出雙魚月亮是如何建立親密關係的。他們感情饑渴，但又有情感依賴的傾向，因此月雙魚不愛做出任何明確的承諾。這顯然對建立穩定的兩人關係沒有幫助。此外，正如一位女士在採訪中所說：「和一個月雙魚在一起時，你永遠都不會感到自己是『特別』的，因為他們愛所有的人！」（ＡＩ）他們從不明確說出自己的感受、情緒以及內心的變化，令親密關係變得更加複雜。有時候我發現這些人在感情上偷偷摸摸，總是在尋覓某些讓他們自我感覺良好的東西，然後將責任推卸到他們創造出來的「那些東西」上。（ＡＱ）

月雙魚的男人有一種不易被察覺的「陰柔」且朦朧的特質，這為他們籠上一層神祕的氣息——無論他們說什麼或做什麼，都滲透出一種如夢如幻的理想主義和溫柔。他們通常情意綿綿，但是當他們感受強烈時，似乎就會變得緊張且沒有方向感，好像是溺水的人掙扎著要浮出水面。（ＡＱ）

下面的問卷回覆突顯了月雙魚在商界中的優勢。他們善於回應各種類型的人：

月亮處於這個位置意味著此人對他人很博愛，經常一視同仁，尤其是對異性。感受既令他們困惑，同時又融在他們的血液中——在很多例子裡這都是相當麻煩的地方。我注意到很多成功女強人的星盤上都有這樣的位置，有些男性的星盤上也有，不過女性似乎會更易於培養這種才能。而男性對此感覺模糊，或者只是在腦袋裡想想而已。

小組觀察：月亮元素的不同表現

幾年前，英國占星協會出版的《占星雜誌》（*The Astrological Journal*）上刊登的一個實驗報導，提供了一些關於月亮星座的有趣見解。該報導也對不同月亮星座元素族群的驅力有精彩的描述。在此實驗中，根據不同的月亮星座，把一群人分成四個小組（水、土、火、風），鼓勵談論自己的感受，比如喜歡怎樣的家庭環境、與母親的關係、自在的情感表達等。對四個群體的動力表現，主持者的報告有一些重要的觀察結果。

水象月亮不太願意在人群中曝光自己，這也證實了占星學的傳統看法，水象星座是所有星座中最私人化和最隱祕的，尤其是在個人生活和情感的領域。他們承認他們毫無保留地相信自己的感受，從不喜歡家裡有任何異常或干擾。幸運的是，其他幾個元素的月亮星座樂意坦誠地提供資訊。下面是主持者的記錄：

土象月亮組無論說什麼都會扯到舒適這個詞。這群人追求安全感，絕對不會在情感關係中搖擺不定。性不是伴侶關係中的重點，承諾才被認為是首要的。除一人之外所有人都與母親有著坦率真誠的關係，他們就像愛朋友那樣深愛著母親。

火象月亮組喜歡把家變成活動中心，與母親相處得不是很好，但卻「敬重」她，因為她把自己撫養成人！情感上冷冷熱熱，容易被粗鄙的行為砸了興致。總體上來說建立伴侶關係非常理想主義和精神化，在情感上喜歡冒險。

風象月亮組……發現自己很難從其他事物中把情緒分離出來。在壓力之下，傾向於逃走，用冷靜的觀察取代感情……所有風象月亮的人生活中都需要有很多人，但只想要一個伴侶關係，原因是多伴侶的關係「太混亂不清」。

月亮：內在安全感和自我形象

眾多的現代心理學說和治療都圍繞諸如自我形象、自尊、自信心之類的概念，因此在這個章節的結尾，我想從占星學的角度集中論述這些問題。我想提醒讀者注意到出生盤月亮位置的重要性，因為月亮能顯示出一個人的人格。從月亮在出生盤上的位置以及和整張盤的關聯中，你可以大致判斷一個人對於內在安全感的感知：不僅它是否落在一個舒適、能量可以自由流動的星座，更要再看它與其他行星之間是否有壓力或和諧的關係（傳統上行星之間的精確角度被稱為「相位」，我會在第十七章做詳細的論述）。簡單地說，如果月亮與它的星座以及其他行星的能量相容，那麼這些無意識中的自動本能反應，就會協調並支持此人的外在活動以及各種形式的自我表達。在理想的情況下，此人會有一個相對準確及客觀的自我形象，享有天生的自信，能用與生俱來的內在力量回應外在生活中的各種挑戰，也能得心應手地根據環境和經驗做出調整。

另一方面，如果出生盤上月亮與所在星座有衝突或壓迫，那此人就可能會有較為負面或模糊的個人形象，導致信心不足。此人展現個人風格，比如選擇服裝時，往往就不太得當，並有一定程度的內在緊張。有這類月亮的人必須努力接受內在真實的自己，可以藉由追溯童年模式來達致和諧，因為童年影響到一個人對自己的感受。還有一點很重要，這類人要學會克服戒備防禦以及把批評意見看得太重的傾向。換言之，月亮位置特別緊張衝突的人，往往無法真正看清外界到底發生了什麼。他們對自己缺乏客觀認識，因此對事物的反應是難以預料的。他們隨情緒而動，而不是根據真實的情況或是身邊的人的反應來回應。

總之，月亮是理解每個人情緒、安全感以及內心需求的關鍵。兩個人是否能融洽相處，關鍵要看合盤上的月亮位置。月亮能夠顯示出兩人在日常相處中的協調狀況。兩人各有自己的習慣，在一起時是舒服還是煩躁？是否能在漫長的歲月中持續支持對方？雖然兩個人剛剛相識時兩性間爆炸性的吸引力（往往由金星和火星來顯示）很重要，但可能不長久。吸引你的（金星和火星）未必能給予你長期的支持（月亮）。這也是我把這一個章節放在論述金星和火星章節之前的緣故。

〔第八章〕

火星與金星：並非所有男人皆來自火星，也不是所有女人都來自金星

陰性靈魂追求完整而非完美；陽性靈魂追求完美而非完整。——英國詩人兼作家彼得．里格洛夫（Peter Redgrove）

在傳統占星學中，金星和火星通常成對出現，象徵著廣義的浪漫情感、肉慾、美學品味、生理上的吸引力等，這些都是構成人類親密關係的重要元素。市面上，光是聚焦金星與火星來討論人類的性、愛及浪漫需求和表達方式的書籍，就有不下數十冊。其中一些書籍很有見地，但其狹隘的觀點（因忽略了太陽、月亮及其他重要的因素）的確在解析親密關係及人際關係的動力時，顯得太過簡單。

在西方文化中，金星和火星分別象徵女性和男性，這點已得到廣泛的認可，其原因我會在這一章中詳述。《男人來自火星，女人來自金星》這本書的暢銷，以及隨後其他

數百本沿用、抄襲或誤用心理學家約翰・格雷此一理念的書籍、課程及各種媒體，證明了現今大多數人無論是否「相信」占星學，就算他們在理智上否認，仍然本能地或在感情上認同金星（深情、接納）或火星（好鬥、獨斷）的傳統角色。

然而我要強調的是，研究人與人之間的能量碰撞與感情交流的意義，並不限於親密感情和戀愛關係。比較兩個人出生盤中金星與火星的位置，對研究這兩人關係的互動模式以及發展方向都很有重大的啟發性作用。舉例而言，如果商業夥伴之間火星相位良好，那麼合作會很成功；如果藝術家與經紀人或畫廊經營者之間金星相位良好，合作關係也將進展順利；如果兩個人的金星相位良好，那麼兩人在財務關係上往往能建立起比較好的信任關係和盈利模式。不過，在這本書裡我將主要探討親密關係，因為這是大多數人尋求占星諮詢，或閱讀兩性契合類占星書籍時最關心的問題。我將著重於探索金星與火星的原型能量以及釋放能量的方式，這是我與客戶經常遇到的問題，也是眾多占星諮詢師經常面對的問題。在當今西方世界，社會角色愈發多元，也愈難歸納肉慾或愛的關係，但我仍將盡可能探索更深、更本質的人類基本需求，這些需求在生活中或各種形式的諮詢或工作治療中也常被問到。當然，我無法在有限的篇幅內涵蓋一切人類親密關係和情慾行為，我也不會贅述極端的人類基本能量的表現方式。

人們通常會認為其他人都跟自己一樣，只要願意就會表達出內心深處最真實的感受。不過，透過占星學的放大鏡對周圍十來個人做個簡單測試，存有這種信念的人便會感到失望。在我從事占星研究的幾十年裡，我一直信奉一條指導性的哲學座右銘——熟悉我的人可能已多次聽我提起這句拉丁語格言：De gustibus non est disputandem。意思是：關於品味，沒什麼可爭執的，或者說「品味沒有統一的標準」。在所有占星學的元素中，金星最能反映一個人的品味，無論是美學、浪漫或感官。金星同時還反映一個人分享細微感覺和美好感情的方式。我想要補充一點，火星也部分象徵一個人的情慾品味，特別是性愛以及催生性慾的能量屬性。金星和火星的交互作用，代表著一個人的性慾本質和更個性化、更激烈的感情。金星體現的主要是感情需求和與他人分享感情（給予和獲得）的方式，火星體現的是性衝動的能量、追求模式和表達性慾能量的方式。

當人與人之間的互相吸引（特別是強烈的互相吸引）到達情慾和親密的水準時，通常與金星和火星的交互作用有關。男人傾向於尋找漂亮、令人愉悅並具有些許社交魅力的（金星）女性伴侶，同時也希望她性感、活潑以及有刺激性（火星）。針對女性交友廣告所做的調查也有相似的發現，女性在尋求伴侶時也考慮到了金星和火星兩種因素。火星特質包括生理外觀、運動能力以及經濟實力，金星特質包括善良、同情、對音樂或舞蹈的喜好等。然而，我在此必須強調，一個人所渴望的感情和關係類型，要藉由其獨一無二的出生盤判斷。有些人幾乎是徹底的「火星人」，非常缺乏金星特質。也有些克爾曼所提及的感情壓抑狀況，說的可能就是金星或者火星受到壓抑時的表現，這一點，出生盤上顯示得很清楚，並提供了改善之道。占星學不僅僅是一種治療方法，更能準確地為你描繪出真實的內在，分析出你的內心需求。它能為我們的生活甚至愛情提供療癒能量。

還有一種認識金星與火星的心理和情感功能的方法：金星和火星代表著人際交往中表達慾望的不同方式，兩顆行星以不同並互補的方式運作。金星透過美貌、善良、魅力和令人愉悅的社交技巧（在許多文化中這些都是最典型的女性魅力體現）吸引別人，而火星以直接、具有進攻性的方式（儘管有些看似並不直接），比如透過展示權力、力量、實際的效果（典型的男性魅力的體現）來吸引對方。每個人的出生盤中都有金星和火星，不過在不同的文化中，人們表達兩種能量的能力和方式非常不同。理想的情況是，一個人只有充分表達這兩種能量和需求，才能獲得最大程度的情感滿足。這就把我們帶到金星和火星的關係議題上來。研究這兩顆行星既可以揭示一個人的情感需要和性慾動力，也可以檢驗兩個人之間的性愛能量互動。

一個人如果金星與火星的能量和諧，就可能帶來所謂的情感與慾望的整合，這一點很容易透過個人星盤分析出來。我們還可以將星盤中的金火與其他人的金火相位形容為人際交往中的情感／情慾能量交換，這可以藉由比較彼此的出生盤看出。個人星盤中金星與火星是衝突或和諧取決於眾多因素，包括兩顆行星所代表的元素、兩顆行星之間的角度以及它們與其他行星構成的角度（我將在第十七章中具體講解更高級的「相位」分析法）。我會在本書詳述金星與火星是如何在個人星盤及人際關係中發揮作用的，這正是本書所要探討的主題之一。這本書主要寫給占星學入門的普通讀者，因此我會在每次提到分析方法時給出足夠的資訊，以免讀者在太過技術性的分析方法和複雜理論面前無所適從。如果讀者可以感受到一些占星元素的基本能量，那麼其他細節就都是次要的。

心理治療師克爾曼在沒有參考占星學知識的情況下表示，在親密的情慾關係裡，若能結合火星和金星的不同表達方式，不失為一件美事；他將此稱作「自我主張與快樂分享的模式」。他寫道：「從在高度親密的關係中表達感情和本能行為的能力，可以看出一個大人的感熟度。大人的角色需要相互配合（金星），也需要認可彼此的自我主張（火星）和快樂分享模式（金星）」。

如何將這理論運用到個人的感情經驗中？在一段有望發展為親密關係的感情中，雙方都體驗著給予和獲得的能量交換，倘若雙方的金星、火星不和諧，會讓兩人無法識別和接受對方的需求、身分、情慾能量、自我主張型態和自我覺察模式，兩人都無法享受到愉悅。在極端的金火不和諧中，一方可能很難認同和欣賞對方的情感冒險或表達感情的方式，因此，兩人之間很難產生舒適、愉悅的療癒能量。下面是一個有趣的例子，一位女性的火星落在天秤座（是具有金星特質的星座，因此她「自我主張」的方式非常浪漫），她與一個金星在牡羊座（具有火星特質的星座，因此他表達感情的方式會顯得非常魯莽、不浪漫）的男子約會。當故事中這位男子向我描述他們的感情時，他說，她對這段感情很失望，因為她覺得他「不懂得問她一些浪漫的問題」。他一臉困惑地看著我，用典型的牡羊座的魯莽方式說道：「我他媽的真不知道她在說什麼。」

另一方面，兩人如果金星與火星元素和諧，通常就能快速甚至深切地感受到彼此是否互相吸引（也就是彼此和諧）。在這類互動中，最好的情況是兩人立刻就能對彼此的情感特質、情感發展方向產生認同，自然就悅納了（儘管並未言喻）對方的感受和表達。如果兩人的金星和諧，那麼雙方之間會產生一種無需言明的互相接納，彼此欣賞對方的特性，以及表現出來的某種品味和態度。互相接納會帶來放鬆，會鼓勵雙方進行更充分的自我表達。兩人只要有輕微的共鳴，就能立即製造出友好、互相欣賞的氛圍。還有一種特別強有力的體驗，兩人可能會在感情和能量層面產生強烈的認同感，有時會產生強烈的性吸引。畢竟，這是一股超越個人控制範疇的綜合能量，這種能量能在微妙的層面產生出聚合力。

現在，讓我們來總結一下金星與火星的基本意義：

金星：金星的位置（尤其是它所屬的星座）反映了一個人的品味和價值觀，也揭示出一個人如何與他人分享——即在社會和私人層面給予和接受能量、關愛的模式。金星的位置顯示出一個人親近他人的需要，以及一個人獲得感情上的舒適感、和諧感和親密感的方式。從位置的細節可以看出一個人與他人建立親密關係的能力，一個人到底有多愛社交，以及一個人有多麼需要親密關係（舉例而言，金星在天蠍座的人可能有反社會特質，表達激情的能力有限；金星在水瓶座的人可能很愛社交，但與他人建立親密關係卻非常不易；金星在雙子座或雙魚座的人可能跟所有人都處得不錯……）

金星透過自己的星座能量特質和模式（或型態）表達情感交流，以及對愛、親密關係和情緒的開放與分享態度。因此它顯示了特別取悅你的事物，生命中讓你開心的東西（例如，金星天蠍覺得刺激體驗好玩；金星牡羊只喜歡新的挑戰；而金星水瓶只能被大群體和政治或社會改革運動的想法取悅，諸如此類）。

火星：火星的位置顯示的是一個人的身體能量、性衝動、行動的意願、獲取成功的意志。火星的位置，很清楚地顯示出一個人行事的主動和決心，說明如何表現進取心和自我主張（火星也可以說是一個人自我主張的風格）。一個人的火星特質暗示著他會如何追求想要的東西，火星是一個人在物質世界裡的行動方式（或手法），簡言之，火星代表著一個人實際行動的能力，決定一個人的生命走向。火星的位置，則決定著一個人體力活動和性刺激的需要。

火星所在的星座決定了能量的屬性、表達性衝動的模式、存儲能量的方式，以及生命中的熱情。畢竟如果沒有熱情，一個人很難有所成就。但不能只從性衝動的角度去了解這種熱情，火星的位置，特別是所在星座，暗示著一個人對待性的態度。火星還與一個人與生俱來的活力（與太陽星座一起考慮）、自我治癒能力有關，以及如何積蓄能量迎接人生挑戰和在競爭中獲取成功。

金星與火星還有其他釋放能量的方式。我將繼續在本書中闡釋，並給出一些實例。

金星的魅力，火星的憤怒

我在前文中提到，金星與社交方式以及人際互動的需要有關。在傳統占星學中，金星一直是美、金錢以及令人愉悅的關係的代名詞（有些研究還顯示了漂亮的外表與高收入之間存在必然的聯繫！）伴隨著這個宇宙饋贈的美好而來的，是一個人的魅力，即如何讓他人喜歡自己的能力。如果一個人與其金星特質相應，就能自動地引發他人的積極回應。簡單來說，一個人出生盤中的金星顯示了此人的社交本能，暗示出他將如何利用或取悅他人，讓自己受歡迎並創造優勢。現在，我們摘要金星落在十二星座時所代表的不同魅力：

金牡羊：快速機智和直截了當的魅力。喜歡透過衝勁、不節制和幽默的方式來推動事情。可能缺乏感情深度或對關係缺乏持久的興趣。

金金牛：魅力來自輕鬆一笑和自然的社交本能，對他人的生活予以實際的支持。有時會將他人看做是自己的戰利品，愛炫耀。

金雙子：機智、聰敏和活潑友好的性格魅力。很容易與他人建立聯繫，喜歡表面的逗弄，感情缺乏深度。對所有人抱有好奇心，但持續的時間都不長。

金巨蟹：魅力在其敏感性和情感關懷，通常出自真心但偶爾不是。經常將別人當做「家人」，同樣期待他人的全心付出。天生善解人意，但也會利用他人的同情心來達到目的。愛計較。

金獅子：魅力來自微笑、外向的個性以及喜愛社交的本能。有能力用關愛和肯定的言語來鼓舞別人。人們會被他們對崇高的目標以及令人振奮、充滿熱情的表達方式打動。

金處女：他們害羞自卑，通常並不熱衷於社交，但謙卑及可靠的助人為樂精神非常吸引他人。他們希望表現出理性來獲得他人的喜愛，樂於當陪襯紅花的綠葉。

金天秤：魅力在於彬彬有禮、體貼入微以及表現出一視同仁的公平態度。他們給別人以足夠的空間，是很好的傾聽者。他們有強烈的取悅他人的願望，在一對一相處時最有魅力。

金天蠍：他們顯示出來的忠誠、決絕、自我犧牲和堅定不移的奉獻精神很有魅力。也透過情慾以及魅惑引誘他人，但偏好私密的交流。他們不愛社交，甚至有些反社會人格。在社交方面和經濟問題上可能非常無情、吝嗇。

金射手：透過幽默、玩樂以及宣揚自己相信的「真理」和理想吸引他人。除非他們可以不斷地說話、鼓舞他人或者去冒險，否則他們在社交中很容易感到無聊。

金摩羯：透過冷笑話、尊重他人和表現出可信賴的一面來吸引他人。在社交中他們表達感情的方式並不主動，以自我控制著稱。他們為了安全和個人野心而利用別人。

金水瓶：透過成為好朋友來吸引他人——他們可靠、可信賴，在給予他人支持的同時，又給對方留有足夠的自由空間。有時很忠誠，有時也很冷漠，他們會隱藏感情。他們的社交本能很反骨和叛逆。

金雙魚：魅力在於滿足他人所有需求。希望透過無私奉獻、慷慨、關懷和樂於助人而討人喜歡。相當社交，也重隱私。

然而，在談到金星付出和接受感情的方式時，我必須強調一點，並不是所有看似「付出」的行為都是出於對他人的真誠理解。取悅他人是常見的金星表現形式。但這種行為很有問題，僅是為了讓自己獲得他人的欣賞或肯定。客觀地理解或迎合他人的品味和偏好並不容易，不過卻能帶來更多的和諧。

金星與美、妝點自己吸引他人有關，也有與人為善，對他人體貼的特質，所以人們會自然而然地將金星與女性聯繫。但也有些男性天生就與金星能量相應，自然地表達金星特質。西方社會近年來也非常鼓勵男性充分的自我表達。然而，金星迷人的魅力可能只是一種膚淺無深度的感情表現。有些男性（尤其是在西方世界）金星功能出現了退化和萎縮，結果是親密關係中真誠的感情難得一見。正如榮格在幾十年前指出，男性身上的金星功能很可能會退化至單純的多愁善感。

從另一方面而言，傳統火星常與男性本能連結。相較於金星，大多數男人都更認同火星的特質，包括力量、勇氣、克服困難、戰勝競爭對手、證明自己的能力。為了理解火星，我們必須先認識古代神話中的戰神形象，代表著一種原始、粗暴和蠻橫的力量。假如火星能量受到約束和規範，就能成就更偉大的事情。如果火星不受控制，暴力可能恣意橫行，比如粗暴對待他人、性暴力以及不受控制的憤怒。因此平衡地控制火星能量非常重要，無論男女皆是如此。假如火星不受控制，可能心懷忿恨甚至仇恨，釋放出毀滅性的能量。如果過分壓抑攻擊性本能，或抑制他的個人目標或野心，會導致意志消沉、忿恨不平、性壓抑，以及各種情感障礙。

觀察火星能量傳遞，可以找到近幾十年來西方女性發生變化的原因。女性愈來愈被鼓勵堅持自我、更積極地參與競爭、關注自己的性慾以及更誠實地表達自我——同時也變得更自私，更不受約束，對他人感受也不敏銳了。我們不能論斷當下女性都掌握了平衡火星能量的技巧。當火星能量儲藏室的頂蓋被掀開時，傾瀉而出的不只有創造力、運動精神、職業精神和領導能力，還有憤怒、仇恨以及各種具有破壞力的情緒能量。下面讓我們來看看男性和女性是如何透過火星位置來釋放憤怒的。

幾年前有一個有趣研究，關於火星與表達憤怒方式的關係。受訪者按照土、水、火、風被分為四組。**火星落在風象星座**的人能將憤怒合理化，或進行哲學思辯。通常，他們並不會立刻就感到憤怒，一旦表達憤怒或略帶暴力色彩的情緒時，他們會感到沮喪，並因此「憎恨」那些逼他們做出這般不文明的行為的人。一般來說，他們有逃避憤怒的傾向，通常他們也對運動缺乏興趣（當然，這只是一部分人，其實許多職業運動員都擁有風象星座的火星）。但大體而言，他們還是所謂的「頭腦人」，面對問題，他們比較傾向思考而非行動。我也發現，挑戰他們的智力，會比其他任何事更容易引爆他們的怒火。他們有很強的企圖證明自己的心智力量，有時這會導致相當的怒火。

火雙子：這些人的憤怒通常表現為好爭辯、愛挑剔或者言辭刻薄。但總體而言雙子座的火星並不愛表現出敵意或侵略性。他們寧願忘記令人惱怒的事，將能量投注在他們感興趣的新事物上。也許他們心裡暗暗覺得那些令他們惱怒的人根本不懂得溝通。

火天秤：當火星落在最和平的星座，鮮少不受控制成為破壞力，至少有親密伴侶之外的第三者在場時絕對如此。他們常對逼迫他們爭論的人感到厭惡。總而言之，他們極盡所能避免與人爭執，避免讓自己陷入憤怒或忿恨的境地。

火水瓶：攻擊他們的政治、社會或理想概念，最能激起他們的怒火，儘管他們會竭力保持冷靜。他們以理性和客觀的生活態度為傲，所以盡可能控制怒氣。基本上，挑戰他們自認很有把握的領域，會激發他們強烈的自我膨脹並激怒他們。

火星落在土象星座的人總覺得怒火令他們疲憊。他們並不享受釋放怒火的過程，不過，壓抑怒火卻需要消耗很多能量。他們傾向於控制住怒氣，偷偷生悶氣，無視那些逼他們釋放出「負能量」的人。總而言之，他們寧願不被他人打擾，不為別人而動氣。大多數人在壓力之下，或在有截止期限的逼迫下表現得更好。換言之，這族群是名副其實的工作狂，因為他們善於將怒火轉化為生產力。

火金牛：由於我在西班牙寫這本書，很難不聯想到鬥牛這項西班牙傳統血腥活動。鬥牛中，公牛並不好戰，寧願自己靜靜待著，但鬥牛士不斷招惹牠們，於是，牠開始用後蹄刨地，積蓄力量，下定決心，突然爆發出巨大的能量。因為金牛座是金星守護的星座，所以好鬥的火星落在這個位置會比較愛好和平，不過，這些人也很容易固執於自己的慾望。

火處女：怒火令他們生理不適，特別是神經和腸子會有直接的反應。怒火常令這些人生自己的氣，因為他們覺得自己不完美以致於有過失。但若是針對他人的怒氣，有時也會表現得很有報復心和刻薄批評。

火摩羯：控制怒火很是重要。他們很少讓敵意和怒火失控，至少不要在公開場合。他們的自制力很強，做人很有目的性，他們會耐心分析，找到最有效的表達方式，讓情緒得以釋放。有時這樣做會演變為玩弄權勢，或對敵人和對手實施權威壓制。

火星落在水象星座的人天生在表達怒火時有些困難。而他們剛好是理想主義者和和事佬，他們通常被稱為「積極的和平主義者」。有些人在感到失望時會流淚，而所有人都會在憤怒失控之後心生愧疚。總而言之，我發現這群人內心的憤怒暗流會彙聚並累積起來，最終，怒火會在不知不覺中影響其判斷，甚至左右其行為。

火巨蟹：他們會盡可能隱藏憤怒，但怒火總悄悄洩露。如果你激怒他們，他們會選擇迴避。他們的消化系統會對怒火產生劇烈的生理反應，一旦生氣，他們可能無法進食。

火天蠍：他們憤怒時會沉默、積蓄怒火，直到火苗從雙耳竄出！在些難忘的人和情境之下，他們會不理性，具破壞性地暴怒。他們常常得花上幾十年時間才能寬恕別人的背叛或不公平的人身攻擊。

火雙魚：他們通常沒有其他星座易怒，也許是因為自我意識沒有那麼強，也可能是因為他們意識不到別人的攻擊或並不太把攻擊當一回事。但是，當感覺到憤怒時，他們很難發洩，因為會對觸怒他們的人心生同情。

火星落在火象星座人看起來是唯一享受宣洩怒火樂趣的人。總是不耐煩和急性子。這些人常常很暴躁，對自己和他人抱有比較高的期望，一旦失望很容易怒火奔騰。這些人都是創意領域的專家，但他們表達或控制怒火的方式不盡相同。舉例來說，有些人會酗酒（女性）；有些人會亂摔東西（男性）；有些人會表現出強烈的侵略性（男性）。

火牡羊：他們看起似乎很容易生氣。他們總是不耐煩、時時刻刻宣洩怒火。大家對他們表現出來的怒火太認真了，因為其實他們自己兩分鐘後就忘了。

火獅子：這些人會生氣往往是因為自尊心受到傷害，所以千萬不要質疑他們的忠誠和正直，也不要忽略他們的慷慨表現。他們需要關注、需要獲得肯定、需要得到足夠的尊重，萬一未能如願，他們會非常惱怒。

火射手：憤怒時會投射出一道自以為是或大義凜然的光環。如果你觸犯到他們高尚理想的底線、觸怒了他們的高貴信念，或指出了他們的失敗，他們可能會永遠跟你形同陌路。

男女表達金星與火星的差異

因為社會行為和社會角色發生了巨大的變化，如今，要形容「典型」的男性和女性心理因素、情感和生理能量已經變得愈來愈難。但總要做出一定程度的歸納，且必須避免妄下論斷。在總結男性與女性在親密關係中表達方式的差異時，我難免會不夠「政治正確」。不過這些結果是我根據觀察、心理學的研究、數以百計的問卷調查的結果分析。

我必須先強調，金星和月亮對女性的性慾表達與火星的能量緊密相連，但大部分男性則不然。而且不容否認的是，女性的性慾比男性更複雜。舉例而言，一位月天蠍女性會有強烈的性需求，同時表現為相當強烈的感情和生理需求，即便她的金星和火星並不能反映這一點（比如金雙魚和火處女）。雖然大多數受到火星、牡羊座和天蠍座影響的女性能強烈地表達自信和果斷，並能快速、直接、自然地表現出有攻擊性的性慾，但大多數女性的火星能量往往不易察覺，或者受到壓抑，只有在金星能量得到刺激時才能表現出來。當很放鬆、感覺到被愛和被欣賞時（這些都是金星「經驗」），性能量才能自由地釋放。換言之，大部分女性在私密的金星能量受激勵之後，不帶情感色彩的火星能量才能激情地（有時透過性高潮）釋放出來。有些敏感的男性也是如此，但大多數男性在各類關係中，範圍從深入私生活到完全無關，都比較容易釋放火星的性與高潮能量。

我在研究火星對男性的意義時，發現了一種簡便的方法，男性的火星代表了他的男性自我。相似地，女性的金星代表了她的女性自我。透過這些詞彙可以闡釋某部分自我意識，與其身分、性別和自尊心相關的自我意識。

男性的火星表明他如何有力、自信，包括以性的方式表達自我。儘管其他占星書籍中並未提到火星的「表達自己」，但我覺得這是恰當的形容。舉例而言，盡一己之力為他人提供幫助，就是典型的火星表達，是男人引以為傲的行為——而這就是「男性自我」。換言之，男性需要感受到自己的火星特質，這會令他覺得自己有男子氣概。如果男性不夠自信釋放火星能量，那他就很難扮演理想的男性角色。在親密關係中，如果男性自我主張的火星能量無法為伴侶接納，他就會很挫敗、失望甚至憤怒，因為他的能量未被充分活化，因此無法體會到成就感和能量釋放後的滿足感。

女性的金星代表了她的「女性自我」，象徵女性如何接受關愛、在愛情和性愛中奉獻自己。女人常常需要（通常是無意識）表現出金星星座的理想特質，她會改變外形去接近心目中的理想形象，也會加強她的自信心，增強她的魅力（女性自我）。女性只有滿足了金星星座的特質後，才會覺得自己有女人味。很多女性會直接或間接的引誘他人來活出金星特質，積累自信。如果這樣的需求在親密關係中未能得到滿足，那麼她會覺得不被愛、不被需要，不像個女人。如此一來，她變得易怒、退縮、沮喪和孤僻，甚至人生態度也變得消極，因為她沒能感覺到金星能量的流入與活化，從而無法滋養和維持情緒和美感。

在之後的八章裡，我將舉實例來解釋特定星座的「男性自我」和「女性自我」是如何表達感情。在此，我也會在基本概念外特別說明火星對女性的意義，以及金星對男性的意義。對大部分女性來說，火星的位點不僅說明了她如何整合果決的男性特質，也勾勒出心目中理想的男性形象，投射到未來伴侶身上。如果男性星盤中有一些要素能刺激她的火星能量，她的火星就會鮮活起來，但她未必會對刺激做出回應，她與此人在感情是否和諧也另當別論，因為情感和諧取決於很多層面因素。但至少她會覺得一個能令她釋放這部分能量的男人很有吸引力，並為之著迷。

對大部分男性而言，金星的位置與心中理想的美和浪漫有關，這些因素會在生理上吸引他們。至於他們是否會對這種能量刺激做出反應，雙方相處是否和諧，這些都取決於很多不同的因素。但不變的是男性的金星能量如果被女性激發出來，他會覺得對方特別有吸引力，即使雙方年齡差距較大。換句話說，如果男性金星所掌管的美感和情慾吸引力被喚醒，這段邂逅就會令他魂牽夢縈，哪怕兩人的相遇十分短暫。

本章前段，我提及出生盤上金星與火星協調的重要性，在此有必要提出更多細節。

本章的後半部分會著重分析四種元素的金星和火星，將幫助你評估這兩顆行星在出生盤中的和諧程度以及能量調和方式。要記住，外在表現可能與其內心不一致，無法光憑表象精準推測出深層的能量模式或私下的傾向。

例如，女性的金星星座所公開傳達的訊息可能與她的火星特質截然不同。金星落在比較害羞的星座（也許處女座或天秤座），或是落在比較冷漠的星座（水瓶座或摩羯座）的女性，其火星卻在獅子座或天蠍座（注重肉慾的星座）。或者，女性的金星落在牡羊座——如影星伊莉莎白·泰勒（Elizabeth Taylor）和瑪麗蓮·夢露（Marilyn Monroe），迷人的個人魅力強烈傳遞出凌厲的性感，反映在她的外表和個人魅力（金星）上。但如果她的火星落在理性星座，比如雙子座或處女座，她便不能適應激烈的性感和身體表達。這與她給別人的印象很不一樣。換言之，這種情況下，女性不自覺地散播出可能被男性誤讀的訊息。她們常發現許多男性對她們惱怒，因為她散發的訊息與行為並不契合，或者說有「誤導性」。因此在親密關係中，雙方的金星和火星最起碼的契合度會有助於關係的和諧。不僅更容易向另一方表達感情、傳遞性能量，而且還是「表裡如一」的。

同樣情況也適用於男性的金星和火星之間的交互作用。舉例來說，火星落在天秤座的男性，表達情緒的方式非常精緻優雅。但要是他的金星落在摩羯座或牡羊座（有時兩

實上，許多心理治療師和心理諮商師都虔誠相信，透過自由表達「感覺」可以解決問題，即使毫不控制地宣洩可能引發破壞性的憤怒、仇恨甚至暴力，造成他人或關係的永久性傷害也無妨。還有人錯把明顯的感覺與有關愛的情緒混淆，比如許多感覺型的人不會遇到關係問題（例如，若感覺太渙散或客觀），或者，不擅長表達感受的人就無法表達或體驗愛情。有些心理治療師成功地創造了膜拜信奉「表達感覺就是溝通」的觀點。這種狹隘觀點對人類關係和情慾的問題，如同過去一個世紀以來許多治療及人格理論的說詞一樣，似乎是在人類無比複雜的個性上強穿束縛衣。

我認為感覺主要可以精準與水象元素關聯起來。水元素是私底下對其他人的敏感、環境和各種細微變化的接收感應。而情緒則較常與火象元素相關，代表一種向外、強烈活力和鮮明的能量表達。最近在神經生物學領域內的研究有發現類似的差異，安東尼奧．達馬吉歐（Antonio Damasio）所著的《尋找斯賓諾莎：快樂、憂愁與感覺的大腦》（*Looking for Spinoza: Joy, Sorrow, and the Feeling Brain*）就是一例。簡言之，這本書強調：「感覺」主要感知我們內在世界的體驗，本來就很私密；而「情緒」比較外向也更明顯，伴隨興奮的生理反應，諸如心跳加速、咬牙切齒、流淚、憤怒或其他激動行為。的確，傳統上占星學中的水象元素與個人的私密敏感反應相關，而火象元素與強烈的生理能量、熱情、強烈的想法及反應、堅持想要影響外在世界的願望等相關。

儘管如此，我並不能糾正現代詞彙裡缺乏精準語義的問題，或者改變約定俗成描述個人經驗的詞彙用法，本書中我多次用「情緒」這個詞，也是比較傳統的用法。例如，大多數對占星學有所了解的人都會認同，水象人的「情緒」豐沛。我只是想要澄清，感覺和情緒不一樣，當我們在做心理學的分析時，能清楚定義的話會比較好。

金星、火星在水象元素（巨蟹座、天蠍座、雙魚座）

因為水本身沒有固定形態，所以金星和火星落在水象星座的人如果沒有真正體驗過，就無法知道自己感覺到了什麼，也不知道自己真正想要的是什麼。只有在體驗過後，他才能形容出自己的感覺，也才更能意識到這份體驗。記住，因為水沒有固定形態，所以水象星座人的感覺需要其他人或所處的環境來賦予具體的形態。水是被動的元素，它反映其他，而非自己。金星或火星在水象的人反映出別人的慾望，因此他們希望自己被需要。如果有人非常需要他們，就會啟動他們的感覺。水象星座不想讓自己受到傷害，因此他們經常等待他人先流露出慾望或者感覺。水象星座非常被動，尤其雙魚座和巨蟹座，他們總是先反映出別人的意圖和慾望，然後才挖掘出自己的。這點也適用於天蠍座，不過天蠍座是較慾望導向也較主動的星座，而且——儘管天蠍座也不喜歡有弱點——天蠍特質被強調的人常因性和／或情緒的極度絕望不惜鋌而走險。

火星與金星落在水象星座的人非常敏感，因此他們能夠體驗細微的愉悅刺激和情感親密。性對他們而言，與情緒安全和情緒釋放相關，也與情緒的歸屬和穩定密不可分。水象的火星和金星不僅對自己的感覺很敏感，對別人的感覺及回應情緒和慾望的方式也很敏感。他反映出對方的感覺和能量，融入到別人的感覺中，適應對方的情緒。當他們看到對方細微的感覺和需求得到滿足時，自己也會獲得快樂。

金星或火星落在水象星座的人，透過滋養他人來獲得養分。傳統上巨蟹座和雙魚座付出和滋養他人；但我認為天蠍座常付出和滋養他人比一般認為的更多，儘管他們看起來滋養別人的頻率似乎跟消耗別人的頻率差不多。他們太會隱藏了，所以他們的優點往往沒有被注意到！是的，他們對情感的吝嗇如同金錢；可一旦決定付出，他們會付出很多！所有水象星座都有些吝嗇，他們可以是給予者，但也可以是索取者。巨蟹座對待金錢和感覺的自我保護尤為吝嗇，有時甚至會認同自己偽裝出來的苛刻假面具。雙魚座並不吝嗇，但他們也是能量的索取者，因為他們可以無盡地消耗別人的能量和金錢而毫不付出。這個例子說明，任何占星要素都有二元性，我們不能忽略其負面特質而只談論正面特質。

最後，我還要提到水象金星和火星的另一個特質：他們能透過滋養他人而獲得個人情感滿足，如同被他人餵養而滿足，這是一個超越概念的神祕過程。因為水是沉默的元素，緩緩自行運作而不招搖。水象金星和火星在浪漫或性關係中不喜歡說太多。他們傾向安靜的互動與融合，恬靜和諧是難能可貴的深度體驗。

- **金星在水象星座的要點**：藉由認同他人的感覺來表達關愛和欣賞，常懷悲憫之心，善解人意。透過彼此間細微的感覺互動來體會愛與親密，常體驗深刻的水乳交融。
- **火星在水象星座的要點**：個體透過細膩且持之以恆的情緒來表達自己的主張。藉由深層的感受和他人對自己的需要。他們依賴直覺、靈敏和心機來達成目標和滿足慾望。他們的生理能量常受到深層的渴望、被別人需要的感覺、難以言傳的直覺和強烈的情緒經驗所刺激。

金星、火星在火象星座（牡羊座、獅子座、射手座）

金星和火星落在火象元素時，表現會非常直接，且缺乏情感色彩。性、羅曼史、愛和關係都與他們豐沛能量的釋放和自我身分認同緊密相關。他們在關係和性愛中傾向以自我為中心；常常一條道走到黑。這些人在與別人相處時很難將自己視為普通人。換句話說，他們因不近人情而在親密關係中遇到問題；他們很難適應別人，也很難在一對一的關係中平等地對待他人。尤其金星落在火象星座尤為明顯。

火象元素與時尚和幻想有關。金星或火星落在火象的人希望愛人或伴侶能符合他們的幻想，這會令他們感到興奮；他們想將伴侶拉進自己的幻想世界和充滿戲劇性的版本。火象星座一向追求誇張，安心生活對他們來說遠遠不夠。牡羊座永遠對新鮮事物感興趣；射手座必須不斷擴張；而獅子座則需要誇大也戲劇化地表現自己，以至於有時候連觀眾都放棄離開了！

另一種說法是，當一個人金星或火星落在火象星座時，他會邀請戀人共跳一段燃燒的能量之舞，這就是他們的人生。這種烈火人格的內心也在上演著這種生命之舞，他們也希望別人能感受與分享到這一點。就好像他們一直在跟你說，「快來嘛！跟我來，加入我的幻想世界，融入我的熱情，一起做件大事吧！參與我的人生大夢吧！除非你參與我隆重的夢想生活，否則你永遠無法擁有我。」而且，事實上如果你並不那麼熱衷於此，如果你寧願保持自己的身分和私人空間，那麼你永遠無法與他們和諧共處。最後，你可能會大呼著：「多麼討厭、自私的人啊」，然後撒手離開。你其實也沒有什麼選擇：要不加入他的舞蹈，要不果斷離場。你不能指望與他們鬥爭然後獲勝。這些激烈的人不會向你屈服，也不會委屈自己，為了與你交往而有所約束；你必須適應他們。但如果你出生盤裡也有火象元素或欣賞火象特質，並分享他們對人生和愛情的活力憧憬，那麼請加入宇宙之火的舞蹈吧！這是一場生命的慶典，神奇又令人興奮。

火象是伴隨強大自我的有力元素。向他人投射自我形象對他們很重要，氣勢也很重要。因此，他們需要在愛情和性愛中獲得自我身分確認（我補充一點，火元素天生會發光，出生盤裡火象元素較多的人不得不投射出某種形象。理想情況下，他們是明亮、積極，和鼓舞人心的；糟糕情況下，他們覺得自己是神在地球上給出最明亮的光）。以下是一位男性在訪談中所描述的火象金星的女性：

與火象女人相處時，你必須成為她們理想世界裡的一部分，否則對關係無益。彷彿她們一直在等待白馬王子來完成那幅魔法拼圖。你必須能夠滿足或假裝滿足她們的夢想。而她們似乎不在意你自己的夢想。但只要你願意假裝，她們的火金星很好哄的。她們不是世界上最現實的人。

對男人來說，火星落在火象星座往往在生活中表現出明確的行動。火星落在火象的女人會把火星的能量投射到男性伴侶身上。火星能量也會強有力地激發出她們的想像力，就好像火星能量直接流入了想像中，刺激出各種投射、意象和幻想之類的。這在火星火象的男性身上也適用，但他們大部分火星能量會轉化為生理行為和公開的行動。當然，男女之間的區別並沒有那麼明顯。在你家附近的運動場，你會發現擠滿了火星火象的男男女女，既有運動員也有熱情觀眾。但值得注意的是，火星火象的女性想像力都特別豐富。而火星火象的男性和女性都對未來很有憧憬！

對金星和火星落在火象星座的人而言，性和歡笑、狂喜、感覺被人欣賞有所關聯。一位火星火象的女性在採訪時說：「歡笑或玩得開心會令我更性致高昂。」火象元素顯示發自內心對性的熱情，不過——對很多人來說——只有在道德規範允許的情況下並獲得對方足夠的尊重後。請牢記，他們的自我形象必須保持完整，而且需要別人關注並加以抛光！但火象元素也在性方面缺乏耐心，喜歡對身邊的人發號施令，這常令他們招來別人的忿恨，有時也會遭到另一半的拒絕。

- **金星在火象星座的要點**：表達關愛和欣賞相當積極、直接，和隆重。這類人透過與伴侶一起運動，從事體力活動，分享兩人共同的願望和熱情，比如分享各自追求的理想，來感受愛和親密。
- **火星在火象星座的要點**：他們透過直接的身體行為、主動和外向的能量來表達自我。直接展示自己的意志、權威和權力。身體能量受持續運動、自信的熱情和活力行為激發出來。

金星、火星在土象星座（金牛座、處女座、摩羯座）

金星、火星落在土象的人，內在與大自然的節律同調。在他們的感情關係中，時間是一個非常重要的決定性因素……關乎時間和耐心。他們需要花時間表達感覺和慾望。有時候，時間會長到其他人眼中的無止盡！土象元素的身體本能非常強，這種本能常常被相當程度的自我保護意識和追求實際的謹慎態度支配，因此他們對浪漫和刺激的需求常常被掩蓋。你會發現，自我控制是土象人的人生主題，影響到他們的行為和動機。事實上，除了控制自己，三個土象星座還有控制世間萬事萬物的強烈慾望！他們似乎想藉由控制來獲得安全感。

然而，一旦土象人終於決定投入一段感情時給出承諾時，他們就會深刻投入，其承諾也相當穩固持久。接著你知道，他們會永遠站在你身邊，不會一有機會就尋求更新鮮的刺激。他們會竭盡所能維護這段感情！土象元素被強調的人有一個問題，你永遠不知道他們跟你在一起是發自內心關心你，還是出於現實的考量。比方說，他們是因為安全感？還是你可以成為他們實現野心的墊腳石呢？

火星和金星落在土象星座的人會很有責任心和效率，儘管有時金牛座的散漫稍贏過責任感和效率。他們也頗為性愛技巧為傲：他們鑽研技巧，努力成為行家，掌握一切的感覺，甚至是激情。火星和金星落在土象星座的人很腳踏實地和務實。甚至處女座也是相當肉感的星座。肉感指的並不是性，而是說他們很在乎身體的感覺。出生盤上處女座被強調的人很適合藝術療癒、營養研究、看護、物理治療和按摩等工作。土象星座的人希望有效而客觀地照顧人類需要和本能。性、愛和親密關係與基本需求和責任緊密相關。這有時讓他們在時間分配上很機械化，甚至很無聊。主動和想像力不是他們的優勢。

金星落在土象星座的人想要在感情中尋找庇護和安全感。這會使他們墨守陳規不知變通，導致內心深處永存孤獨。土元素有時過度到讓他們非常頑固。伴侶的存在就是一份安全感，表明感情沒有問題。土象人也相信形式就是最終的現實，即使形式經常是不真實的、虛偽的或有欺騙性的。如果你想影響土象元素被強調的伴侶，無論是金星、火星、太陽或月亮落在土象星座，那你最好知道要他們明白你的重要性，沒有比小別勝新婚更有用的了。對他們來說，這是唯一能讓他們有所感覺的事情，離開一段時間，比花幾個月爭論更能解決問題。

一位火金牛的女性訪談中解釋她希望男性如此對待她：「實在跟我一起，有身體的反應。他想要我的身體，不僅僅是我而已！」這與金火落在風象的人形成強烈的對比。風象的人永遠不會這樣說。他們會說：「首先要了解我，問問我在想什麼……身體可以晚點再說！」身體、形式、外表和衣著對土象人來說非常重要。換句話說，外觀樣貌非常重要，特別是金星土象。

因為他們在關係中非常保守，土象人（特別是掌管感情的金星落在土象星座時）會否認可能的關係。他們因循常例把人歸類成符合他們的標籤，以至於許多新的人際往來體驗會被忽視，甚至因不實際和不可能而拒絕。這種感受可能很多人都有，不一定非要金星落在土象星座，但我認為土象元素和諧的人更容易出現。土象元素傾向講求規範，他們無法想像其他元素主導的人對待生活和關係並不像他們般認真嚴肅；他們更想不到，除了傳統中定義明確的職責、權利和生活模式之外，還有其他令人滿足的關係類型。

- 金星在土象星座的要點：情感和欣賞透過明確、可靠和身體來表達。他們透過承諾和共同生活，以及感官歡愉和承擔義務，來感受愛和親密關係。
- 火星在土象星座的要點：他們需要透過耐心和毅力所完成的實際成就來確立自我。他們小心謹慎，通常很注重效率。他們的身體能量受到努力工作、自我約束、挑戰所激發，履行責任或完成義務後會很有滿足感。

金星、火星在風象星座（雙子座、天秤座、水瓶座）

與沉默的水元素截然不同，落在風象星座的金星和火星傾向交談——透過語言表達好奇、感覺、興趣和慾望。他們有時候甚至很吵！且誠如上面提及的，金火落在風象並不特別肉感，也就是說他們不如水象人和土象人那般需要身體上靠近對方。然而例如，只要一個人有土象的太陽就憑添了強烈感官和身體的色彩，哪怕他的金火都落在風象星座。所以，我一再強調，在作任何評估時整張盤都要看。這就是為什麼面對面地解讀星盤，比任何電腦產生的星盤「解析」都要準確得多。面對面解讀時，占星師很容易綜合盤中各種因素給當事人回饋，以幫助準確詮釋整體情況。

火星落在風象星座，表示沒有特別強烈的性能量，儘管他們通常調情技巧高超！火星風象人的性行為與溝通緊密相關，也與玩樂、心智刺激和鮮活的心理意象有關。這類人可能與喜歡的人外出約會，整晚都很開心，但兩人並沒有任何感情或身體上的激烈分享，只要兩人對話交流愉快就好。這種交往模式會令重視慾望和身體的人困惑——他們無法想像有人單單就聊天就能心滿意足了。

風象元素被強調的人會受到心理形式和想像的刺激。三個風象星座都很注重人。天秤座是最有人情味的，事實上到了無可救藥的地步。如丹恩・魯伊爾在《生命的脈動》（*The Pulse of Life*）一書中所寫，天秤座會非常嚴肅地對待社交活動與親密行為；這常為難他們，因為他們以為別人也跟自己一樣真誠！雙子座是最有情感色彩的第二名，雖然他們有時表現得不近人情，使得被他們的魅力娛樂或刺激的人吃驚。水瓶座是風象星座中最不講人情的。當然水瓶座有時也很有情感，但只能保持一小段時間。他們不近人情的一面遲早會顯現出來，你得習慣他們不定期的冷落……當然，如果你出生盤上也有水瓶座（或牡羊座），那麼就不難習慣了。

事實上，如果你曾經被金星或火星落在水瓶座的人拋棄，你就應該懂我說不近人情的意思（這在出生盤天王星被強調的人身上也能找到）。與水瓶座結束一段感情時，你會發現他們從未真正與你親密相處過。很明顯，你只是某類人中的一個，在某個適當的時機填補了他們思想世界中的空白而已。水瓶座可以表現出人情味，但那只是他們特有的人情味，雖然他們絕對真誠。當他們不近人情的一面表現出來時，會冷漠到嚇人的地步。

我曾與許多金水瓶的女性進行過心理諮商，她們常常一走進我的辦公室就說：「我在戀愛方面遇到了大問題。我認識的男人們都不理解我。我很沮喪。我需要他們，但我也需要自己的空間！」這些女性都很獨立，很明顯，她們需要這些男人的程度，並不像這些男人希望的那麼高。她們都很活潑。她們喜歡這些男人的智慧，喜歡與他們調情和交際。但她們的獨立和抽離，會令大多數男人不安，尤其是傳統的男性。這些女性覺得傳統女性的社會角色有太多限制，在親密關係各方面中都過於拘束。

另一個火星在風象星座的詮釋是：風象的火星由頭腦控制性慾和性能量。他們的一切都先經過大腦！一段戀愛關係，必須首先在形式上吸引他們，才能激發他們採取行動。事實上，他們會拒絕腦袋無法歸類的感情，即便他們感到愉悅。除非他們的頭腦經過資訊處理後，能夠將這種情感歸類為熟悉的標籤。這是一個可以證明風象星座保守的好例子，這也說明了風象和土象星座在古典占星學中擁有同樣的主宰行星（金星、水星和土星）的原因。風象星座和土象星座都固執於形式、標籤之類僵硬古板的事物。這就是天秤座老了會愈來愈像金牛座，水瓶座老了會愈來愈像頑固的摩羯座的原因。而雙子座老了之後會變得如挑剔的處女座一樣焦慮、糾結！

- **金星在風象星座的要點**：透過熱烈的心智交流和互相陪伴來表達情感和欣賞。這類人需要在語言分享、精神交流和令人愉悅的社交活動中感受愛與親密。
- **火星在風象星座的要點**：這類人藉由表達觀點、積極溝通和豐富的想像力來確立自我。靠著說服他人、理性呼籲或者讓自己討喜來行事。他們的身體能量會被心智挑戰、社會活動、戀愛關係和新想法所刺激。

元素能量的契合度

火象、水象、土象和風象元素在能量上的契合，到底是怎樣的體驗？讓我們先來談談共同點，那就是每一種元素的契合都能成功地減少一些孤獨感。事實上，在很多事例中，孤獨感甚至會全然不見！這是一種非常稀有的愉悅，會讓人銘記很久——一種生命的歸屬感、來自宇宙的安全感受、與另一個人甚至全人類交融合一的感覺。

水象元素融合協調時，一個人會失去時間感和空間感，自我消融，與另一半合為一體。這種融合程度很深，難以用語言形容。**風象元素**層面的融合協調，是雙方心智上的默契（即使不一定完全認同對方），彼此理解對方的思考和溝通方式。這時，單一的思想疆域拓寬了，雙方深深地欣賞對方的智慧。這類交往不乏言語遊戲和幽默感。

火象元素融合協調時，兩人會分享熱情，致力於同一個目標。雙方會參與到宇宙級的大事件中，彷彿是無限的一部分。雙方都能在交往中釋放高強度的精神能量，超越個體生命經驗，感知到一種強烈的、超越人類、鼓舞人心的能量。**土象元素**融合協調時，常常會出現我朋友（火金牛）所說的「安全感的狂喜」。此時，他們感覺被活化，對物質世界和身體的感知都發生了明顯的變化。雙方也有可能開始對自然環境產生由衷的欣賞。他們很放鬆地融入現實，將注意力聚焦在當下。

能量契合協調的重要性怎樣強調都不為過，因為它能解釋一段親密關係的活力之所在，還能幫助人們看清這段關係——甚至改進——從多方面的角度去看。了解能量交換，也對評估性生活的契合程度很重要。這可能是因為性本身與人類的深刻身體能量和感情密切相關。讓我困惑的是，許多諮商師與性治療師只以零碎、臆測性的理論為基礎來支持他們的工作，而不幸的是，他們和他們的個案完全忽略了占星學是可以顯示出性能量交換的。

我輔導過數以百計曾接受過心理諮商和治療的個案，他們以前的諮商師都不了解占星學，這對我來說很痛苦，許多與性有關的問題，都是由傳統觀念中的不契合所引起，例如各種「性機能障礙」，比如陽痿、性冷感和早洩等。許多案例中的不契合問題都是可以改變或者調整、與之共存的，雖然不是全部。只是，我們也必須承認，並非所有伴侶在性層次都能契合。實際上——就我的經驗來看——絕大多數伴侶生活中多少都有情緒或性能量不契合的情況，這些不契合需要雙方付出努力進行調整。

問題的關鍵是，性和諧是由兩個人的能量交換造成的，這對主張性為純生理機能（儘管他們也承認性行為伴有感情因素）的心理治療師和「學者」來說相當難以理解。性實際上應當做虔誠的體驗而非機械化體驗來看待。將性去人格化，並將之從宇宙生命之舞中抽離，人們就會純機械化地處理那些有性問題的人，並加諸大量無關的理性分析。這種分析及治療方法最糟糕的地方不僅在於會使病人的問題惡化，而且會鼓勵病人進一步靈肉分離。也許這些膚淺的現代的性理論（無論大眾傳媒傳播、心理學或伴侶治療理論）已造成了悲劇，人們不再信任自己獨一無二的性以及情緒天性和反應。

反之，用占星學分析一個人的性慾與關係取向問題，占星師不僅要精確地描繪出分析對象的能量調和模式，還要認識各種能量的組合與表達方式。畢竟，若非這個複雜議題涉及了各種性格因素，我們怎麼會需要花上幾十年的時間才找到那個與自己契合的人呢？（請再讀一遍這句話！）如果大眾心理學的書籍、課程和電視節目中道出的簡單答案真的可靠，那麼每個人的生活是不是應該都會愈來愈好呢？假如你真的能在能量層面與另一個人契合，那麼便不會有步伐或節奏跟不上的問題，能量的強烈程度也正合適。一切都配合得天衣無縫。然而，大多數伴侶並不能達到這種理想的和諧狀態。兩個人的出生盤就像X光片，描繪出各自的能量運作模式以及能量調和情況。研究出生盤對了解他們的衝突或隔閡很有幫助，也能指出兩個人的能量會在哪些領域最容易契合。

心理學家賀伯．高登伯格提出了解決性和關係問題的實用方法，對飽受社會壓力和為雙重標準所害的人特別有效。在他了不起的著作《男性危機》中，描述了能量契合的重要性，我們不能把許多性問題當成機能失調。例如，他認為陽痿「總是一對特定發生的現象」。也就是陽痿跟男性對女性在某一個時刻的感覺有關，他的身體能量在兩人共同的能量場中無法運作，這可能只是暫時的情況。他指出，針對陽痿，更準確的描述應是：「男人在某些條件下，面對一些女性會陽痿，這種生理反應失靈反映出雙方都應該學習信任和理解對方。」（《男性危機》）同樣，很多女性的性問題也不應僅視為她的問題，而是兩人的能量領域和特定關係中的真實情緒出了問題。事實上，高登伯格發現，在過分理性化的時代裡，人們都傾向於偽裝或合理化問題，而忽視了自發的性反應其實反射了雙方的感情狀態以及兩人在關係中的感覺。如果對這些問題置之不理，很有可能會令親密關係惡化，導致未來出現更大的感情危機。

與此類似，印第安那大學生物學教授伊麗莎白．洛伊德博士（Elisabeth Lloyd）及許多研究學者，都認為機械性關係的觀點和這麼多的現代理論和治療方式，會讓人生活在不幸當中。洛伊德博士指出，社會都誤解了女性性高潮的本質和功能。將女性的性功能死板地看做身體機能問題，未免太以偏概全。她說：「弄清楚人類進化的脈絡，可能會在社會和個體層面上對女性、間接對男性帶來巨大的影響。」我不詳細闡述她在《女性高潮的科學：進化科學的偏見》（*The Case of the Female Orgasm:Bias in the Science Evolution*）中提出的理論，我只是想強調這種誤解以及由此產生的文化信念、傳媒影像和人們在心理預期中對此問題的誇張和扭曲，對人們的身分認定、兩性關係和自我了解都產生了巨大的影響。如果女性對性行為中的正常和自然生理反應產生了不實際的心理預期，那麼若性行為中她們未能自然產生那些狂喜經驗，她們可能會感到自卑、不滿足，甚至認為自己不正常。長此以往，這會導致女性喪失自信心，她們的伴侶會失望，並給予她們批評和壓力。許多有關女性性高潮的錯誤理論滿天飛，洛依德博士認為不能輕忽這些錯誤理論，因為「男性對女性的正常性行為的期待，以及她們如何表現的期待，都是由這些理論建構而成的。」

洛依德博士以及其他專家的研究提供了關鍵的說明，人們的期待被理論扭曲後，自信心會受到重創，行為也嚴重削弱。換句話說，在當今社會我們習慣無意識地假設「每個人都相同」，或者根據許多層面的「科學」理論、假說或心理學術語，使生活產生不必要的複雜。我們固然不能戴上玫瑰色眼鏡看待生活，但更不能戴上厚重不透光的墨鏡讓自己看不清真實。如果我們能夠正確理解並應用占星學，就能具體分析評估人類的個性、動機和行為，這種方法對心理學和科學理論來說都是未知的。

在具體分析金星和火星落在十二星座各自有何特徵之前，我要提醒大家注意幾個非常重要的問題。首先，我在之前的章節裡反覆提及人類是多麼複雜多元。讀者很容易認同然後說：「對，當然啦！」接著繼續無意識地帶著偏見，反而沒有了解我試著界定的意涵。因此，為了引起大家注意，我認為有必要舉幾對伴侶的真實事例來說明（特別在親密關係中）看待、評價他人的相對性和主觀性。在我帶領的伴侶問題分組研究筆記中，我發現了兩個很有意思、很生動的例子。請注意，分組討論的主要成員都是女性，她們的話題大都與男人有關。這些女性都對占星學有一定的了解，因此我很容易發現占星元素對她們的影響。

• 一位女士（出生盤有很多固定星座，與同屬固定星座的獅子座有衝突）發現火星獅子的男性「聲音宏亮、堅持己見、自我中心且脆弱」，所以她永遠跟他們處不好。另一位女士的月亮與獅子座能量和諧，因此能接受這樣的能量，她對這類男性給出了截然不同的評價：「火星獅子的男人都很溫暖、深情而且慷慨！」而她總是被這類男性吸引。

- 一位金星金牛座的女士表示不滿火星水瓶的男性，她們毫無疑問地認為這類人缺乏生理需要，感情太不外露：「他們令人挫敗且孤傲！」但同時，一位金星雙子座（但風元素和諧能接納和欣賞火星水瓶座）的女士卻對這類男性給予熱情的讚賞，稱他們「勇敢，有領導能力，能遊刃有餘地周旋於形形色色的人中」。她也覺得自己很被這些特質吸引。這位女士的雙子座金星完全不介意火星水瓶座是否缺乏生理衝動，只要他們口才一流、智慧不凡，她就會被迷住。

這些實例反覆提醒我注意，原來我們看待他人時，真的都是戴著有色眼鏡啊！研究占星學明顯的好處是，我們可以學習直接解讀人類性格和行為的語言，不但異常精確，而且對加強人與人之間的互相理解和包容大有幫助。

金星、火星與太陽能量

我仍要反覆強調，金星和火星對人的影響絕對不能和出生盤上其他要素分開來看，特別是跳過太陽來分析，太陽畢竟是整個太陽系的發電機——無論科學或象徵上——都是每個人核心生命力來源。在對一個人的性格進行占星學分析時，我們可以這麼理解太陽的意義：太陽的能量會被行星過濾、反射以及散布。具體而言，出生盤上的太陽元素以及所在星座的能量會流過並活化整個星盤上的所有行星（比如月亮會反射太陽光。現代科學也證明，木星放大來自太陽的輻射）。在我看來，這個概念可以幫助我們理解能量在每個人能量場裡的運行方式——這些都在我們的出生盤上（彷彿是出生的那一刻整個太陽系的地圖），是所有占星學研究的基礎。

經過多年的人類觀察研究，我才得出了此特殊覺察。在研究過程中，對我幫助最大的是研究運動員的出生盤。我花了二十多年研究不同體育項目的運動員，特別是籃球、棒球和田徑。研究運動員的行為模式，可以直接觀察一個人的能量屬性和型態，較少受到語言影響也避免了社會形象對人本性的干涉。取其中一個運動員為例。他有特別好鬥的日牡羊，火（牡羊座的主宰行星）雙子容易成為非常聰明的籃球選手，活動靈巧且手眼協調性極佳，通常火雙子也讓他以直言不諱聞名，會直接在場上責怪隊友的錯誤判斷。換句話說，好鬥的日牡羊帶來的火象能量燃盡了該選手的整個人格特質，讓他的火星比一般的火雙子更有力量。

為了更清楚解釋這個概念，我再舉幾個例子，力求更有效地說明太陽的元素、星座是如何在表達方面影響火星和金星的能量。正如我之前提到，太陽似乎透過火星和金星輻射它的能量，於是，一個火星星座搭配不同的太陽星座，每個火星星座就有十二種不同的能量表達方式（例如，火牡羊和日牡羊；火牡羊和日金牛……以此類推）。金星星座亦然（如金雙魚和日雙魚；金雙魚和日牡羊……等等）。以下實例可以闡明這些能量的雜揉：

- 優秀的籃球運動員提姆．鄧肯（Tim Duncan）的太陽落在金牛座，他看起來很有自控能力，大多數情況下都非常冷靜。然而，他的金星（金牛座的主宰行星）落入好戰、喜歡競爭的牡羊座，這樣他就成了一個注意力集中、非常有自控能力，且善於主動競爭的選手。在他短暫的職業生涯中，他已經在世上最具競爭力的NBA中贏了三次總冠軍賽。
- 儘管金處女以謙遜、壓抑和些許情慾拙手聞名，但當太陽落在高調的獅子座或情慾旺盛的天蠍座時，他們也不乏性慾，難免好色。相同地，冷靜淡漠的金天秤，如果出生盤裡有日獅子或日天蠍，也會很注重生理表達。
- 另外，火天蠍的人儘管無疑地擅長性表達，但如果太陽落在天秤座或雙魚座，其性生活未必有火天蠍搭配日牡羊、日天蠍或日摩羯的人那麼活躍。他們也不會那麼能量充沛，而且表達方式肯定會優雅、敏感得多。

・如果土象日摩羯的金星落在超然重腦的水瓶座，那麼他可能會比日金都落在水瓶座的淡漠知識分子型的人，更能體現自己的感情。

・如果一個人太陽落在雙子座或獅子座，金星是超級敏感巨蟹座的話，那麼此人就會比同樣日雙子或日獅子，但金星落在雙子座或獅子座的人更敏感。

讀者應該已經熟悉了能量的基本概念，以及各行星落入不同星座的特質，隨著時間也愈來愈能夠想像並理解不同能量的組合。將出生盤的不同要素一起綜合考慮，是分析解讀星盤的必備技能。我還想強調每個人體內的能量流都是複雜的，反映出每個人心理和情慾的複雜，要理解人與人之間的能量互動，這一點也是必須掌握的。兩個人相遇時會在瞬間進行大量的能量交換，這種交換可能是有意識的，也可能是無意識的。我們經常錯把某種特別強烈的能量訊息所代表的特質推斷為此人的整個性格，只是因為我們容易接收這種訊息——這是真正誤導的自我欺騙！占星學建構在生命能量的基礎上，因此在澄清人際交往互動的特質和複雜性時，都優於其他方法。

〔第九章〕金星在火象星座

金星在任何火象星座都傾向表現理想主義，在戀愛關係和社交關係中有很大的期待。他們非常衝動，不遺餘力地表達熱情。這些人非常「感情用事」——但體察他人感受的能力並不強。事實上，對他們來說，人與人之間單純而細膩的「給予與獲得」相當難以做到。然而，不牽扯感情、戲劇化的大動作對他們來說卻要自然、舒服得多。我得說，對在火象星座的金星而言，在感情裡，尊重比細膩的溝通更重要。當與他們分享熱情、遠大目標或動態活動時，他們會感覺到很親密。關係中他們一定要得到身分確認。另一半必須符合他們生命中理想和刺激的願景與理想中的情人形象。因為缺乏現實的傾向，他們在愛情和其他親近關係中容易受騙。正如第八章中解釋的，他們一般不會問東問西，打探別人，但他們期待別人能與他們一起實現夢想（當然最好能潤色他們的自我形象）。（讀者可參考第八章關於金星在火象星座的詳細說明。）

理解金星在火象星座時的其他要點如下：

- 對他們而言，生活和戀愛關係中，靈感和對未來的願景比傳統、社會規範和邏輯更真實可靠。

- 因為他們需要將精力頃覆世界上，所以他們感情外露，但往往舉止笨拙、過分衝動、不太敏感。事實上，他們消耗於外的精力往往比他們心裡願意體驗的多太多，因此另一半常常對他們的用意摸不著頭腦。
- 金星在火象星座的人不擅長接受、情緒化和性感，儘管他們很樂於接受他人的愛慕和恭維。對他們來說，浪漫等同於精力充沛的活動，如果有可能的話，有點個人崇拜更好。

金牡羊

當一個人的金星在衝動、好勝、缺乏耐心的牡羊座時，會急於給別人留下深刻的印象、想讓別人見識些新玩意，以及介紹新體驗。他們需要在自己選定的領域中感到出類拔萃，也需要感到有領導權，能夠主導行動。然而，在關係中，他們特別容易被類似的人吸引——矛盾因此而生。這些剛愎自用的傢伙都欣賞堅強果敢、有革新精神的人，但他們能否相處呢？金牡羊人士非常直接、衝動和聽從本能驅使，特別是他們喜歡你的時候。他們最大的魅力來自於社交互動中的直截了當，有時還伴隨著大膽的幽默感。如果交往不順利，特別在新活動或新關係剛開始的興奮感消退階段，他們情緒變化迅速，甚至會過度敏感，容易暴跳如雷。他們不懂暗示，往往喜歡有競爭性的運動，例如暴力的拳擊。好戰是其天性，他們也欣賞勇於為了某個目標而戰鬥的人。他們重視這樣的個性和無所畏懼的獨立精神。然而，他們自己永遠要爭取第一名。他們不喜歡等待，害怕無聊，更害怕被人利用（因為這意味著有人比他們更厲害）。牡羊座心理特質的關鍵是迷戀新事物。對他們來說，沒有新的挑戰、新的目標、新的夥伴，或者需要征服的新成就，就沒有意義。這個原則也適用於他們的愛情，也許這就是他們最大的問題——如何建立一段平穩、滿足、給予和接收平衡的合作關係。

金牡羊的本質

從事占星心理學研究幾十年來，我歸納出以下幾點金牡羊的核心心理特質：

- 直接、衝動、熱情地表達情感；特別享受戀愛最初的階段。
- 自我主張和盛氣淩人的特質讓他們很難與他人產生親密感。
- 重視自己和他人的個性、主動、和獨立；對他人的熱情之舉能給予充分的回應。

無論男女，當一個人的金星在牡羊座時，他都會強烈地以伴侶、愛人和這段戀愛關係為榮。這些人非常感情用事，但人們往往不覺得他們深情。他們必須確信自己在關係中是「勝利者」；有些人直接將戀愛看做一種競爭——他們可能會害怕挑戰——但至少他們有希望獲勝。無論男女，他們在有好感的對象身上發現明顯的缺陷後會很快失去興趣。金牡羊的人有種理想化「愛人」的傾向，在他們的想像中，只有超人或者女超人才能配得上他們的承諾。金牡羊男女都缺乏浪漫、多愁善感，或同情。他們比較直接、率性。我在訪談中發現大家對金牡羊的描述驚人地雷同。根據女性受訪者說法，金牡羊的男性不太願意付出，極度以自我為中心；而根據男性的說法，金牡羊的女性不太有包容力，缺乏耐心以及女人味（具體請參見後面的訪談引例）。

女性金牡羊在關係中面臨相當的挑戰，因為象徵著愛、分享與和諧的金星落在象徵著戰爭、衝突和自我主張的牡羊座（缺乏欣賞另一半的能力，這恰好是牡羊座對宮天秤座的專長）；這很難協調，但牡羊座就是喜歡挑戰！「她們不耐煩女人的玩意兒。」一位男性受訪者這樣說，「她們不順從、不溫柔也不願屈服。」（AI）她們起事並負責，而她們也喜歡具侵略性的男性，事實上不會真心尊重溫柔或者有耐心的人！女性金牡羊天性矛盾，表現形式很多：她們要求男性積極主動，卻回應男性以暴躁的怒氣和憤慨；她們直截了當地表達感覺，但又急躁並且盛氣淩人；表面上她們很容易激動，性慾很強，但她們的感覺來得快去得更快，在性中缺乏接受和分享的能力。換句話說，她們以衝動和「男性化」方式面對積極的性慾望。所以，她們在身體和情緒上都很難放鬆下來。要解決她們性愛難題的方法是了解自己，培養對自己、好感對象的耐心，並且學習表達寬容和伴侶間的開誠佈公。

男性金牡羊特別容易被渴望獨立和滿足於自己積極性的這類女性所吸引。至少，在他們露出實際期待與苛求前，女性還會欣賞他們，而這些期待與苛求就是宣告了這種男性的雙重標準。在那之前，女性若能假裝出強烈性慾、完美無瑕也沒有任何要求，那麼就可以繼續「狂歡」。金牡羊的男性通常喜歡運動，就算不是忙於積極投入保持體態的健身，至少也會窩在沙發裡看運動比賽節目。這些男人真心喜歡女人的關心和照顧，但他們常不懂如何用女人能理解的方式去表達欣賞。一位男士在問卷中對金牡羊男性的描述如下：「他們有孩童般的幻想和舉止，很容易被表面事物吸引，比如說髮型。他們對待愛和女人的態度非常簡單。」（AQ）

在一些頗具見地的訪談和問卷中，以下引用最能點明金牡羊的特質：

- 茱莉亞．帕克（Julia Parker）進一步對金牡羊主要困境時的解釋：「重要的是他們必需意識到，在思考一段關係該如何發展時，他們將自己的需要和想法強置於別人之上。他們必須努力克服這種多少有些自私的態度。」（《占星師手冊》）
- 一位沒接觸過占星的女性評價兩位金牡羊的男性：「他們在感情中都非常自私。」（AI）
- 一位金牡羊並娶了牡羊座妻子的男性說：「陽剛的性慾迅速且猛烈。但她的感情

需求為零。她想要很多性愛，卻不想拖延太久。」（AI）

• 另一位男性在描述金牡羊女性時說：「性慾強烈，很衝動。在性愛中非常主動（在女性身上非常少見！）在性愛中很自我，希望自己很有性吸引力。對與性有關的問題很直接。」（AQ）

• 黛比．坎普頓．史密斯在其有趣且頗富洞見的著作《占星師筆記本裡的祕密》總結了金牡羊的樣貌：「金牡羊的男性和女性都是男性沙文主義。想像一下，這樣的金星會對女性造成怎樣的影響？她們會認為女性是應該被男性征服，但她們自己卻酷愛征服別人……這些女性極具好勝心……但她們從不在床上取悅對方，因為太自私了。她們只會在最一開始的時候努力一下。」（《占星師筆記本裡的祕密》）

• 「美好的戀愛始於無比的激情，但很容易褪去——牡羊座的熱情可不是以持久聞名。」（《女性占星學》，〔*Woman's Astrology*〕）

• 三十歲的女性在問卷中形容金牡羊的男女：「他們都非常理想主義和浪漫，相較於三分鐘熱度後的關係，他們對愛的概念更有興趣。男性往往將慾與愛混為一談。無論男女都很容易失去興頭，除非其戀愛對象能滿足他們『超人』的想像。他們追求對象時不太做『預先準備』；他們喜歡打開天窗說亮話，直接滿足生理

需求；他們直接表達類似需求。」（AQ）

- 一位金牡羊女性在問卷中說：「我一直在日常生活尋找刺激。我喜歡熱情和積極……我並不過分獨斷獨行，但不喜歡別人淩駕於我之上。而且，對我來說保持獨立和自給自足很重要。我會盡力保持……我容易被熱情的男子吸引。」（AQ）

金獅子

當一個人的金星在驕傲、戲劇化的獅子座時，他就不會半途而廢。當他們示愛時不單買一朵玫瑰，而是買下整間花店！當確認了戀愛對象，他們會展示令人欽佩的忠誠。但有些人會走極端，忠誠得有些不合時宜、毫無節制，甚至不切實際，最後放棄理智和客觀，反過來傷害到他們盲目效忠的人或家庭。儘管這個位置的金星在心理上並不複雜（得到表揚和關注就滿足），但他們相當矛盾。這些人表達感情的方式很熱情，但也精於算計，非發自內心。如格蘭特．萊維所言，他們想確保自己的影響力，他們會利用感情達成目標。萊維寫道：「無人能說服金獅子」（《大眾占星學》）。他們個性裡還有其他矛盾的特質，如真誠、慷慨、對他人的鼓勵，同時又尖酸刻薄、貶低他人，並嫉妒別人的成功。在理想狀況下，隨著經驗的累積，他們會慢慢成熟而褪去幼稚的自我中心，成為胸襟闊達的君子。他們誇張成就、公開炫富與明顯的優越感，強壓過他們帶給好友和家人的溫暖。他們在生活和感情中都有巨大而脆弱的自尊。輕微的「怠慢」都能造成巨大傷害，例如不參加他們的聚會，或在公開場合錯失誇讚他們的機會。他們自豪於親密關係。總的來說，他們需要受到所有人的尊重。他們非常需要讚美和認同，就算自己沒有意識到。他們最難能可貴的天賦是透過他人對他們的信心來激勵他人，以熱情引領眾人實現更遠大的目標或者理想。這是他們真正的天賦——他們是能由衷鼓舞人心的管道。

金獅子的本質

針對金獅子的心理特質和傾向，我斟酌出幾個要點：

- 親切、戲劇化、歡樂、熱情地表達愛意。
- 希望自己是他人關注的焦點或想主導他人的感情生活，所以在深層情感交融中會遇到障礙。
- 充滿創造活力地交付自己，親切自豪地接受他人；可以非常慷慨和忠誠。

無論男女金獅子都意味著戲劇化的愛情。他們迫切需要華麗和刺激，以及常如登台般示愛的演出和浪漫的橋段。他們都深以伴侶為榮，也以自己的美好慷慨為傲。儘管他們很容易被他人真實或想像中輕微的怠慢觸怒，但他們對他人感受並不敏感。畢竟，他們自恃高貴，他們的自我和情緒表達的自由遠比一般人無足輕重的擔憂重要得多。許多金獅子都很浮誇，尋求注意力，或勢利，儘管他們努力掩飾這一點。他們最令人厭煩的就是需要不斷地得到讚美。他們面對阿諛奉承毫無抵抗力，因此容易被情緒擺布。然而，如果他們成熟並超越自以為了不起的渺小自我，學習真正付出獅子座光芒四射的愛，這會是理想的獅子座位置，宇宙餽贈就隨之閃耀其中。

女性金獅子可以是浪漫王國中的首席女主角，她們有女王情結。最壞的情況下，她們太過以自我為中心，無法活在簡單、真實的人類層面，常常利用他人的愛慕滿足虛榮心。因此常落得孤芳自賞、暴躁、憤世嫉俗。最好的情況下，她們非常值得信賴，能讓周遭的人感受到歡樂，懂得欣賞生命和愛裡最美的部分，儘管她們會不計代價去做。她們希望為所愛之人付出，確保對方能享受與她們共度的時刻，她們也不介意其他人注意到自己的華麗與慷慨。她們的身分認同和價值觀有時會與其親密關係緊密相關，所以感情觸礁時往往陷入困境。她們喜歡外顯表達情感的肢體語言，有時也相當不近人情，在感受上並不那麼敏感。她們喜歡激起他人熱情示「愛」，尤其是需要溫情撫慰時。但這些「忠誠」的女王們若碰上了更令她們興奮、更迷人的對象，就會隨手將你甩掉。當她們傲慢自大時，待男人如狗，即使男人已經表達必要的忠心和愛慕。

男性金獅子總是以自己的價值觀以及女人為傲。他向朋友和同事們表達感謝的方式是說：「我以你為榮」，以為這樣就足以回報你的付出和忠誠。他認為所有人都跟他一樣重視奉承。在愛情中，他偏好讓自己有面子的對象，跟無限崇拜他並樂於公開的人。他喜歡具戲劇化天賦、感情外露、舉止大方、品味「高尚」的女性。在一份問卷中有這樣的陳述：「男性金獅子明顯偏好成為社交場合的焦點人物。」他們擅長銷售、商業管理和大型組織的工作。雖然他們有些輕浮且愛炫耀，但他們不會因為驕傲或不忠而放棄穩定的感情或婚姻；相較之下，女性金獅子反而會因一時暴怒而放棄。

在各種著作、訪談和問卷對於金獅子的描述中，我節選了幾段頗有見地的引文：

- 瑪麗．科爾曼捕捉到了這種人格要素的特徵：「回應愛與溫情的方式非常慷慨、毫無保留，甚至如孩童般信任。他們打從心底真誠地希望愛人的生活陽光明媚。但隨後，對方可能會意識到，回報必須是終生不渝的崇拜和敬仰。」（《選擇你的完美伴侶》）
- 與許多金獅子男女共事過的女性表示：「奉承對他們無往不利！他們必須受到尊重，他們需要不斷的讚美和恭維。他們想要感覺如國王或者女王一般。他們善於鼓舞他人，但也期待同等的回報。」（AI）
- 跟男性受訪者談論了與金星獅子座女性的相處之道後，直接綜合看法如下：「她們散發出『老娘就是女王，才不會鳥你！』的氣息·如果她們出生盤裡還有其他行星在獅子座或者天蠍座，那麼她們似乎特別殘忍，比男人更迷戀權勢。她們不尊重男性，會在挑逗男人獲其崇拜的同時踐踏他們。男人要獲得這類女人的承諾，哪怕是輕微的好感，不但要阿諛奉承，還要在其裙下跪倒。不過，她很快就會違背承諾。」—（AI）

- 一位女性受訪者在問卷中寫道，她發現擁有金獅子的人都「真的喜歡人，非常親切友善，能令身邊的人感覺舒服。這一點似乎更適用於男性（金獅子）。但當他們態度太誇張的時候就會讓人覺得敷衍。女性以獅子座的浮誇展現女性魅力常陷入困境；她們有時太愛展示自己對『時尚』和『品味』的知識……我見過很多金獅子會這樣，在親密關係中是超級控制狂或善於操縱他人，因此他對認同和掌控一切的需要，會在一對一的關係中遭遇挫折。他們非常驕傲，也非常性感。」

金射手

當一個人的金星在熱愛自由、思想開放的射手座時，會很風趣、理想主義。他們隨遇而安的人生哲學，支持他們生活的許多方面，也解釋了他們遭遇人生變故時的輕快與彈性。其他人可能認為他們膚淺、毫無情感深度，或者迴避真實感受。無論你怎麼看，你都很難對他們動怒。雖然他們常善變和難以取悅，你也不該太把他們習慣性的滿足缺乏症當一回事。他們只是天生缺乏處理例行公事、無聊現實，以及面對實際現實與生活限制的能力。他們不喜歡活在當下。他們很難安定於某一種生活方式或感情，因為他們一直渴望更明亮、更遙遠的地平線，追尋超越當下的某物或某地。在他們看來，現狀總有改進的空間，並且樂觀認為，翻過這座山頭一定會有更美好的真實世界。這就是他們的人生哲學。他們喜歡驚喜，隨時都有可能做出些什麼——只是給無聊的生活添些樂子。自由和空間對他們很重要：包括精神、心智上的空間（學習、討論、爭辯）和「生理」空間（戶外活動、運動、旅行）。他們的矛盾常令人失望和不快：他們散播的各種理想似乎只適用於他人，卻總合理化自己的失敗；他們用道德標準評斷別人，卻以上綱為人生百態的藉口替自己放肆或傷人的行為辯解，別人都得胸襟豁達地包容；他們殘酷又誠實地揭開他人的偽善或疏忽，但若被人同樣戳穿他們膨脹的自我形象，他們會勃然大怒。簡而言之，許多金射手在戀愛關係中的缺點和問題，在於他們習慣性關注遠方，而無法看清眼前的事物。

金射手的本質

根據研究占星心理學多年的經驗，我將金射手的特質歸納為：

• 自由、熱情、慷慨、理想地表達情感，動機為與生俱來對人、生命和愛的信任與信念。

• 驅使他們對自由、冒險和總是期盼更好的躁動，會妨礙他們建立長久的親密關係。愛情裡的包容與豁達需要觀念上的和諧，重視誠實但有時會遲鈍地忽略他人感受。

金射手男女雙方在一切社交和交際狀況下都希望有人傾聽，或至少被人注意到。在親密關係中他們必須要能分享想法，理念上也必須一致。就算只維持一個晚上，對方還是必須懂得欣賞幽默或能共享娛樂，因為金射手無法忍受無聊且天生興致昂揚。對他們來說，愛情就是一場冒險遊戲。彼此探索和可能的互動都很令人興奮，他們採取的做法就是直言不諱、直指問題以及大膽挑釁似地嘲弄。他們最看重誠實，然而追尋誠實，可能會令他們麻木並無視他人的感受和需要。他們隨意的批評常常造成很大的破壞，當中可以看出對愛和性的不負責任，相當以自我為中心。

女性金射手對待愛情和性都非常熱情且思想開放。她們的態度和行為甚至可以用歡慶來形容，充滿歡笑和享受與歡愉。她們很風趣，這是當然的，但你千萬別期待她們的恭維或者讚美。你必須自己贏得喝采，並憑著自信迷倒這些女性。你得確保你保有她們的尊重，只要有一點不符合她們的超高標準，你馬上會從她們的宇宙天書中掉下來。許多情感特別衝動和慷慨的女性身上都可以發現這個位置的金星。她們感情外露，很有魅力，在處理親密關係時卻缺乏感情。她們作為輕鬆隨意的「伴兒」，比熱情激烈的戀人自然許多；她們會給足夠的自由和空間，同時意味著她們需要一定的距離和獨立性，她們不接受羈絆和沉重的期待。

金星在這個位置的男性也具有前述特質，並希望擁有理想化、出類拔萃的伴侶，對方的正直和善良讓他們放下心來。他們也會被富有冒險精神、對人生有著遠大目標的人所吸引。不用說，誠實是最起碼的要求，他們也需要態度積極、樂觀思考、富有幽默感的伴侶。陰沉或憂鬱，又拘泥於日常細節和挫折會榨乾他們的生命力。

從許多訪談、問卷、回覆和文章中，我節錄了最精闢的金射手橋段：

- 「你的心無所畏懼。」格蘭特．萊維寫道，「你遵循著本能去體驗極致……你覺得沒有理由不聽從情緒指引，你是最衝動的金星孩子。」（《大眾占星手冊》）
- 蒂芬妮．霍姆斯（Tiffany Holmes）在她的著作《女性占星學》中描述金射手：「豐厚的頭髮、閃爍的眼睛，以及難忘的笑聲，是眾人被金射手吸引的原因。幽默對金射手來說很重要，輕鬆的玩笑與道德標準原則上相同……若目前的愛情不能提供他們一定物質保障的話，此金星星座會低估物質的重要性。（《女性占星學》）

• 一位女士發現：「金射手的男人很『有趣』；他們喜歡與人群在一起談天論地，享受美好時光。他們喜歡獨立、佔有慾不強、或不苛刻的女性，但他們也喜歡願意跟隨他們，當他們『伴兒』的女人。他們對一切保持開放的態度，不喜歡隨波逐流搭上特定的思維或行為模式。他們非常友善，有『饕客』的特質。金射手的女人魅力非凡，當她們一走進房間，人們立刻就會注意到。」（AQ）

• 另一位女性在問卷回覆中提及，她的金射手於她有信仰般的啟發。她寫她的金射手「就是我需要一個能讓我自由地做自己、表達自己的人的原因。我需要能同時理解我的精神、情緒和身體需求的人。總而言之，我需要他對我開放且誠實。」（AQ）

〔第十章〕

金星在土象星座

當金星在土象星座時，最明顯的特徵就是耐心、對生活和感情的細緻呵護、以及與自然節奏的天生和諧。金星在土象星座的人需要時間來表達感受，可一旦給出承諾，就會很有責任感，如同大地一樣可靠。可靠的生命架構是他們安全感的基礎，對他們而言很重要。他們會控制自己和外物，透過盡可能地控制身邊的人和事來獲得安全感。他們對待感情的態度相當保守，有時並不自願，也缺乏想像力和刺激。對他們來說可靠以及分擔責任的快樂才是最豐盛的報償，因為他們認為這是營造共同生活的過程（讀者可參考第八章中相應的章節，以充分了解金星在土象星座）。

其他有關金星在土象星座的要點：

- 對金星在土象星座的人而言，物質世界才是最真實的。滿足顯而易見的實際需求和安全感是他們發展親密關係最主要的動力。關係發展之初，對方與自己有什麼可能性，他們會自動分門別類，而且他們一定會判斷對方是否值得自己投入時間和精力。

• 當你與金星土象的人建立關係，能明顯感受到這段關係與自然節奏的共鳴。這類人為你帶來密集的物質生活體驗，你會感到時間變慢了，有活在當下之感。

• 如果你和土象元素不協調，那麼得注意對方是否有利用或控制別人的傾向。這個金星位置的人會自然試圖在關係中為自己謀利，以「擁有」金錢、權力、安全感、關注，甚至名譽。土象金星的控制欲的程度，得看出生盤上其他要素，以及此人是否發展到了理想狀態。

金星金牛

當一個人的金星在穩定、腳踏實地、重視享樂的金牛座時，這個人會特別看重舒適與和諧。實際上，金星自古以來就是金牛座的「守護行星」，當金星在這個位置時，此人會非常注重和諧、舒適、享受和美感。有些金星金牛座的人品味極佳——很欣賞經典的對稱之美；也有的人有追求奢侈華麗的傾向。這種區別大部分取決於文化背景，也取決於出生盤上的其他要素。但無論如何，擁有這個金星位置的人都很在乎外表——無論穿衣打扮還是居家佈置。物質安全是他們關注和渴望的焦點，有時這個傾向過於明顯，以至於到了貪婪或小氣的地步。這些人擁有無窮的耐心、良善，擅長給予鼓舞，樂於提供支持他人身體和精神的糧食。金星金牛發展至最好狀態，令人愉悅、擅於社交，也很有藝術氣質。最糟糕的金星金牛則會成為地球（正是他們最有歸屬感的地方）上佔有慾最強、最壓抑、最頑固、最貪婪、最懶惰的一群人！如果他們感到不滿足，會非常自私、急躁，因為他們想擁有快樂或渴望的事物。

金星金牛的本質

經過三十五年的占星學研究，我把金星金牛座的核心心理特質和傾向總結為：

- 喜歡用肢體表達愛意，熱情、平穩，有佔有慾。
- 不願意表達感受或失去控制，使他們在感情交流中遭遇困難。
- 看重物質舒適和美麗的實像；特別在乎感官受覺，包括眼、耳、鼻、舌、身。

無論男女，金星金牛座都是迷人、體貼的（至少在公眾場合，或者他們心情好時）。他們往往擁有令人愉悅的嗓音，說話好聽或者唱歌動人。正如蒂芬妮・霍姆斯在《女性占星學》中寫道的：「這個星座帶來了對持續的舒適感情的需求……擁有金星金牛座的人只想跟一個人簡單過日子，然而，『這個人』可能並不想成為週五晚間隨叫隨到的那個人。」他們喜歡「愛情」，但更喜歡例行公事，而不是驚喜；他們很懶惰，不那麼有想像力或實驗精神。佔有慾為他們的情感畫上了濃墨重彩，他們會在一段不良關係中堅持很久，要花很長時間才能走出來。他們守得住金錢和財產，這保守態度也延伸到關係領域，因此他們不情願表達真實感受。換言之，他們雖然溫柔深情，多數情況下在意實際需要，卻很少情緒外露。

金星金牛的女性希望被人追求和寵愛。追求者任何急於求成的行為都會讓她們掃興。她們期待打扮得體的男士來滿足其慾望，並且為她們「買單」。畢竟，如果不能為她們提供物質享受和安全，他還能好在哪裡？這些女性非常需要肢體撫觸，這會深深影響她們的心情。對她們來說，性跟感情或者精神無關，而是極度肉慾的事，性就是她們追求的結果。通常這些人在性愛中很被動，除非星盤上強調了牡羊座或天蠍座。她們喜歡延長性愛時間，並不在意是否有很多花樣，只要能滿足身體本能即可。

金星金牛的男性很有耐心，總能與人相處融洽，即使對方很有攻擊性。生活中簡單的快樂就能讓他們放慢生活步驟，他們可能比其他男性更熱愛舒適的日常生活。他們會被質樸、實在、可靠的女性吸引，這樣的女人特別能餵養他們的需求，可以給他們關愛，值得他們依靠。他們不介意她是否聰明或有個性，但還是更看重最基本的特質。

在有關金星金牛座的著作、採訪和問卷回覆中，有些鞭辟入裡。我整理出了最有代表性的：

- 黛比・坎普頓・史密斯清晰描述了金星金牛座對於表象的癡迷：「他們在物質中看見了神——美麗的傢俱、漂亮的箱子、你的肉體……男孩喜歡女孩子穿著洋

裝，女孩希望男孩能精心打理穿著得體……他們視貪戀美好為優點。他們熱愛富裕奢侈的生活。」（《占星師筆記本裡的祕密》）

- 格蘭特．萊維對這個金星星座的描述很有創意：「你深深地理解愛，用整個生命接受愛。你無需言語，就能自信地表達愛，比起愛的長篇大論，你更欣賞愛的沉默。你深諳愛的狂喜和絕望；你用難以置信的不屈不撓態度付出，一旦擁有了愛就緊抓不放，即使面對重重障礙也絕不動搖……你的情緒會讓整個生命別具光彩；金星在這個位置會強化感官反應。」（《大眾占星手冊》）
- 一位女性受訪者在問卷調查中描繪金星金牛座的女性：「她們很豪爽，有著質樸的性感，也相當優雅美麗（美學），這令她們很有深度和質感。她們對自己的身體感到怡然，能與周遭的環境和睦共處。她們知道如何讓別人感覺舒適，習慣照顧別人。許多人都想成為某種藝術家——音樂家、畫家、舞蹈家等。」（AQ）
- 另一張問卷描述了金星和火星同在金牛座的女士：「她明顯對物質有怪癖。一旦擁有了某樣東西，就再也不能忍受與之分離。哪怕是借來的東西，或者給別人準備的生日禮物也是如此，有時她乾脆把它留下來。不能簡單地用生活環境解釋這一切，因為她出身於一個非常富裕的家庭。」（AQ）
- 金星金牛座對待親密關係可能「非常被動、內向，不願表露真實的感受，就好像他們害怕自己的感受會曝光一樣。他們假裝漠不關心，瞬間就能豎起一道高牆，把自己保護起來。非常在意安全感，但又頑固地不願表達感受。一旦與男性建立了親密關係，她們往往會至死不渝。」（AQ）

金處女

金星在愛分析、講究精確和效率的處女座，往往會發現自己身陷矛盾和複雜糾結中，這讓他們熱愛分析的天性大有用處。不幸的是，這種傾向往往會導致過度自我批判，也批判他人，使他們容易害羞、太在意別人眼光——這可不是自然、放鬆生活和愛情的良藥。雖然他們想要健康、有益、可靠的戀愛關係，但他們生活中有更熱愛的事：工作與職責。他們另一種二元矛盾在於肉慾和禁慾的糾結。他們似乎永遠弄不清楚事情在道德、審美和性上是否完美。也許他們應該認識到自己真的是土象星座，這樣才能自然而然接受本性中肉慾的一面。他們經常否定和壓抑生理需求而感到不必要的緊張。部分原因在於天性自卑，自然關注生活中的不完美，而看不到生活中的其他面向。正如茱莉亞·帕克在她優秀的著作《占星師手冊》裡寫道：「擁有這個金星位置的人傾向低估自己的吸引力，而這個星座固有的謙卑，令他們在發展感情時很害羞。」她指出，這些人若要發展一段健康的戀愛關係，那麼交流和友誼是非常重要的，他們「必須有意識地學習放鬆進入一段關係」。根據經驗，我對金處女最終極的評價是：他們需要一段兼顧精神和肉體交流的感情。

金處女的本質

在我看來金處女的核心心理特質可精確概括如下：

- 表達愛意的方式：實事求是、講究實際、謙卑、害羞、樂於助人。
- 挑剔細節和生性保守，對他們在感情的付出與接受造成干擾，也會阻礙他們在親密關係中的激情。
- 服務他人的渴望為他們帶來感情上的滿足；在精確的細節關注和分析性的精神活動中獲得快樂。

金處女的男性和女性，一旦對關係做出承諾，就會成為世界上最誠實、最有責任心、樂於提供幫助的伴侶。不過，這意味著其伴侶必須經得住非常嚴格的考驗。如果金處女接納了另一個人（包括缺點和一切），並且為了愛情放寬自己愛批判的個性，那麼他會成為舉世無雙守紀律、可靠的戀人和伴侶。如果出生盤上有許多水象元素，特別是雙魚座，他們就可以更輕鬆做到。因為雙魚座的包容和同情心能夠平衡處女座的小心翼翼和冷淡。金處女往往對外表非常挑剔，對自己的所有物相當嚴苛。但他們必須明白伴侶並非他們的財產。這些人處理親密關係謹慎細緻，因為處女座本來就是非常內向、被動的星座。他們在感知關係是否有發展潛力時比較遲鈍，而且常常懷疑自己的吸引力和價值，他們經常因為過度分析而自尋煩惱。但有時因其狹隘，他們容易高估了自己的浪漫和性經驗的寬廣度。他們經常擔心愛情狀況，困擾於自己對人的真實感受，接著過度分析造成更多問題。

女性金處女永無休止地分析她們的關係，有時還會保留戀愛經歷的紀錄或者日記。要與這類女性發展感情，必須遵守規則。她們產生浪漫興趣前，精神上必須先與對方充分溝通。她們身體敏感，儘管很少衝動的激情。她們冷靜、按部就班地尋求性愛滿足，過分在意技巧；不過，當性愛技巧來自頭腦裡的概念，而非自然產生，她們就很難放鬆忘我地享受。事實上，她們經常談論性，卻很少行動。我發現金處女有一個特點：她們經常談及自己「浪蕩」的過去，顯然有些添油加醋。她們從不談論浪蕩的現在，也許就是為了保護她們如處女般純潔的女性自我。

金處女的男性想要外表整潔、知性、守規矩，可能有點事業導向的伴侶。一位男性受訪者在問卷中回答：「金處女的男人不喜歡床上技巧高超的女性。他們喜歡看起來『乾淨』的女性。」黛比・坎普頓・史密斯指出，這些男人喜歡衣著乾淨整潔的女性，或者注重細節的女性，或是真心熱愛工作的女性。她說，另外會吸引這類男性的女性形像是「精心打扮身穿飄逸長裙準備健康飲食的女性」。（《占星師筆記本裡的祕密》）跟女性金處女相似，這些男性對愛情和親密關係沒有多少眼光。他們對愛和性的定義非常狹隘，總是找自己麻煩，結果不是大失所望就是心存愧疚。要解決這些問題，唯一的方法就是認清現實，釐清自己真正的慾望、需求和能力。

以下引文來自文章、採訪和問卷，對金處女有更詳細說明：

- 一位金星處女座的男士在採訪中的回答，對這個金星位置的兩性均適用：「當我感覺自己對他人有用，我能為對方提供實際的支持、滿足對方的需求，特別是當對方正在受苦時，戀愛的感覺便甦醒了。只有這樣，我才感覺到自己能夠撫慰他人。」（AI）
- 《選擇你的完美伴侶》的作者瑪麗．科爾曼這樣分析金處女最基本的愛情天性：「他們冷靜回應愛和感情，深思熟慮地評價這段關係。對實際問題的考慮經常與對浪漫的期待拉鋸，誰也不肯讓步，結局往往兩敗俱傷。但有些人也認為，若感情能同時滿足兩者，就值得花時間等待。」（《選擇你的完美伴侶》）
- 一位金星處女座的女性說：「哪怕我遇到世界上最有吸引力的男人，如果他話少而無法交流，我也會對他敬而遠之。」（AI）
- 許多受訪者表示，愧疚或憐憫會督促他們示愛。其他受訪者證實，自己對強烈的

肉慾感覺遲鈍。（AI）

•格蘭特・萊維進一步說明了金處女：「體驗感情於你，猶如條理分明的引導……你太重視禮節，你不能接受任何悖禮的情緒……細節對你很重要，如果你稍微粗心一點，你會把你的多愁善感誤以為是愛情本身……你良好的品味是你的情感偵測器，也會讓你擺脫不合例行公事的事……」（《大眾占星手冊》）

•「男性金處女感情實際，知道自己需要什麼，找到後緊抓不放。他們通常有點害羞，不願意輕易暴露自己的感受，而且有吹毛求疵的傾向；他們很難滿足，因為他們是完美主義者，對女人和自己，他們都要求盡善盡美。」（AQ）

•嫁給了男性金處女的女性受訪者在問卷中寫道：「金處女的男人傾向過分拘謹。他們儀式化了性愛——像宗教活動一樣。一切必須完美——這些男孩絕不會出現在後車廂亂搞的狀況。他們迴避粗野——而我覺得這是一種誠實——他們待性頗具童話色彩，認為每個人都應該有像芭比娃娃和肯尼娃娃一樣的身材。另一位金處女的男性友人很晚才失去童貞，儘管他除了『行動』之外其他都做過了。因為一直在等待『完美』的時機。多年以來，他也會讓訪客睡他的床，但絕不允許別人在他的床上做愛，因為不僅他的身體，他的床也要為那個完美的時刻保留著……諷刺的是，他並不關心如何滿足伴侶的需要——處女座關心的是秩序和完

美。」（AQ）

金摩羯

金星在特別講究實際、事實求是的摩羯座，就會非常嚴肅，對任何可能影響他們情緒、聲譽和物質安全感的東西都保持警惕。許多人都很有幽默感，但一般都是冷幽默，表達起來比較節制。據我所知，有一些金星如此位置的人甚至從不大笑。他們自制和自我封閉的本事了得。深層情緒並不外顯，他們寧願透過行動或履行職責來表達感情，而不是語言。他們能透過承諾和關愛來激勵別人，而且他們天生願意支持伴侶並幫助伴侶成功。他們以自己可靠和老派的忠誠為傲——即使他們時不時地犯規。他們彬彬有禮的舉止是一種自我保護，因為強烈的不安全感，天生就有防禦傾向。這些人的社交方式很傳統，期望能達到預期的目的。正如一位金星摩羯座女士所說：「我很在乎朋友怎麼看待我的戀情。」（AI）許多人喜歡用誇張高調的方式炫耀另一半。摩羯座是非常客觀的星座——相當疏離。金星在這個位置，意味著人際交往模式很容易預測、機械化。一位金星此位置的女士在採訪中說：「我不怎麼熱衷我自己的生活。」這話算得上是極度疏離吧！權威和控制是摩羯座的另外兩個關鍵字。在關係中他們會操控別人；他們也能在人際交往中識別出權力議題。他們會利用別人，會覺得很難與人建立起一對一的平等關係，除非事先定義好權責。這些人生來崇拜權威，因此女性（很容易）為權威的人士（教練、老闆等）傾倒。金摩羯男女的權力野心與生俱來，渴望財富、取得成就、積累影響力以及獲得尊重。無論男女，他們都對父權形象有著一定程度的癡迷。星盤上摩羯要素多的人也會有這種情況。看看女性金摩羯如何處理家務就會看得出明顯的「控制」慾望。她們能在搬家第二天，就讓房子或公寓看似已經住了好多年！

金魔羯的本質

根據我多年來的觀察經驗，我認為金摩羯的重要心理特質可以歸納為：

- 謹慎、嚴肅、負責、機械化地表達愛，能持之以恆。
- 對自我控制和保守情緒的需要讓他們顯得冷淡、不近人情，這會阻礙他們與別人建立親密關係。
- 有野心、保守以及在乎名譽；對感情忠誠，在穩定的關係中，有能力付出，也願意承擔責任。

無論男女，金摩羯天生的謹慎態度讓他們非常在乎安全感，自在談戀愛之前，他們需要對方的某些承諾（至少時間要夠久）。如果他們的行為舉止不符合自身的禮儀標準和自尊，他們就會非常沮喪。對自己的社交形象和行為舉止是否符合傳統規範相當敏感，卻很少公開表達感情。他們覺得這涉及高度隱私，意義重大，正是自己的脆弱所在，因此不能隨意說什麼。總之，不應該懷疑他們深沉、質樸的熱情，以及真摯的生理情感流露。事實上，這個星盤位置會讓人做的永遠比說的多，在感情和性方面皆如此。但他們怕丟臉或出醜，他們想要忠誠安全的關係，雙方能夠分享生活中最親密的部分。金摩羯男女都易被更成熟、社會地位更高、更有權威的人吸引。有可能會為了物質安全而結婚，至少與物質基礎不雄厚的對象往來時傾向於推遲或拒絕特定關係。保守性格還會導致他們留戀傳統形象，其「現實」的世界觀狹隘和死板，可能會讓他們與可能發展的戀情失之交臂。可能弄巧成拙，反而更不切實際，最後孤獨終老。

金摩羯的女性認真對待所有的親密關係，導致擔憂過度、負擔沉重且十分壓抑。一旦她們做出承諾，這些女士都十分誠實、誠懇和忠誠——有時她們會忍受不滿意的關係，只因她們頑固地堅持無私奉獻的原則。這些女性付出承諾的深度，與她們內心的慾望成正比。她們對感情要求非常高，有時對方會覺得受不了因而抗拒。金星在此星座的女性的性愛滿足相對保守，但不乏威權掌控的意味。在我的研究過程中發現金摩羯女性這種矛盾很常見。如果她們太被動，會缺乏安全感，導致感情脆弱不安。然而，儘管她們表達感情的方式有些機械化，但調查研究表示，她們比金星在其他星座的女性更容易從性交活動中得到徹底的滿足。她們喜歡被「征服」，對兩性能量的原型狀態體驗深刻。調查顯示，有大約百分之三十的金摩羯女性表示自己能透過最基本的性交達到高潮，這比例相當高。不過，儘管她們很熱情，但她們也能度過長久的空窗期。

男性金摩羯除了上述認真特質外，還很容易被舉止端莊、冷淡和保守的女性吸引。他們覺得年紀較長或事業成功的女性特別有吸引力，值得特別的尊重和愛慕。他們一點都不感情用事，很少流露真實的感受，甚至對自己都要保密！在愛情和性關係中，掌控是很必要的，至少看起來他們得是掌權的那一方。女方必須表現出相當的自制能力，這樣才能繼續吸引金摩羯的男性，當然，他必須藉由尊重女性和她的價值觀，才能感受到很愛她。對於金摩羯最有見地的總結如下：

• 黛比．坎普頓．史密斯如此評價金摩羯，用她最拿手的犀利方式：「對待金摩羯千萬不要在公開場合情意綿綿，私底下則可別把他們晾在一邊……對骨骼結構很著迷。他們研究你的身體，如同他們研究建築。他們會被情緒化的獨行俠吸引。此外，愈富有愈好，愈瘦愈好，再怎麼誇張都不過分……奇怪的是他們會剝削自己，因為他們自我價值低落，所以他們會試著『收買』你……無論男女都相信除非他們能『贏得』另一半的忠誠，否則對方不會是自己的好夥伴。這種大事精明、小事糊塗的人生態度，讓他們無意中錯過了不少有可能發展的戀情……金摩羯只需要兩件事：在他們患得患失、躊躇不前時，踢他們一腳，同時奉上無休止

的親吻。這些性情古怪、冷若冰霜的傢伙其實慾望強烈得難以置信。」（《占星師筆記本裡的祕密》）

- 一位金摩羯、月金牛的女性說：「我很重視物質安全……我會嫁給前夫的原因是他將繼承的土地。我受不了與他結婚。」（AQ）
- 一位三十歲的金摩羯女性表示：「為了能與環境、他人協調，我需要條理。若能把我身處的環境安排妥當，特別是在我很混亂時，我才會有一定的安全感，讓我能表達我的感受……我相當小心謹慎，不輕易向他人敞開心扉。面對陌生人我通常保持距離，話不多、不熱情，哪怕是表面功夫也不行。若跟對方熟悉了，就會主動得多，但依然謹慎，還是會有防備心。在對方承諾之前，我不會先開放表達愛意。我必須信任對方的認真，感情可能持續，才能放鬆警戒。我對他人的感覺都是慢慢培養出來的。外人看來，我的感情是內向，而非外顯。在審美方面，我容易被美麗、具有某種用途或功能的東西吸引，不重視單純的美麗裝飾。我喜歡實際但有創意的東西，我也很看重質地，我容易跟能觸摸的東西產生感情共鳴。」（AQ）

〔第十一章〕

金星在風象星座

當金星落入任何風象星座，語言交流和智慧刺激會成為促進密切關係或深厚友誼的必需品。大量的情緒和情感要透過心智思維並被理智認可，這段關係才能深入發展。換句話說，「精神交流」是此人對任何親密和浪漫關係感覺滿意的關鍵。他們可能喜歡和各種人調情，但是真正的伴侶卻需要透過長久的滿意關係獲得。風象的金星星座與其他相比是最人性化的，也最對他人的想法、經歷和觀點認真和感興趣（讀者可回顧第八章中關於金星在風象星座的部分，包括當金星在這個聰明又善社交的元素的表現，並比較看看這三個金星星座）。

其他了解金星在風象星座的關鍵如下：

- 為了在關係中感到舒適，必須先感到（至少無意識中）兩人已經「搞懂」如何融入雙方的觀念和想法世界。他們強烈需要將關係分類——只有這樣他們才會知道自己有沒有違規，金水瓶就經常如此。可能的伴侶會發現，他們因循這思路不斷地觀察和思考，然後才能將時間和精力投入關係並承諾。似乎很多金星風象星座的人都有習慣寫筆記或日記以記錄個人經歷，試圖釐清自己的感受。

- 所有金星在風象星座的人都輕快、愛玩樂，天生輕挑。他們需要自由的感覺。然而，這種輕挑並不意味著之後必然會發生情感或身體接觸。
- 雙子座和水瓶座都是極具實驗精神的星座，因此金星落入這兩個星座的人經常會在人際關係中做各種嘗試，他們大多是出於好奇，並不參雜私人利益。而金星在天秤座的人則比較謹慎、傳統。他們極為人性、認真，以美學導向，較為保守。

金雙子

當金星在多變、活潑，以及擁有無盡好奇心的雙子座，此人會有廣泛的興趣以及優秀的社交技巧。他們能說會道，無論是演說還是銷售，抑或從事出版、編輯事務，都有言語天分。我經常在他們身上發現可觀的巧妙美感，最後我決定用聰穎品味來形容他們對各類藝術和創造細節的鑒賞才能。他們可以和各種人打交道，因他們圓融、機智，又有真正的好奇心。事實上，他們需要各種友誼，以及與朋友和伴侶建立良好的知性關係。然而，他們薄情善變，極易對現有的興趣感到厭煩，許多關係很快就會成為其負擔。這是雙子座的二元性，可能也是造成問題的最大原因——一切都是相對的，因此他們無法滿足於任何關係。換言之，無論他們在新關係中如何迷人或熱烈，都缺乏感覺的

（續前頁）深度。最糟糕時他們會是雙面人，說著一件事但想著另一件事。然而也不應該嚴苛批判他們，因為他們似乎也無法控制思緒中的兩個方向，而且經常對感受和情感感到困惑。

金雙子的本質

經過與金雙子多年的往來和觀察，我將他們的心理特質整理為以下幾點：

- 用機智、輕鬆和玩樂的語言來表達喜愛之情。
- 需要不斷的新鮮刺激，這會抑制發展長久關係的可能性。
- 極其重視心智的融洽；被機智所吸引；需要立刻與人談論想法和觀點，以此感到與他人的親近。

無論男女金雙子都有廣泛的好奇心和脫離現實的傾向，以致於他們自然開放心性的態度，表現為對親密關係缺乏清晰的認知。有時他們表達喜愛和愛慾的方式如此理智，導致他們困惑於慾望、愛的需求、性別認同。他們的能量如同對關係的興趣般都斷斷續續，一開始積極主動，接著停滯休眠（除了想法）。他們能在同時間內維持一段以上的重要關係。某個訪談對象曾說過：「我確實需要和很多人交際，這是我的自由，也是我表達自我的方式，任何想與我保持長久親密關係的對象都必需接受。」令易妒型人士驚訝的是，當激烈的「愛情」伴侶關係降溫並結束後，金雙子經常還能繼續與對方保持友好。他們迫切需要基礎和結構性的事物來穩定自身的情緒波動，否則他們就會四處留情。此外，當還處於關係的探索和試驗階段，他們傾向情不自禁地分享私生活的親密細節給每個友善的陌生人和同事（之後又非常後悔），這經常刺激正在交往的對象。

女性金雙子通常不太居家，除非出生盤上有強烈的巨蟹特質。她們喜歡挑逗，尤其語言遊戲，包括電話和電子郵件。但她們通常傳達出來的性趣，比真實感受以及生理層面表達的要大得多。這些女士天性相當優雅，這通常反映在她們美麗的手中。有位金雙子的女士強調，手的接觸以及許多有趣談話對增加她的性趣很重要——手部撫觸對聰明但缺少性經驗的女性而言，帶有情慾色彩。

男性金雙子喜歡邏輯分析，也熱衷於言詞或智力遊戲，通常對自己的智慧很滿意。他們會被捉摸不定、好奇、多才多藝的女性吸引，就算會令他們不斷揣測——甚至讓他們情緒癡迷。對他們來說，女性通情達理、腦力激盪以及高超的溝通能力，遠比單純的生理吸引力重要得多。

下面的訪談和問卷說明了金雙子是如何表達的：

- 一位金雙子的女士寫道：「他們喜歡以其理性的機智和社交關係讓你印象深刻。有些人對她自己的瑣事和觀點興趣濃厚，似乎喜歡把鬥嘴當做前戲。」（AQ）
- 另一位金雙子的女士說：「日常生活中來勢兇猛的各種刺激會把我的神經搞到崩

潰！性愛可以讓我冷靜下來，幫我擺脫頭腦，與身體和情緒聯繫。」（AI）

• 另外一位女士在訪談中說：「我重視自己的理智。我很滿意自己的想法。如果有人不能欣賞我的這部分，我就無法與之建立關係。」（AI）

• 很多金雙子受訪者都說他們喜歡用大量時間談論自己的感受，不過，持續性思考會阻礙他們連結自己的情感。一些調查問卷表示，對許多金雙子女性來說，寫筆記是常見的情緒出口。透過書寫有助於她們釐清感受，因為她們是透過理智來感覺和建立關係的。（AI以及AQ）

• 一位女士認識好幾位金雙子的男性，她觀察到他們有「膚淺和自私自利的想法」，也有著「將自己的不忠貞合理化的天賦」。其他受訪者也談及了金雙子是如何「害怕任何深度的承諾」。（AQ和AI）

金天秤

當金星在自己的星座天秤座（金星被稱為天秤座的「守護星」已經超過兩千年），就會格外強調美感、一對一的關係以及個體生活中的人際和睦。表達和美的典範是他們的精神糧食。他們偏好表達甜美溫柔的性情（除非出生盤上有其他因素抑制）。分享、公平，以及為他人著想的熱望，主導著他們的心理特質和動機。他們極其友善，可能比其他星座更能設身處地為人著想。他們不是特別情緒化，但總是浪漫且多愁善感。他們喜歡「戀愛中」的狀態，而且經常過度妥協或是給予太多，即使會傷害到自己。就從事各種工作及生活中的挑戰而言，都是極為優秀的特質。但有時這種輕視自身價值的傾向，會摧毀建立持久而平等關係的強烈渴望。正直和真誠是他們的核心價值觀，大概沒有比不公正更能冒犯他們——尤其不公允地指責舉止失當或品行不端。哪怕類似的暗示，也會無法挽回長期的友誼或深厚的關係。事實上，他們對別人的排斥反應非常激烈，和其他星座相比，天秤座認為凡事都針對自己。

金天秤的本質

下面是對金天秤的心理傾向最為精準的說明：

- 表達情感的方式是真誠、體貼、極富魅力並以和為貴。
- 因內心深處對和平、安寧與和諧的需求，而避免不愉悅的感情交流，從而限制了親密的程度。
- 需要在平等互惠和合作的基礎上付出情感、發展關係；欣賞對稱和傳統的美。

金天秤無論男女都偏好和諧、尊重親密關係。他們可能冷靜——不是特別熱情（雖然星盤上其他行星可以改變這點，特別是火星），卻富有同情心。精緻優雅、體貼周到和美好就是這些人的一切。金天秤兩性都有美觀和對稱的外貌，他們以衣著和舉止體現出讓人愉悅的品味。天秤座在很多生活領域和價值觀中相當保守，大部分的占星書中都沒有強調過這點。有此位置的兩性在愛情和婚姻中都非常理想主義，甚至到了天真的地步。他們平等待人，自己給出了多少，會需要同樣的回報。男女雙方經常被低俗的性表現或其他類似的所冒犯（天秤座自古象徵伴侶和婚姻，所以穩固、合作的伴侶關係對他們來說很重要）。總之，金天秤都非常忠誠，他們有著特別個人形式的承諾。

女性金天秤總因其天生麗質受到關注，有時體現於古典的外貌或體態。這些女性相當嬌柔，卻異常冷漠——通常很聰明，但冷靜並與人保持距離——對性和愛的態度也有些傳統。她們在親密互動中相當被動，感覺到安全才會表達非常個人的感受。她們渴望日常生活中必要的安寧與和諧，極重視任何能提供這種氛圍的人。金天秤非常重視協調美，其個性帶有強烈的精神／藝術的理想主義色彩。採訪他們時經常會有如下的答案：「我的熱情只有音樂！」這類女性相當端莊——一點都不隨便——只有在真正私密的關係中，她們才會如花開綻放。她們神經緊繃（儘管她們試圖隱藏），且在親密性行為中不易放鬆，尤其受到壓力或與不熟的人。當然，她們需要放鬆享受性愛，因為比起扮演主動的角色，她們更喜歡在做愛時被動。

如果男性的星盤上有金天秤，他會在戀愛關係中追求和諧（儘管他可能喜歡生氣蓬勃的辯論或討論）。他會自然地被現在西方世界愈來愈稀有的「淑女」吸引——端莊、優雅、有教養、寬容的女性。因此在當下的時代，這類男性經常會與外來文化或非西方背景的女性結合，以此滿足自己的美感需求。金天秤的男性不喜歡衝動或是誇張的情感流露，尤其是在親密關係中。他們喜歡在真誠、可靠和信任的基礎上建立獨立的特殊關係。

下面引用了源自一些文章、訪談以及調查問卷，有助於我們勾勒出金天秤的全貌：

- 約翰．伍登（John Wooden）是史上最成功的籃球教練。受到天秤座影響，他認為籃球是奠基於人際互動的正確時機與人際化學變化的團隊運動。他在一九八九年的訪談中說：「你只需要愛與平衡。」他說的是生活，當然也是運動。愛與平衡作為天秤座的宗旨已經兩千多年了。
- 一位三十多歲的男性：「金星在天秤座的人通常有古典的身材和端正樣貌，但是他們非常虛榮。無可救藥的浪漫。對關係的理想化，讓他們與現實中的關係有段距離。」（AQ）
- 他們的眼光很高，使其美感和感官發達。不但女性對粗劣的東西反感，喜歡有風格品味的外觀，連男性也很容易受到感官／愛慾形象的影響。一位金天秤（和上升金牛，另一個金星守護星座）男性幾乎沉迷於觀看在購物廣場內衣部門的女

性。因此這些人深深地被伴侶的面容和外形所吸引，很多人喜歡開燈做愛。這會壓抑想要深刻感受的人。（ＡＩ）

• 格蘭特．萊維指出：「生活中的困境無法摧毀你愛美的虔誠，既然這種信念能證明自己，你能在生活中找到比其他人更多的真實快樂。你很容易受傷，但並不多愁善感；你不會心懷怨恨，甚至不會譴責傷害你的人。你天生有念及他人之善的本領，別人也會念你的好。你直接回應社會關係，你的情感發自內心，你既真誠又客觀——這令人群喜歡你，讓你成為受歡迎的伴侶、客戶，以及魅力十足的主人或是女主人。」（《大眾占星手冊》）

• 一位四十來歲的女性談及金天秤：「我發現他們很有同情心，能理解和包容他人。除此之外，他們也很好相處……似乎有種內在的和諧感，非常重視美感。」（ＡＱ）

金水瓶

當金星在獨立超然、具實驗性、難以捉摸的水瓶座時，會擁有各種刺激、聰明或有創意的朋友。事實上，這個族群渴望的就是能夠隨心所欲地與各種人以各種方式連結的自由。不限制這種自由的伴侶關係就能維持很久。因此他們對待愛情的態度也很開放、自由並且不拘泥於傳統。但與其熱愛自由矛盾，在關係中他們喜歡控制局面，時不時出現偏激和矛盾的傾向，彷彿自己能夠超越某種情緒障礙。可能他們連自己都無法認識到這種我行我素（甚至會桀驁不馴或反社會）的信念和行為可能會冒犯到別人，或引人討厭。這個金星星座不能容忍忌妒，此外他們能運用他們的聰明才智，熱烈交流所學或所觀察到的，這對他們生命而言很重要。他們直覺認為喜歡和欣賞一個人最好的方法，就是給予個人空間和自由。金水瓶男女雙方都喜歡向周遭誇示自己的前衛和不拘小節。有的人甚至有奇怪的品味，歌手艾爾頓・強（Elton John）就是很好的例子，他的表演造型令人瞠目結舌，有時搞怪到了歇斯底里的程度。

金水瓶的本質

以下是我對於金水瓶的心理特質和傾向最準確的說明，強烈體現在很多我認識的人身上：

- 無拘無束、不拘泥於傳統、輕浮、很幽默，又帶有實驗精神。
- 重視個人自由，有偏激和造反的傾向；超然、客觀的態度會妨礙親密關係。
- 享受理論和想法的交流；需要積極參與多人一起的社交活動，以滿足情感需要。

金水瓶兩性雙方對強烈的情緒頗不自在。對他們來說，在精神層面上進行冷靜、超然和「客觀」的思想交流會帶來更多的愉悅。而且，對方愈是不凡或是「異於」社會標準，對他們愈有吸引力。他們熱衷於展現自己對人性和行為的寬大、豁達和理解。就普通友誼而言，這樣當然很好，但是他們這種驚人的疏離和超然態度，卻為一對一親密關係造成明確的障礙。他們不僅僅很容易透過思緒被某人吸引，更會被眼神吸引。不過，他們不容易被隱約而深刻的感官觸動（除非出生盤也強調了土元素或水元素）。總之，這些人非常善於觀察愛與性——但是觀察時並不帶感情。因此，真的投身性愛或其他身體接觸時，他們往往有點尷尬——似乎困在腦袋裡。有時他們似乎能感知精神世界與身體需求間的巨大鴻溝，但仍然堅持用理智來處理。

女性金水瓶往往非常迷人、刺激，甚至某些情況有超凡號召力。她們喜歡調情、幽默，以及言語交流和玩樂。容易被風趣幽默、才華洋溢或是有獨創性的人吸引。因她們極其獨立，又非常堅持社交自由，因此令大多數男性受挫。大多數男性而言，她們個性最難搞定的是異於常人的疏離和超然，經常表現為缺乏關懷、吝嗇情感承諾。茱莉亞・帕克如此述說金水瓶的女性：「……富有魅力的金星位置。她們以自己的方式散發出巨星特質和活潑的吸引力。但也傾向與伴侶保持明顯的距離，因此不易實現深刻且有意義的感情關係……金水瓶不熱情，也不『溫暖』……然而非常友善。」（《占星師手冊》）

當男性星盤上的金星落水瓶時，他特別容易被聰明、非傳統和具實驗精神的女性吸引。她愈是聰明世故，或至少興趣和見解愈不尋常，就愈有吸引力。基於他自己的情緒與對關係的態度，大多數人讓他喪氣，除非這些人有水瓶座的特質。一位日金都在水瓶座的男性，結婚六年後，妻子要求他坐下來談談他們的問題。他回答：「我不想說這些——這是我的私事。」

以下引用摘自許多著作、訪談以及問卷回覆，頗具深意：

- 一位三十多歲的男性寫出了金水瓶男性：「喜歡不同種族背景的女性，且性幻想很不尋常——尤其著迷『與眾不同』的女性。」（AQ）
- 有三位金水瓶男性家人的五十多歲的女性表示，他們都非常叛逆，經常試圖擺脫家事或責任。他們都有一種逃離平凡的需求，對人冷漠疏離，不為他人的期望所動。其中有兄弟喜歡在例行聚會上語出驚人地評論或開玩笑搗蛋。（AI）
- 一位與金水瓶男性結婚二十年的女性，如今處於分居狀態。她寫下：「我仍然不知道他對我的感覺。他說他愛我，但是他的行為卻是對我漠不關心或跟我作對。他知道我現在與男友同居，但他從沒有問起或徵詢我們之後的計畫。不過他對我們都很友好。」（AQ）
- 許多的訪談顯示，金水瓶女性極少參與虛假的角色扮演，也確信她們的關係不見得是性愛取向——即便包含了性行為。受訪者經常提及這種完全與身體或性分離的情況。有人說：「她們是為了避免孤單才保全關係，忍受性行為。」另一位男性談及金水瓶女性：「當她開始提到她喜歡的作者時，我才能離她近一點。」（AI）

• 黛比．坎普頓．史密斯談論金水瓶時，拋出了尖酸刻薄的註釋，但嘲弄中也有些核心的真相和見解：「這些討喜的可人兒納悶自己的關係哪裡出了問題……他們那種『接受拒絕都可以』的態度開頭也許讓你好奇，但這些性感尤物的感情似乎永遠沒有溫度——除非你離開。……無論男女都希望意料之外的浪漫，像一時心血來潮。在你最不想被挑逗的時候，他們就最興奮……女性金水瓶要不全盤接受戀愛，要不一點都不要，所以絕望的男人會對她們不忠，尋找其他的感情慰藉。這些女人就可以鬆一口氣，並有『空閒』滿足自己的怪癖了。」（《占星師筆記本裡的祕密》）

〔第十二章〕

金星在水象星座

金星在任何一個水象星座，都意味著對所有人生經驗格外敏感，尤其是當與他人進行親密、深刻交流時，感受會特別強烈。對這些人來說，人生中最有意義的愉悅就是感受到與他人真正的親近，透過分享共振——有時融入彼此的情緒、心情，或感覺到理想中的浪漫。他們偏好沉靜的水乳交融更勝譁眾取寵的公開宣告。他們很敏感，有時因此對各種刺激，尤其是針對任何人的攻擊或批評會有過度反應。這三個金星星座的感情都相當脆弱；然而這種明顯的率真不應詮釋為軟弱，幾乎這些人內在有驚人的力量，讓他們依靠而經歷過一次次的情感冒險（讀者可以回顧第八章，溫習一下水象金星基本且幽微的特徵）。

其他幾個理解水象金星的關鍵字：

- 對他們而言，身體是表達、體驗和交流情感能量的管道。比起其他三種元素的金星，外貌對水象金星較不重要，只要能順利分享感受就好。
- 他們渴望深刻的情感——常常是無意識的——這是他們人際關係的主要驅力。他們對自身的需求和目的並不是很清楚，因此留下了矛盾的空間：與生俱來的隱私和保密需求，以及自然的同情和情緒投入；強烈的自私與自我保護，以及同情療癒的能力與照顧他人。

- 假如水象星座的金星屈服於消極和過度敏感，他們看似關心他人的行為就會演變為保護自己以及避免傷害的方式。這種狀況下，他們會隱藏在非理性並充滿恐怖想像的內心深處，體察及療癒他人的天賦將難以施展，甚至完全停滯。

金巨蟹

巨蟹座是月亮守護的星座，金星在此位置的人會體驗較為激烈的情緒波動。這可以是一項天賦，對他人親切友善和窩心；或長期屈服於恐懼和自我中心的不安全感中，煩惱不已。他們可以很忠誠、真切同情、敏於回應他人需求；也可以很膽怯、富佔有慾、警戒且有些偏執。他們可以像孩童般天真迷人，或者幼稚自私。有些人出於害怕受傷害將自己罩上保護殼，這嚴重阻礙天生的敏感以及親和力。巨蟹是最居家的金星位置。擁有安全的家庭堡壘，或至少與故鄉家庭保持聯絡，是他們幸福的根本。他們需要以感情做為基礎，串聯起傳統家庭或僅僅是熟悉的地方或一群人。他們通常喜愛居家活動而且很樂意做家事——烹飪、園藝、掃除，邊放音樂邊輕鬆社交。他們對周遭氛圍以及他人情緒極為敏感；也許因為本身脆弱、易受傷，他們會撫慰別人的感受。自然回應他人感受令他們極其討喜，這種整合對方需求和心情的能力也使他們善於教學、銷售以及商業交易。他們小心注意細節（確保事情不會出錯能夠增強他們的安全感），天生節儉並厭惡浪費，僅次於天蠍座，有益於與生俱來的商業天賦。擁有這個位置的人展現純樸的態度和個人品味。他們生活中需要藝術性的滿足，雖然通常較為傳統、鄉村或不那麼現代的風格。他們對音樂特別敏銳。

金巨蟹的本質

經過數十年心理占星學的工作，我整理出金巨蟹的主要心理特質：

- 用纖細敏感、安慰、保護，和執著的方式表達情意。
- 情緒化、羞怯、吝嗇和過度自我保護感受，會阻礙親密感的需求。
- 舒適感源自於滋養他人以及被滋養的需求，需要感到自己是家庭的一部分。樂於接納，善於回應他人的心情和歡樂。

當金星在此月亮掌管的星座時，無論男女對愛情都是老派的，對任何自己愛慕的對象會極力保護。他們對愛情和婚姻的想像相當傳統，通常繞著家族打轉，或從事令人感到溫暖、親密和安全的活動。比起激情來，他們有更多的同情心——尤其女性。他們表達關愛時帶有保護色彩，就像母親一樣，性生活也是感情分享大於身體表達。因為害怕嘲諷或被拒絕，他們需要時間來培養勇氣以承擔任何情緒風險。擁抱或是觸摸都令他們放鬆，繼而感到安全的接納，有助於穩固剛起步的關係。金巨蟹無論男女對待特定關係傾向朦朧、躊躇不定。伴侶因而困惑、逃避甚至不忠。有時會演變出複雜的三角關係。通常模棱兩可和矛盾會傷害他們許給伴侶的忠誠和承諾。

女性金巨蟹常常是女性原型的典範，典型的居家本能：烹飪、養育、家政、縫紉以及其他創造性活動。她們非常黏人，喜歡伴侶待在家裡，不喜歡獨自一人。她們順服、適應伴侶的需求和渴望，只要沒感到背叛、忽視或拋棄，她們仍會接受並體恤對方。如果伴侶內在或理智發展超過了她們，通常會有問題。她們喜歡佔有心愛的人，也喜歡被佔有。她們要先有十足的安全感才能享受性，性也會讓她們給對方的承諾更加堅定。

男性金巨蟹通常深受女性歡迎，因為他們很稀有，滿足於單純自在的體貼情感和家事技能。他們與生俱來的情感接受能力，關心他人感受的特質，在女性看來很獨特，以至於立刻就被迷住了。然而作為長久伴侶，這類男性可能就不那麼討人喜歡了。因為他內心投射的伴侶是女性形象的原型，是傳統的媽媽型家庭主婦，他最終要靠她滿足情感和安全需求。因此該女性是否能得到滿足，很多必須取決於自身的品味和伴侶的需求。

下面引用了一些文章和調查問卷，說明金巨蟹的特徵，深具洞見：

• 「男性金巨蟹座通常很居家，享受在家裡家外忙活，甚至把家改造得更美好。很多人都有『綠手指』，擅長打理植物和園藝。」（AQ）

• 如黛比．坎普頓．史密斯指出，金巨蟹的人會「使出各種情意綿綿的老伎倆，做出悲慘兮兮的樣子，要求他人關心和『餵食』。女性希望你看上去像個銀行家，或是穿著法蘭絨襯衫蓄著鬍鬚的北方樵夫……用她們家鄉的食物誘惑她們，不能吃外國菜……他們很多情緒，喜歡嘗試，今天還在扮演小寶寶，隔天就要演起家長來」。（《占星師筆記本裡的祕密》）

• 一位認識五位金巨蟹男性的受訪者，回覆的問卷說：「他們廚藝都很好，而且都是真的愛家。所有人都有滿意的長期關係。」（AQ）

• 另一位女性注意到：「金巨蟹的男性驚人地不老實，甚至有距離。或許是出於自我保護的天性。我被他們的表現出來的出奇客觀所震驚……我發現他們通常奉行關懷原則。他們會照顧你的需求、聆聽你的傾訴等等，但他們似乎是出於保護或照顧他人的需求，而非出於對你的關切。我在很多例子中注意到，此位置的人會依賴母親（或『母親形象』），或有非常依賴他們的母親，她保護慾極強而且專橫。另外還有些金巨蟹有明顯的同情心，他們真的會因為某人的友善而泣，或是聽到某個陌生人的故事而傷心落淚。」（AQ）

金天蠍

當金星在尖銳、熱情、強迫性的天蠍座，會讓這個人永遠不會半途而廢。事實上，徹底是他們心理與情緒特質的重點，不僅僅是在親密關係中，更顯現在生活的各領域——理財、專業之類。他們的體驗必須完全，他們很快就會直覺到任何故事缺失了一塊拼圖，或謎題少了一段內容；他們似乎總是知道某件事「不太對勁」。他們的無意識能搞定一切，分析完整的畫面。當個體學著信任直覺，就會愈來愈好。天蠍座是黃道星座中「直覺」最準的星座（雖然他們需要小心別偏執），這也是他們能成為優秀偵探、研究員、投資人或是心理學家的原因。

金天蠍的情感偏激；反應可以很暴力，感覺極為深刻。然而，金天蠍以為他們並沒有流露出強烈感受。這在旁人看來很搞笑，他們的情緒強烈明顯，因憤怒或嫉妒而面紅耳赤。他們堅定不移地信守承諾和相信情感忠誠的盟友，但若有人背叛他們或得罪其正義感或榮譽感，他們也可以殘酷無情地對待這些敵人。他們會報復侵害他們的人，藉此彌補他們所受的傷害以及冤屈。他們對大多數社交活動都沒興趣甚至無法忍受，認為膚淺、浪費時間；此外，他們對社會環境過於敏銳，因此多數時間偏好獨處。其實，他們不相信生活中任何的表象：慣例行為和姿態、權力結構現狀、流行或趨勢形象，或大多數人。我認為極度謹慎的生活，是基於不信任外力，才使得這個星座如此保守（這個詞不常用來形容天蠍座）。從某些層面上，他們對多數非自己發起的改變暗號，都很警覺及明顯討厭。但是當他們承諾要改變，就會以驚人的能量和保證，改變甚至革新生活的各個方面。如果能應付他們的深刻和強度，會發現與金天蠍建立關係，會讓生命更加豐富，並看穿許多祕密。

金天蠍的本質

儘管有時他們深不可測，我還是精確整理出金天蠍的核心心理特質：

- 強烈、熱情、癡迷似地表達愛意，極端且熾熱。
- 偏好保密以及對他人的不信任，導致妨礙社交與愛的需求。
- 需要強烈情感力量貫穿深入關係當中；與他人的施受互動能產生療癒和轉化的能量。

金天蠍的男女都渴望在性與愛中獲得療癒和轉化，但是他們的情感遊走於偏執和嫉妒的極端，因此喪失了療癒的可能性。他們熱愛性與愛的激烈情感，被生命強大的極端能量淹沒。然而有時也對性強烈排斥，因為他們喜歡控制，所以厭惡支配他們的任何事物。無論如何，金天蠍總是被性深深吸引——它的美、力量以及神祕。這是為什麼這個位置的人（和火天蠍一樣）經常表現出某種亂性的傾向，不管他們是否真的這樣。通常，他們會在生命中某個階段嘗試各種實驗，然後再熱情地實踐自律——有時伴隨著激烈能量的是新的興趣嗜好：心靈成長、冥想或瑜伽、新的商機或事業等。也許金天蠍最大的特質就是熱情，但不應單純視為強烈的性而已。金天蠍發展至極，會承諾熱切地實行某種價值觀，全然奉獻，激勵鼓舞他們的愛人。最糟的情況，基於生存天性的自我防衛，阻礙其敞開他人分享——可能養成了操控的習慣，終致孤獨。金天蠍無論任何情況總深藏不露，他們不喜歡伴侶喋喋不休和別人談論私生活。比起其他金星星座，金天蠍更不能容忍愚蠢、膚淺的輕佻以及感情遊戲，這是對他們深刻情感的侮辱。有些金天蠍將性看做學習和向更深層次轉化的機會。

女性金天蠍常常有種魅力，就算男人在房間的另一端都感受得到。她們很享受這點。她們有種天生的傲氣。但僅有吸引力是不夠的，想要被渴望。她們也想付諸行動，而不只是交談或擺姿態。激烈地分享熱烈的感覺是一種非語言的交流，能滋養她們。一位男性在問卷中形容這個星座位置的女性：「她們對性和愛瘋狂。依戀性，也可以與某人永遠相愛。」（AQ）通常她們在性行為中都相當敢嘗試和不拘束，除非星盤上有相當保守的要素（如處女座）。

男性金天蠍神祕而性感，擁有一種靜默的力量。他們想要伴侶的全然承諾，且時不時表現出這點。我訪問過的兩位女性將與金天蠍男性相戀形容成完全、堅定的付出：「他要求我的全神關注，還要用很多實際行動表達愛——他不想與別人分享我。」「他了解我到我一旦外遇，他馬上能察覺。」這類男性特別容易被散發強大、有深度、活力和充滿情慾能量的女性吸引——愈幽微愈好（這種能量並非火象元素外向的魅力）。

引文摘自某些文章、採訪和問卷回覆，顯示出一部分金天蠍的特質：

• 茱莉亞．帕克在其具觀察力的著作《占星師手冊》中對金天蠍做了深入的分析：「他們需要充分表達深刻而強烈的感受和善解人意的伴侶。會為伴侶關係付出極大的努力，以便滿足雙方。但有時力道過猛，伴侶會感到類似幽閉並需要更自由、不那麼黏膩的生活方式。」（《占星師手冊》）

• 一位金天蠍的女士說：「我討厭評斷他人的性慾以及性行為的人。他們不知道性對某些人來說有多重要，或者在他們生活中有什麼作用。自從我十三歲起就一直與這種譴責抗爭。」（AI）

• 瑪麗．科爾曼簡單勾勒出了金天蠍的形象，且暗示金天蠍所帶來的消耗：「他們回應愛與感情是恣意決絕並直接朝著絕對征服而去。愛情如同戰爭，沒有猶豫、妥協，也絕不輕率。但後來，有些人會發現，他們不僅僅是失去了伴侶的心，連自己也失去了。」（《選擇你的完美伴侶》）

- 一位五十三歲的女性貢獻了很有啟發性的問卷回覆：「我認識四位金天蠍男性，年齡分別為三十二歲、四十歲、五十一歲和五十九歲。他們都是日天秤，因此比其他男性金天蠍富更藝術性。其中三位是專業音樂家，另一位是作家。他們都極富吸引力和魅力，具有很敏銳的美感——會被骯髒和醜陋擊垮。他們享受自己的神祕感，並一直注意迷人的女性。如果漂亮女孩留意到他們，這些人會花枝招展並裝『酷』，每個人都看得出來。他們一旦提及舊愛，眼神總閃耀著深邃的光彩。」（AQ）
- 另一位女性貢獻這樣的問卷回覆：「金天蠍耍神祕、情緒化以及喜怒無常。女性很有力具侵略性，有的人佔有慾很強。當他們一旦沮喪，有種慾望主宰的暗流就會失控。然而當他們心滿意足，就會很專注地提供他人情感上的支持並非常護短。」（AQ）

金雙魚

當金星在夢幻、浪漫和理想主義的雙魚座時，往往需要很多精力和時間，才能弄清楚自己想要怎樣的愛情和關係。有些金雙魚會發現，由於沒有凡人能接受其情感能量，因此他們必需將之投注於某些信仰或精神練習，或者獻身於治療或專業服務，這樣他們就能把愛帶給更多人。他們往往有天生的治療、撫慰的天賦，能幫助他人驅散恐懼、憂慮和緊張。他們也能透過藝術來表現這股能量。他們的生活渲染著浪漫的理想主義憧憬，他們天生沒有看人的眼光，但可藉由經驗來發展，尤其是出生盤中有某些實際的特質時。年輕時，他們對每個人和事經常懷有幾近無情的傷感，覺得：「我愛大家，為什麼非要選呢？」因此他們很難對任何真正需要負責的關係做出承諾。此外，雙魚座的二元性（符號自古象徵兩條往相反方向游的魚），使得事情更複雜了：精神戀愛相對於個人的世俗之愛；對理想的渴望，相對於簡單逃避擺脫困境，直至玉石俱焚。儘管金雙魚在自我和無我之間搖擺，但他們通常對所有受苦的眾生，無論人還是動物，都懷有惻隱之心。他們與生俱來的同情心和同理心會幫助他們走出自憐，卻是折磨他們的最大泥沼。透過服務他人或崇高的理想，他們就能超越自己的無價值感，並確認內在情感和精神本質的價值。

金雙魚的本質

在我四十多年的占星生涯中認識很多金雙魚，但我依然很難總結出他們的重點心理特質，不過下列描述應該還是很可靠：

- 敏銳、友善、慈悲，有同情心；無私奉獻並遷就他人的情感需求。

- 逃避現實、迴避和困惑會侵蝕他們付出和接受感情的能力；缺乏眼光會妨害穩固的關係。
- 需要神奇而浪漫的融合；將所愛之人以及愛情本身理想化。慾望模糊不清，令他們更脆弱。

金雙魚需要把情感投注於某些關係和（或）示愛的方式上，但在情緒上卻很模糊。這種人的一對一關係容易變成生命裡永無止盡且永遠費解的場域。他們很容易因同情而搖擺不定，自欺欺人地投入不切實際的關係，這對他們幾乎沒有好處，甚至可能自我毀滅。他們生性夢幻浪漫，願意付出一切情感，也自然傾向於不願看到伴侶的缺點、脆弱或墮落。接著他們才認識到伴侶關係大多建立於負面的動機：憐憫、恐懼或是義務，有時甚至是自己的絕望。如果沒有感到一點過意不去，他們甚至難以與對方墜入愛河。獨立、強大的人待他們冷淡。

金雙魚的女性容易接納他人，並被他人的意志和慾望支配。她們的性慾不強（除非星盤上有其他要素強調），因為肉體交流是浪漫和情緒感受的管道。事實上她們的生理感官很不敏銳，導致她們喜歡使用致幻物質幫助她們進入身體和感官。她們需要將關係建立在分享正面理念基礎上——無論是精神、藝術還是人道主義。然後，她們才能欣賞自己的博愛和複雜的情感表達。在最佳情況，她們透過慷慨支持給予他人勇氣。

金雙魚的男性天生會被非常敏感和情緒化、有同情心和虔誠的人吸引。那種難以界定、有點「神祕」的人會引起他們的興趣。通常他們對藝術家類型的人有興趣——特別是能以纖細敏感天賦表達對生命的理想的詩人或音樂家。

以下引文、訪談以及問卷回覆，進一步闡明了金雙魚難以捉摸的性格特質：

- 一位女性如此說明男性金雙魚：「重感官、強烈享樂取向。有墮落傾向。想要獻身於性伴侶，但非常博愛。」（AQ）
- 黛比．坎普頓．史密斯形容金雙魚對待戀人的態度：「金雙魚會原諒你一千萬次，他們會愛你生生世世。但是當他們再無理由為你的惡行開脫時，就會轉身離去——或看著你任由生命背棄。」（《占星師筆記本裡的祕密》）
- 格蘭特．萊維進一步補充道：「你不怎麼會判斷人；因為你感興趣的是自己對他們產生的情緒，其次才是對方本身。在你搞清楚對方的回應之前，你可能已經付出了大量的感情和注意力，經常造成所愛非人的結果……為了公平起見，你必須學會看人的眼光，因為你對世界的付出太多了。」（《大眾占星手冊》）
- 一位三十七歲的金雙魚的女性表示：「我亂搞了好幾年。我這樣做是因為能快速跟平常不顯露深度情感的人融合。這是我的療癒方式。」（AI）
- 茉莉亞．帕克強調，他們需要意識到自己付出的價值。她說明：「這個位置的人

〔第十三章〕

火星在火象星座

當火星在火象星座，他通常能強而有力地表達自我，並把自我投射到外在世界，非常有影響力。他們本能地散發出自信滿滿的熱情與活躍的主動精神。他們有天生的領袖特質，能鼓舞他人，擁有源源不絕的創意和願景。不過他們也可能因天生的優越感而讓人惱怒。火星火象兩性雙方通常傾向使喚身邊的人，並冷漠、機械性地看待伴侶的性感受。因此，親密關係不是他們擅長的領域（可他們卻認為自己很擅長！），部分原因在於他們滿腦子是自己詳盡的計畫和樂趣，不許他人「染指」，也極少有耐心聆聽伴侶在說什麼。他們常常把親密關係當作自己精彩人生大戲的一個片刻，儘管他們可能否認這點。他們以此自豪，而好感對象要不乖乖配合，要不直接除名。火象的火星直接展現他們的慾望和目標（包括性慾），他人通常可以知道他們對大多事情的立場。他們視性經驗為個人力量簡單而直接的證明，應該直截了當（一、二，然後三）；因此儘管他們常用狂歡或運動的態度對待性，他們有時原始以及不懂愛慾交流中的微妙和敏感之處（讀者應該也回顧一下我在第八章講的火星在火象星座的部分，以便進一步了解火星在這個元素的內容）。

其他理解火象火星的關鍵如下：

- 當侵略好鬥的火星在火元素時，整個世界都是他們的戰場。然而分享深刻情感的親密世界中，他們的力量和遲鈍卻是最大的問題。他們急不可耐地展示其「大男人」雄風，希望直奔主題並確認自己的形象，而不會將性視為伴侶間給予和獲得的交流。更認真看待性的人（例如火星和金星在土象和水象星座的人），會覺得火象火星的輕浮與頭相當令人不安和不滿。
- 相當驕傲和注重格調。他們要求被人尊重。當被侮辱或冒犯時，他們會立即高聲並不屑地羞辱對方，出人意表的激烈。他們投射出來的道德標準遠超出自身行為表現。
- 火星的激烈能量展現可以是令人沉醉、蓬勃生氣的高亢精神和自我奉獻——前提是一切都發展得很順利。對他們來說，如何處理衝突、失望以及不能即時滿足的急躁，才是真正的考驗。如何應對這些考驗，決定了他們能否在兩性關係甚至整個人生中獲得成功。

火牡羊

火星在自己星座——牡羊座的人，幾乎坐立不安，總是渴望立刻行動並有立竿見影的成果。在親密關係裡，這可不是最好的方法！大多有這個星座的人都有某種程度的自以為是，他們行事直接生硬，可能會惹惱他人，但也可能有令人耳目一新的魅力。事實上，他們很容易被激怒，火氣很快就會上來，面露不悅。但通常對事不對人，發脾氣只是為了排除障礙，並不會持續很久。他們總是好勝，不管他們是否承認。他們喜歡運動，並經常積極參與。不過在生活各層面，他們若不是最好的就要當第一個。他們喜愛開拓各種新領域，無法忍受缺少刺激的生活，需要持續接受新事物挑戰。較浮躁但天生自信，很少因自我懷疑而停滯不前；無論遇到何種挑戰，他們都可以能量充沛地達成自己的願望。就算是失敗，他們也能迅速恢復，然後重新開始。或許，牡羊座容易被人忽視的天賦是憑直覺快速掌握狀況或困難的重點，占星書中很少提及這點，這也適用於其他牡羊座行星。他們通常是自由業者，或至少必須獨立完成大部分的工作，因此他們必須能快速解決問題；他們知道許多狀況如何應對，沒耐心花時間和毫無頭緒的人周旋。一馬當先、橫衝直撞的魅力不能讓他們混一輩子，但是他們的無畏和專注在目標上的熱情以及坦誠溝通，仍會贏得他人尊重。他們討厭墨守成規，唯一害怕的是無聊。

火牡羊的本質

多年來我整理出來的火牡羊心理特質重點如下：

- 宣稱自己富競爭性、直接、不耐煩，有時魯莽。
- 憑直覺抓重點；焦躁不安、直接行動；常常有創業精神以及機械天賦。
- 衝動、有力、自信地表達性和身體的能量。

火牡羊無論男女都能夠直接、專注整合身體能量，他們沒有火星在其他星座時那麼複雜。火星在這有種直覺、衝動的能量。牡羊座往往只看得見眼前的事物，當所愛之人或性趣對象離開了視線，慾望的強度也隨之消散。他們的好感對象得到的最大好處就是所見即為所得。火牡羊明顯的率直，甚至都不用隱藏或篡改自己的動機。由於牡羊座對新鮮成癮，很多書形容他們對性或戀情貪得無厭。我們可以說他們的確需要刺激，無聊和例行公事會要他們的命。能否改善這情形，大多取決他們的能量能否能分散到其他挑戰領域。如果他們豐饒的生理能量沒有積極的宣洩，可能就會過度挑釁、永不滿足，甚至在關係或性行為中很難搞。他們非常需要運動、身體活動嗜好、戶外運動或是其他具有挑戰的冒險，這幫助他們放鬆和驅散知名的牡羊座式不耐煩。火牡羊性格特質中的重要特徵就是，他們傾向頑固堅持自己的意願和想法是正確的，而不管其他人說什麼。這點也適用於金牡羊和日牡羊。直接影響到他們所有的關係，不只是親密關係而已！還需要我說更多嗎？

女性火牡羊在許多方面很主動，包括關係和性。她們討厭被忽視，也堅持要別人認同自己豐富的才藝以及令人生畏的性格。火牡羊的女性不但有牡羊座的侵略特質，更會吸引這種男性。她的火星形象，會被獨立、直率、自我激勵和勇於冒險的人啟動。這些女性急於行動，很容易生氣。她們在性方面驕傲並要求過分的尊重，沒辦法扮演淑女；她們並不是被動，而是要採取主動並負責。在運動、艱苦的戶外活動以及充滿競爭的商場和職場上，她們常是「男孩中的一份子」。她們有種洋溢著「雄性」的性慾，經常想要展現於肢體，但不會因情感因素而延長性的接觸。她們將性視為身體運動以及釋放壓力的娛樂，而不是情感的交融或分享。這個火星位置的女性普遍對男性沒有耐心，並希望男性像機械一樣有效率，而不需要太多情感支持或親暱鼓勵。

男性火牡羊與具侵略性的男性原型相符，在關係中表現如同原始人！不過認真來說，只要還在追求階段，就能為了愛情衝鋒陷陣；不過，接下來他們不是感到無聊，就是已將焦點轉移到新的目標，而此時女性還期待著迎合他們呢。他們在任何領域都急不可耐，因此關係中他們寧願盡快把浪漫和求愛的條件解決掉。他們直截了當，因此確定自己「贏得」芳心前，會一頭悶在關係中。而之後，他們經常散發出這般訊息：「別想改變我。我很真實，儘管可能有些老派和粗俗。現在，我要回去工作了。」我從一些訪談、調查問卷中發現，他們在關係和性行為中的能量波動極大，這由新事物給他們的刺激程度而定。

以下摘自各種訪談、文章以及問卷回覆，對火牡羊的天性有詳盡的觀察：

- 一位女性的問卷回覆提及火牡羊的偏極，有時也見於日牡羊或上升牡羊：「火牡羊的女性通常都很強壯，都是以自我為中心；非常積極也有主見。她們知道自己想要什麼並向它邁進，看待問題非黑即白。對任何事情都不會半途而廢。堅持以自己的方式做事時，有時幾乎蠻不講理。」（AQ）
- 一位五十三歲女性訪談中進一步描述了火牡羊的女性：「在追求慾望的道路上，她們會因為想要拿第一或是得到自己想要的東西而無意識地踐踏他人，儘管可能並非出於惡意。她們習慣當老大。」（AI）
- 一位火牡羊女性在訪談中表現出火牡羊特有的快速和不耐煩：「我曾苦於女性類似早洩的問題。我的性慾是那麼純粹、直接、快速，一下子就結束了。」（AI）
- 傳統上對牡羊座的意涵是各種獨立和冒險的主題（在商業、賭博以及私事），火牡羊更是如此，就像這則回覆所說：「女性似乎有能力照顧自己，非常獨立。許多情況下，她們似乎硬發展出幾乎不依賴伴侶的生活方式。她們經常長期與配偶分居。男性火牡羊投機且有種膽大妄為的態度。」（AQ）。

- 格蘭特．萊維補充了原始的觀察：「當你沒有受到長輩、上級或任何形式的權威約束或限制時，你感覺最好，表現也最好。任何侵犯你個人權利的事情都會令你勃然大怒……如果羞怯的人星盤中有火牡羊，也會有好鬥的天性。」（《大眾占星手冊》）

火獅子

當火星在外向、感情外露的獅子座時，會為他或她在各種關係中的慷慨和忠誠而自豪。他們以慷慨的感情和支持，贏得他人終身的忠誠。不過，另一種可能是他們的能量表現傾向誇張到認為自己是宇宙中心，並「主宰」他人——他們過分要求他人的關注，待人接物態度過於強勢。他們喜愛「充分享受生命」，愉快地參加團體活動、社交慶典以及任何各種需要充沛體力的身體活動。他們通常很有個性、友善，擁有引人矚目的天資，深諳講故事和說笑話的訣竅，有娛樂以及鼓勵他人的才能。大多有這個位置的人都有令人印象深刻的領導能力，最不濟也有能力用熱情和積極的願景來激勵他人或帶領公司。他們擅長行銷，有獨特的本事能將計畫和安排落實。即使挑戰來臨，他們也有驚人的果斷和自信。他們傾向真誠和直接，也期待他人真誠以待。他們喜歡掌控，就算艱苦處境中，也保持令人印象深刻的尊嚴，除非他們的自尊被嚴重打擊到發怒，導致驚人的忿恨怒火。任何恥辱的經歷都非常容易激怒他們。

火獅子的本質

我整理出火獅子的核心心理特質方式，以代表他們的整體傾向：

- 表達自我的方式：引人矚目、熱情、富於表情、自信，有時很傲慢；活力充沛，有創意天分。
- 他們需要充滿活力並有創意地宣揚自己，卻容易被他人視為跋扈或是剛愎自用。
- 他人的關懷和慷慨會鼓舞他們身體和性的能量；性、身體或創意需要得到恭維和欣賞。

由於火獅子男女非常在意自我形象和風格，因此他們傾向戲劇性的浪漫姿態，對於隱祕、刺激以及帶有儀式感的伴侶和夥伴特別癡迷。火獅子喜歡當老大，或在任何境遇中展現自己的權威，在關係的探索與嘗試中，他們本能地扮演相同角色。當極度缺乏安全感，他們會變得喧鬧、愛出風頭並常令人厭煩。性之於他們也有著戲劇性且富有儀式性的吸引力，雖不乏熱情和也不吝給予伴侶讚美，但這個火星星座對待性事較為客觀。這是怎麼回事？我認為是因為他們感到透過性，才能參與充滿創造力的宇宙生命能量之舞。雖然這種經驗可以提昇自我，但他們感知到這種創造力的能量本身超越了個人層面。火獅子不論男女，都有相當強烈的性驅力。

女性火獅子總是以她們的男人為榮。她們喜歡與他的榮耀齊輝，傾向在公開場合用恭維和讚美來塑造他的形象。她們也在意他的穿著以及他給旁人的印象。這些女性容易被感情外露、熱情、大器的人所吸引。她們要求忠誠，無法忍受任何羞辱。這些女士喜歡盛裝出行，在眾人目光下熱情洋溢地與親朋好友交流。火獅子的女性非常需要表達對伴侶的賞識。對伴侶也有諸多要求，表現出沒有其他女性可以像她一樣提升他的自信和自尊，以此來支配伴侶。只有當伴侶因為小家子氣、消極或遭遇巨大失敗，從神壇上摔下來，她的忠誠才會面臨考驗。

火獅子的男性天生想要被關注以及給人深刻印象。他們絕對不會安靜、低調地進入房間或小組會議，而是傾向於高調。與伴侶相處時也是這樣的風格；他們喜歡向她炫耀甚至誇大生活的精彩之處。他們顯然魅力十足。他們可以是溫暖、愛玩、浪漫的人，屬於極少數喜歡參加派對、聚餐的男性。他們喜歡社交活動，喜歡在公開場合被人注意。男性火獅子在意自己的外貌，比大多男性更著迷服飾，還花許多精力來保持身材。因為喜歡居於「支配地位」，他們天生認為那種有些被動、又無限崇拜他們的女性最為理想。極端的狀況下，他們會變成男性沙文主義者。不過在一般情況下，他們傾向樹立自己深情款款的形象。

以下內容節選自訪談、調查問卷和文章，包含著對火獅子特別有洞察力的觀察：

• 茱莉亞．帕克的評論對上述觀點有詳盡的說明：「當火星在這個星座，獅子座的賣弄傾向會充分展現。他花費大量精力和熱情來讓別人注意到自己的存在；也有開心支使他人做事的訣竅。他是團隊領袖……有時他們也有些華而不實與固執己見。」（《占星師手冊》）

• 有人投稿並適當地指出了他們將生活一切戲劇化的傾向：「他們總會把所做的事誇張一點點，甚至連最普遍的行為也會帶上個人色彩……他們是生命舞臺的演員。」（AQ）

• 瑪麗．科爾曼對火獅子的描述簡單明瞭：「身體能量與熱誠同樣豐富、活力十足，對生活充滿了活躍的慾望。在性方面『全心全意』，時常充滿大無畏精神……能量不那麼充足的人會備受煎熬。」（《選擇你的完美伴侶》）

• 一位與三位男性火獅子有過親密關係的四十歲女性評論：「溫暖且性感，但有時相當蠻橫。似乎他們知道什麼對你才是最好的；有時會強迫人照他們的想法做事。很容易被奉承或真誠的讚美打動。如果有人密切注意他們，就會吸引他們，但我也見過沒有神經質需求到渴望被關注的男性火獅子。」（AQ）

•一位女性在問卷回覆中評論，某些男性火獅子精於抓住人生機會。她表示：「他們極擅長應對緊急狀況，他們知道該怎麼做。他們也是真正的冒險家。」（AQ）

火射手

當火星在理想主義、以未來為方向的射手座時，安於日常細節、處理親密關係的必需事宜，就遠不如長遠目標與宏大願景來得重要。他們對冒險、探索，以及心靈精神和身體獨立有著躁動的需求。最糟糕的情況下，他們可以粗俗無禮、喧鬧而嘲諷地表達觀點，並不在意他人對粗魯強硬論調的反應。他們根深柢固地渴望著某種理想，不論自己是否意識到。相較於沒有遠大目標的普通人而言，他們將自己投射為高尚和更有理想的人。雖然他們在公開場合很幽默、溫厚以及豁達，但事實上他們相當自傲，有著火象星座的通病：自視高人一等。最好的狀況下，他們熱情、積極思考，能鼓舞他人。他們通常熱愛戶外活動，鍾情於動物。這提醒我他們天性中的獨特面向：正如人馬（古代射手座符號）是半人半馬，射手座的心理和情感本質亦反映出類似二元性。他們有著興致高昂的動物性，喜愛行動和天生的自由，但是人性的靈魂卻渴望道德或倫理上的理想。他們天生的寬容大度與渴望道德標準相衝突，他們的外在行為會反映內在的糾葛。有時別人覺得他們虛偽。例如，他們喜歡宣揚「真相」，全然不顧是否傷害或冒犯到他人，但卻無法接受他人論及自己的不完美，會反擊得兇狠憤怒。換句話說，若別人不能達到他們的標準，他們會直言不諱地糾正，但卻看不到自己的錯誤和缺點（其他人看來再明顯不過）。慎重小心並非這個位置的人的優點（也不是射手座的一般優點），除了雙子座，他們比其他星座更不擅長保密，反而經常廣而宣傳。有時他們還會誇大事情的重要性。

火射手的本質

鑒於他們傾向不斷變化、拓展視野，或喜愛在生活中做進一步的改善計畫，我整理火射手的核心心理特質時也就變得極具挑戰性：

- 以誠實、理想、精力充沛、衝動、缺少分寸的方式確立自我。
- 下決心以及採取猛烈行動的驅力，源於他們對理想或願景的渴望，並由個人的信仰、道德準則和靈感來引導。
- 冒險活動會刺激身體和性的興奮；對自我進步和探索不安的需求有強烈衝動。

火星在射手座的男女一般對於性、激情以及自己的看法，都較為率真直接。他們對性的態度開明、熱情，也希望伴侶能同樣的直接。然而，因為他們對性的理解多源於理智哲學，而非因為他們了解個體性慾有多複雜，因此是對他人的性需求和相關情緒最為遲鈍的火星星座。他們會無意中忽略他人的感受，而他們不經意、隨意、隨性的評論，會令他人感到相當痛苦。因為他們天生相信言論應該完全自由，通常也相當缺乏溫和與謙恭，導致與比較傳統或對審美敏感的人漸行漸遠。

女性火射手特別喜愛旅行，奉行運動或持續健行，她們能成為眾多熱中身體活動的男性的好夥伴。她們喜歡直達目標的性，若無法達標她們會感到不解甚至火大。她們並非特別多愁善感，只想要讓事情完成，然後繼續下一個。火射手的女性會被教她做事、參與她成長或幫助她改善自我的人吸引。她傾向要求伴侶要有高尚的理想和道德標準，若他暴露出缺點，不再符合她誠實的道德標準時，她對他的尊重就會消失。她們喜歡那些健美、開朗和樂觀，並對未來有明確計畫的人。

男性火射手會嘗試用笑話、善意、誠實以及理想主義打動慾望的對象。帶給伴侶美好時光對他們來說很重要，他們在乎好感對象是否玩得開心。支持她的學習或自我提升也是他的優先考量，就算有時他過於強硬或自以為是。他毫不猶豫詳盡說明想法和信仰，如果她沒有被打動，這段關係也就無以為繼了。在性方面，他是火星星座中適應力（態度）最強的，如果女方對性沒興趣，他甚至也能欣賞這種率真。

以下摘自訪談、問卷回覆和文章，對充分描述了火射手的面貌：

• 一位女性的問卷回覆對我以上觀點做了進一步的支持：「火星在射手座的人不管是做事還是對性都是坦率、直接的。他們的態度是『有啥說啥』，性驅力也強烈而直接。他們處理任何事物都帶著幽默和冒險精神。他們在性關係中可以非常客觀，會以典型射手座的誠實對待感受。他們不多愁善感，他們只是把問題擺出來，然後看會發生什麼，很少裝模作樣。」（AQ）

• 瑪麗・科爾曼補充道：「總有另一場冒險和探險在鮮綠的山丘或隔壁街角發生。他們的性驅力相當豐沛，但性更像是運動，而不僅是身體的滿足——往往對時間和地點毫不在意。」（《選擇你的完美伴侶》）

• 談到火射手的女性時，一位男性寫道：「她們喜歡非常肉體的性行為，性慾很容易被迅速激發。她們可以很快建立新的親密關係，哪怕仍愛著前任。」（AQ）

• 格蘭特・萊維的觀點適用於所有火射手的行為以及關係活動：「你喜歡歸納，可能厭煩生活的枝微末節；這個位置的火星通常不喜歡聽從命令，需要刻意培養。應該克服雜亂、草率的做事方式……此外，你必須意識到，眼光看得再長遠，也不要錯過當下生命的要領。」（《大眾占星手冊》）

• 火射手的二元性反應在半人馬的符號中，有位中年男子這樣說：「如同自以為是的政客高談闊論講『道德』，但只有當他們得到定期且恰當的性愛，才會變得有

〔第十四章〕

火星在土象星座

火星在任何的土象星座，行事方法就是穩定、有條不紊、有建設性，且通常頗具野心。帶有這種火星位置的人似乎不介意透過「嘗試並驗證」來獲得世俗成就（雖有點乏味也不要緊），只要能實現目標就好。他們生來就了解大自然的韻律以及人類對安全感和結構的需求，不僅限於親密關係，也包含生活的各層面。謹慎、自我保護、實際和耐心是他們做事方法的關鍵，通常他們重視效率，以韌性來達成某個挑戰目標時，也感到由衷滿足。因為關心公共禮儀，他們嚴格控制感官享受。因此他們不輕易透露慾望或性魅力，更不承認（甚至是對自己）建立特定親密關係可能帶來的實際優點。雖然重感官，卻未必會在情感中迷失自己，他們並不一定浪漫（讀者不妨參考第八章的相關章節，重溫一下我對土象火星的評語）。

其他理解火星在土象星座的關鍵如下：

- 由於土象火星天生表現出強烈的物質存在感受，與他們相遇的人會因為專注於當下環境和氛圍，而體驗到時間和生命的緩慢流逝。

• 外表和服飾對大多數這類人來說很重要，他們對尊重（即認真對待）的看法與他們所投射出的物質形象密切相關。這個星座的兩性都渴望身體上的滿足。

• 儘管火星在土象元素的人處理物質世界事物非常有效率，但在關係中，善用人或物的能力反而阻礙了建立長期親密關係。畢竟佔有慾，和（或）利用他人實現自己的目標，並不是建構成功關係的最佳基礎。

火金牛

當火星在金牛座時，逞凶鬥狠的傾向就會受到控制。但絕不能低估他們的火星能量，因為他們頑強、不屈不撓。事實上，占星文獻中金牛座很少被形容為「逞兇鬥狠」，但火星（或太陽）在金牛座的人，是世界上最固執、堅毅、最死心眼的人，堅持不懈地追逐自己的慾望和目標。發展至極他們會是優秀的建築師或創造者，勤勞也有藝術天分。金牛座與金星相關，金星是藝術和美的行星。當火星在金星的星座中，會點燃愛慾熱情和更廣泛的美感與感官和諧。火星位置總顯示出行為模式（處事手法或商業管理書中的「營運機制」），火星落在緩慢、從容不迫的金牛座時，節奏就不會倉促，他們被視為懶散（有時候），熱愛例行公事。然而令旁觀者驚訝的是，他們堅持多年的努力往往會達成可觀的成就。「戲台站久了就是你的」，他們就是這句古諺活生生的例子。許多人帶有自滿、沾沾自喜的自我滿足，甚至疲憊懶散的色彩，但通常是間歇性和只發作於少數人身上。根據我的經驗，若他們到了一定年齡但還沒有在生活中達成某種具體成就，就會很不快樂。少數情況下，我看過發展為極度自我厭惡和痛苦，這是火金牛滿腔怒火朝自己發作的情形。執著耽溺於各類感官享受是金牛座的特徵，當火星落入這個星座，往往追求享樂，且經常對奢侈以及對財產極有熱忱。他們通常渴望「生活中的好東西」，他們覺得自己值得擁有，因為他們顯然是最特別和優秀的人。他們對於飾品、服裝、金錢以及自己的所有物有強烈的自豪；當他們的財產遭到威脅，就會像孩子般鬧脾氣。火金牛（以及其他行星落金牛座）天生這種值得享有豐盛的感覺，也會導致長期浪費。如果其伴侶是比較節儉的星座，比如天蠍座、巨蟹座、水瓶座時，便會產生衝突。

火金牛的本質

以下是對火金牛的核心心理特質的整理：

- 表達自我的方式：穩定、持久、保守、頑固。
- 他們的驅力是去鞏固、去生產，追求舒適和享受生活的簡單樂趣，也提倡這些特質；富有創造力和／或藝術的天分。

• 身體能量和性受到身體感官深刻感受的影響；可能傾向自滿和懶散。

火金牛的男女雙方都有強烈而持久的性衝動，和強烈的感官慾望。物質世界對他們而言就是終極現實，且他們擁有發達的觸覺。這種協調為他們的性生活增添濃厚的感官色彩，且他們的生理渴望需要定期滿足和保持安全感。然而，他們深刻持久的性慾並不會迅速點燃（如火星在火象星座），他們滿足性愛時頗為謹慎，絕對不會冒險讓自己被人笑話或失敗。如果情況不太尋常或可能產生尷尬，他們就不會對心儀對象「展開行動」，這對他們是很合理的動機。因此他們的情慾很慢熱。不過，一旦喚醒他們的深層慾望，火金牛就會想辦法延長到讓沒有耐心的伴侶不欣賞的地步，讓伴侶感到緩慢、沉迷於感官、千篇一律的性愛頗為無聊。一旦他們有了安全感，通常就會關注身體的需求，對性的態度固執且自私——他們更專注於「得到」而非「付出」。可以這樣歸納出他們立場：在性方面非常傳統，但是一旦固定伴侶就會有諸多要求。簡單來說，他們想要盡可能保障他們的快樂泉源。

女性火金牛可能會觀望一陣子才會與某人走在一起；但是她們一旦進入關係，慾望就會傾瀉而出且貪婪。她們想要被渴望，如果她們對於享樂的深刻需求沒有滿足，就會非常憤怒。不幸的是，她們很少用語言向伴侶表達自己的需求或是慾望，於是伴侶就會有被利用的感覺，甚至想要遠離這種消耗伴侶能量極大的土象人。這些女性的性感往往帶有典型的原始特質，她們想要被人主宰，哪怕在學校裡參與過女權主義小組的人也不例外。她們也想要舒適和物質上的照顧。她們相當喜歡傳統中男性主導的形象，只要這個男性在她們的生活中有能力擔當那個角色。

男性火金牛除了有上文提過的特質外，還想要透過提供實際的物質以及舒適來展示自己的實力和吸引力。他們可以是迷人的，但也非常有嫉妒心和佔有慾，有時會極端不理性。耐心是他們的天賦，但可能令他人無比沮喪。由於金牛座的耐心無人能比，因此他們能有條不紊地完成幾乎所有領域的事物，這是易焦躁、缺乏決心的人們無法做到的。

以下引文來自各種訪談、文章以及調查問卷，有一些看法頗具洞察力：

- 兩位女性一起完成了同一主題的訪談和問卷，她們這樣描述男性火金牛：「他們非常耽於感官享受的戀愛，但在性上被動。他們喜歡被人照顧和縱容，也偏愛擅長給予這種關注的女性。他們保守，沒什麼實驗精神。」（AQ）
- 以下這段話來自非常土象的女性，她的金火都在土象星座：「這種人是可預測，缺少變化，每次都滿足於例行公事。最終，他們會索然無味。」（AI）
- 格蘭特．萊維富有洞察力地指出火金牛是如何達成他們的目標，我稱為「消極合作」，他們不是打擊你或公然反對你，而是在你放棄甚至考慮其他觀點前迫使你無限等待。「他們的座右銘是：『我不想跟你吵，請按我的方法來。』他們是被動抵抗和被動防禦的大師……永遠在同一塊田裡耕種。」（《大眾占星手冊》）

- 有兩段關於女性火金牛的評語，對比起來很有趣。一位火金牛女性受訪者表示：「我喜歡體格壯的男性，這樣我可以抓住他們，感到他們真實地存在。」（ＡＩ）一位男性這樣寫火金牛的女性：「喜歡你以對待淑女方式對待她們，哪怕她們並不是。」（ＡＱ）

火處女

當火星在善於分析、有條不紊的處女座時，此人的勤勞刻苦很明顯，他們竭盡全力去完成分配給他或她的任何工作。火處女在任何領域都能靈巧創造可達到預期目標的新方法，對影響產品和專案流程的每個細節都有周全的考量。儘管他們的做事方法與天蠍座不同，處女座更多的是在頭腦中分析，天蠍座則是憑藉直覺，但是這兩個星座都會對相關的各種因素徹底分析考量。處女座本身是匠人的星座，這個位置的人願意花大量時間，對手上的工作精雕細琢。如一位火處女藝術家在訪談中說：「我對待藝術創作的方式非常有條理。藝術品愈做愈小，也愈做愈精緻。」（ＡＩ）火處女特別吃苦耐勞，有時候工作甚至主宰了他們的生活，他們無法停止思考癮頭，沒空去做其他事情，包括建立健康的關係。因為他們的確比大部分人能幹，有切合實際的聰穎，不介意做他人望而卻步的髒活，於是他們往往陷入惡性循環，同事交給他們更多的工作，反正火處女的人總是說誰都「做得不夠好」。對於不夠自律和不嚴的人，火處女本能地批判，麻煩也因此產生。哪怕自己的能力不出眾，火處女也非常挑剔和吹毛求疵，堅持別人按照他們的方式做事。火處女的人在所有的事物中追求秩序和整齊，對於很多領域如精確的研究或學術成就是可貴的才能，儘管那並不是情感關係的理想指導原則。企圖將完美主義運用於人身上，就會產生想要改變他人的意圖。他們似乎不太明白，批評以及指出缺點並不是影響他人的想法或行為最有效的方法。

火處女的本質

以下是我所能夠最精準形容的火處女核心心理特質：

- 表達自我的方式：謙遜、肯幫忙、善於分析、有責任感，有時也會稍做批評。
- 為達成慾望，需要力求完美；自我批評以及過度關注細節會妨礙果斷和主動。
- 隱潛內心的服務他人的需求，會影響身體能量以及意志力；有能力認真工作和切合實際的聰穎。

這個位置的兩性雙方，就算做愛也要大腦分析。一切都要仔細檢視、分析、質疑且擔心。如大多數訪談和問卷強調的，他們待親密關係和性愛可能會有某種潔癖，只有狹隘的技術性興趣或研究調查，停留於紙上談兵。也許他們研究得太透徹，而扼殺一切發乎情的可能，因為都在計算精密的心智規劃，而非出於深刻的感受或熱情。火星在這個土象星座相當注重感官，但通常也進行大量心理活動。火處女的解決方案是尋找一段能提供舒適的感官與愉快的語言交流的關係。對日常工作過度關注，他們常將大部分的體能和思緒運用於各種工作，而獲得成就。性慾較為溫和，比起另外兩個土象的火星，續航力稍遜。一些此位置的人甚至承認他們不能堅持太久。若真是如此，與其陷入無窮盡的自我分析，還不如接納這是天性，反而比較輕鬆。活躍的分析思維會讓他們在關係中進退兩難：當他們關注自己，陷入懷疑、自我意識過多或壓抑；當他們關注伴侶時，則很少讚美對方，因而引發對方的防禦之心。黛比．坎普頓．史密斯這樣描寫火處女：「當你拆解完一個人，就無法看見他的全貌。他們感覺到你將他們分門別類還評分。」（《占星師筆記本裡的祕密》）不可否認，很多人會在關係中玩私下評鑑的遊戲，尤其是在初期階段。但我在研究中發現，相比其他火星，火處女會主動承認心中的確有種衡量標準！對強大的火星來說，處女座是相當內向、缺少侵略性的星座，行星落此，能量會轉向內在，引發神經緊張的焦慮，有時也會讓性慾很難點燃。對火處女而言，學習如何放鬆、從頭腦中抽離，進入他們敏感的身體，相當重要。因為他們自信不足，只有他

以下引文來自一些訪談、調查問卷和文章，有助於拓展對火處女的認識：

- 一位女性問卷受訪者這樣寫道：「火處女把一切都弄得很乾淨，而有些東西最好不要管它。他們喜歡向愛人宣讀《麥斯特與強生的性實驗室統計》（*Master and Johnson statistical, laboratory studies of sexuality*），但他們又有某種程度的生理潔癖。他們客觀冷靜，常對你說你做得有多好，同時在心裡的記分本上畫圈圈叉叉。而這些多少壓迫到他們的愛情生活。」（AQ）
- 我訪問了一位年近三十與男性火處女有過深刻關係的女性，得出以下詮釋：「他們試圖透過服務和耐心說明來展現自己的實力。這個男人相當糾結於聖女和妓女的衝突——貞潔問題，也許因為天主教的影響。當他被拒絕，他出人意表地惱怒並破口大罵，尖酸刻薄地批評。」（AI）
- 一位有相當程度占星知識的男性，評價了火處女的男性：「精巧的手作能量；通常有幾段完全單身的生活。肯定讓人討厭！」（AQ）
- 格蘭特．萊維增加了綜合性的觀察——不侷限於關係。我覺得很精準因此收錄：「你的能量極其規律，但消極行為卻雜亂無章……無論如何，你努力讓生活有秩序。你是世界上最有條不紊、合理、最精確的人。不然，你就會成為僅能糊口度日，房間亂七八糟，不斷反抗想把東西放回原位的本能。」他繼續提給出建議：

「忘掉枝微末節，將你的聰明運用到更重要的事情上！此火星位置的危險在於視野太過狹隘，只會見樹不見林。」（《大眾占星手冊》）

- 另一位女性在問卷中評價男性火處女：「根據我的經驗（雖不算多但特別），火處女絕對不是沒有性慾，而是非常能忍，且相當專業，雖可能有點自我中心和在床上會稍稍『賣弄』。」（AQ）
- 或許總結火處女關係中困境最好的人是蒂芬妮．霍姆斯，她寫道：「相較其他火星星座，火處女的語言似乎更加文雅，不過對性伴侶可不是這樣！這種能量最好用於專業的細節上；激進的完美主義在辦公室裡才有糖吃……而不是在臥室裡。親密和挑剔只有在停戰狀態才能共存。」（《女性心理學》）

火摩羯

當火星落入務實、自律的摩羯座，他確立自我以及表現雄心壯志的方式就是非常克制。忍耐力很高，做事堅持不懈，很有潛力。火摩羯能夠持續不斷的支持以及提出可行的建議，來給予他人力量。他們對權勢近乎著迷，但不同的人表達這種含蓄態度的方式也不同：有些人展現出明顯的決心（甚至無情），獲取他們專業領域的巔峰；有些則認為獲得成就需要經年累月的努力，而別人看來他們儼然已經是「老闆」或有晉升資格時，他們依然低估了自己。還有些人則擺出權威的姿態，但又不履行職責。他們總是需要把最後的決定權攥在自己手中，以控制他人。如此一來，通常會招人憎恨，甚至會帶著厭惡離開。無論是在世俗還是在關係中，火摩羯都有想要控制和權力（因此也獲得安全感）的衝動以及動機。他們行事作風井然有序，有時計畫太過周全，以至於失去隨機應變的彈性。他們的態度幾乎認真嚴肅，當然也會來點冷幽默。他們真的需要工作甚至熱愛沉重的責任和義務，也能處理完善。事實上，「看起來很重要」激勵著他們。他們熱愛挑戰，但自己未必意識得到。就像茱莉亞．帕克寫的：「當遭遇困難時，火摩羯會萌生一股動力，找到強大的資源支持自己。」（《占星師手冊》）她還附加了一個我也很認同的觀察：「嚴格訓練對火摩羯的身體健康很重要。」

火摩羯的本質

我與這個位置的人共事了幾十年，對其詳盡觀察後，精確整理出火摩羯的核心心理特質：

- 表達自我的方式：謹慎、認真、權威式、野心勃勃、嚴格自律。
- 做決定時伴隨著周全的計畫、計算和耐心。常常把精力用於對實際目標的追求或是獲得長期成就。

• 以保守的態度穩健地追求慾望；性衝動強烈並能自我控制。

此星座的男女都有深厚扎根土地的特質，天生與其原始身體本能和諧。他們感受到這份堅持和力量，會牢牢控制，直到恰當的時機才釋放衝動。許多人認為火摩羯通常疏離而冷漠，但只要有合適的機會，他們會表現出驚人的深刻熱情和慾望。他們內心嚴格要求自己，因為他們明白自己想要什麼。在性關係中，他們也喜歡佔據領導地位，有時在火金特質較為敏感的人眼中顯得粗魯。他們喜歡控制一切，包括愛和性。對這些人來說，性是一種必須實際處理的本能，展現慾望並不一定要扯上柔軟細膩的感情。假如他們的情感流露，那也是其他行星的位置在發揮作用。火摩羯一切關乎控制，他們不但在親密互動中自制性能量，甚至可以禁慾多年……儘管他們並不喜歡。

女性火摩羯通常強壯且有能力，其性能量的表達同樣強勢。她們的公眾形象非常保守，有種持續驅力，不僅僅對性，更要求尊重和長久的承諾。這些女性是否接受性行為，除了天生的激情和感官肉慾，其他因素可能更重要。一位火摩羯的女性在訪談中說：「我喜歡表現出掌控的形象。」（AI）這些女性大多熱愛商業世界和實際的利益交換。她們容易被超然、成功、認真、有野心的男性吸引——讓自己愈矜持愈難以捉摸愈好。

男性火摩羯的自我表達與性行為都非常謹慎，對任何拒絕或是嘲諷尤其警覺。如感到貶損，他們就會立刻撤退，他們必須要感到對方的尊重和忠誠，才能展現出所有的性能量。總的來說，他們很難自在地表達慾望或情感。不過他們一旦感覺自己被接納，能量就會源源不斷，因為通常他們都有令人難以置信的體能。他們通常會有意識地向女性推銷自己和他們所能提供的東西——我指的不僅是性。控制再次成為火摩羯座的箴言，如果太過被動，這些男性反而缺乏安全感。他們對待性和熾熱情愛的方式是權威式地缺少人情味，並有點機械化。他們在性方面相當保守，無論在生活還是關係中，大部分人都不太會冒險或是承擔感情風險。

以下引文來自各種訪談、調查問卷以及其他來源，對火摩羯的本質極富洞見：

- 訪談中一位女性指出火摩羯的男性「必須完全控制一切，不會流露情緒或任何弱點」。她把他們描述為缺乏人情味，甚至有些時候相當冷硬。（AI）
- 在一份問卷調查中，一位男性評價了火摩羯的女性：「……對性貪得無厭且有侵略性；她們喜歡年長的男性，善於在性事上擺布對方。」（AQ）
- 瑪麗·科爾曼對描述他們本質的描述，在我看來抓住了他們某些核心人格特質：「身體能量和熱情被他們壓制在巨石之下，直到遇見適合的時間、地點與人，才會自由爆發。這些人驚天動地從嚴肅節制轉換為色情淫蕩。他們的性驅力嚴重壓抑，但永遠在觀察並等待那個時刻，掀翻重負並獲得釋放。」（《選擇你的完美

伴侶》）

- 另一位女性在訪談中評價帶有這個位置的男性：「非常有野心——熱中名利、攀龍附鳳。在婚姻伴侶和公開搭檔面前，特別注重形象。」（AI）
- 來自黛比．坎普頓．史密斯的評語擊中了火摩羯的要害：「……陰鬱，但是當你在戀愛關係中承擔重任時會感到自己很有價值……你的愛情會很長久。你的力量能激勵他人。你操控他人，但都是為了他們好。」（《占星師筆記本裡的祕密》）

〔第十五章〕

火星在風象星座

火星落入任何風象星座，都會為心智以及社交活動注入一股具侵略性的能量。神經系統很興奮，幼年時期語言能力就很明顯。透過語言或社交確立自我，喜愛與人辯論、爭論，或智力競賽。這當然會激發和培養某類型的關係，但卻同時令其他的親密關係變得相當困難。他們流利使用抽象的語言將想法闡述得清晰易懂，但永無休止境地分析，會阻礙他們在生活中果斷地決定。知性活動和溝通是激勵他們的關鍵，不僅僅在精神上，更有身體層面；他們若想有充沛的體能完成某事，就必須先在精神上參與。他們天生超然（不像火星在火象或水象星座般衝動），在行動前更為謹慎，這就是常見於風象火星令人意外的保守主義。我在第八章中仔細解釋過，讀者不妨回顧一下。所有在風象星座的火星都有這種超然，傾向決定前先分析，不過相較於拘謹認真的火天秤，火雙子和火水瓶更有實驗精神。

其他理解火星風象星座關鍵點如下：

- 活躍地交流想法能夠為其身體充電。概念遠比物質世界真實，能激發他們的渴望和熱情。與知識水準、社會或政治觀點相投的人分享想法，特別能啟發他們。

- 他們對人有著發自肺腑的熱情和興趣，且因他們可以藉由他人的幫助或合作，輕鬆地實現目標和志向。因此，銷售或推廣、顧問或諮詢、教育等等都是適合發揮火星風象能量的管道。
- 當火星（掌管性慾和刺激的行星）在重理智的風象元素時，許多人會用理性研究性行為、性模式、性類型。他們很好奇，但通常只在語言以及視覺方面，而非親身參與。他們往往會把精神刺激與可能發生的行為混為一談。正如一位火星在風象星座的男性告訴我：「我總是以為自己想做愛，但並非如此。我只想要與另一個人的身體親密接觸。」（AI）事實上，火星在三個風象星座的受訪者都主動提及，他們逐漸意識到對性並沒有自己以為的那麼感興趣。很明顯，是社會（風象星座特別易受此影響）塑造了他們對性的假想，刺激了他們對於性的好奇心，這和其先天的能量協調——取決於星盤的其他部分——並不是同一回事。

火雙子

火雙子通常語言、社交能力以及（或者）手工藝技巧都發展得很好，亦令他們在生活中受益匪淺。他們以多才多藝著稱，往往在多元領域中有優秀的能力。不過，這種特質也讓他們無法長時間專注於某項事物，故而無法制定長期的生活計畫。他們心思活絡，有無窮盡的好奇心，總在各種想法、人或經歷中尋找某種關聯（大概是雙子座的關鍵字）。他們的精神能量似乎用之不竭，或許解釋了他們總是沒過幾天就要換個新的興趣、旅程，或關係。然而正是這種傾向，經常導致他們把精力與才華浪費在各種微不足道的細節、膚淺的想法，或毫無意義的社交活動上。雙子座另一個癮頭是溝通。他們表達觀點的方式很挑釁，有時甚至淪為激烈爭吵，彷彿他們「無所不知」。如果他們能委婉一點，事情進展會更加順利。只要避免說錯話，他們就能勝任許多專業，比如業務、市場行銷、公共關係、教學，或文學領域。他們靈巧、聰穎、善於發明，頭腦運轉堪比機器或電腦。當你思考誰會知道某個古怪問題、細節或是解決方案時，第一個想到的就是他們——就像活動百科全書一樣。最令他們自豪的是有各行各業、無數的朋友和熟人；他們喜歡在自己龐大的社交網絡中炫耀各種夥伴。若得知有人不肯花時間跟以後不會想再見到的人見面，他們可是會生氣！雖然一再強調火雙子的靈敏理性，但火雙子也出人意表地在常見於優秀的運動員身上，因為能帶來迅速的反應能力和精神警覺。當火星能量發揮至最佳狀態，還會帶來神經系統、思緒、手眼配合的協調。事實上，我強烈建議所有火雙子要積極參與身體運動，自然地平衡和放鬆頭腦。

火雙子的本質

火雙子的核心心理特質概括如下：

- 靈活、聰明、善於交流，用語言和多樣化的技巧自我表達。
- 他們的慾望焦點變化很快，容易轉移注意力；交友遍天下；善於製造各種關聯。
- 身體能量和性慾受到刺激心智的對話、圖像或是新思緒的影響；思想開明。

火雙子無論男女都很容易分心，並常困擾於自己在關係中想得到什麼。他們對於浪漫和熱情的興趣變化多端，部分原因是對性、遊戲以及人際間令人興奮的能量交換抱有無窮的好奇心——與對其他事物的好奇心一樣濃烈。就像瑪麗．科爾曼寫到：「性慾自行擴散……能量消耗在傳播資訊、尋找聰明伶俐的搭檔和更好玩的情事上。」（《選擇你的完美伴侶》）事實上，他們需要心理和語言的刺激維持愛情之火，因此能令他們滿足的伴侶，必須有廣泛的興趣和能力，能不停學習新知，喜歡去不同地方，或表達出令人興奮的創見。由於此火星把大部分能量用於理智活動，因此性衝動不太明顯，至少不大用身體表達。不過，如果出生盤有強調其他因素，他們也可能會對性愛特別熱衷，沉迷於各類情慾名堂。

女性火雙子常常有不俗的智力表現，或是有手工、音樂方面的才能。她們身上有年輕的氣息，容易成為善於教導年輕人的好老師。她們適應能力強且靈活，喜歡多元並希望跟伴侶分享各種活動。她們寧願談論而非親身實踐，喜歡派對、閒聊多於熱情邂逅。這類女性習慣打情罵俏，但當進一步時，往往會身不由己。火雙子的女性會被聰明、口齒清晰、輕鬆詼諧，並樂意了解新事物的人吸引。令她們猜不透或是特別風趣的人，特別讓她們著迷。

男性火雙子同樣也以風流而著稱。一位受訪者說，她交往過一位男性火雙子「想要所有的女性」，不斷與進入他視野的女性眉來眼去。假如這類男性能安定專心與一人交往，他會以自己的成就、技能或是聰明才智來給對方留下深刻印象。他們身上常有男孩般的純真，這相當迷人，但如果想要他們給出清晰的意向以及真正的承諾，肯定會失望。經常用手碰觸他人似乎是他們的特徵，我說的可不是隨便摸摸而已！他們傾向對於所有的朋友，不論男女，都會動手動腳。畢竟，他們本能需要建立關聯，如果語言無法充分發揮，那用手來稍作觸碰也可以。

以下來自一些文獻、訪談以及調查問卷，這些極佳的見解能幫助我們了解火雙子：

- 一位認識四位男性火星雙子的三十歲女性在問卷回覆中如此評價：「他們真的對別人的想法感興趣。希望得到他人的回應。當中一位告訴我，他之所以喜歡我是因為我的想法與他不同……他們喜歡談論自己的感受，有時會玩文字遊戲。詼諧的評論也會得到男性火雙子的欣賞，因為他們總能迅速抓住笑點，然後開懷大

笑。」（AQ）

• 另一位女性的評論如下：「他們對性體驗極為開放——好奇、沒有偏見，可以說對於任何經驗，他們都願意嘗試一次。他們喜歡與性伴侶融洽溝通……女性火雙子的性慾表現似乎強於男性：男性彷彿更滿足於想象或是討論，而女性較傾向於直接去做。」（AQ）

• 格蘭特·萊維對火雙子的觀察很準確：「你很少覺得無聊或者令人無聊，但是你對生活的激烈攻擊常常耗盡他人以及你自己。你對於周遭世界極為敏感地覺察；感官覺知敏銳、快速，也許準確，而且你也滔滔不絕地說。能量自然地流向口舌；你更適合說話而非聆聽……任何的約束集中都會讓這顆火星受益，否則能量就會發散……健康的身體是健全心靈的基礎。你必須注意不要忽視身體，而把力氣全部用來動腦筋。」（《大眾占星學》）

• 一位觀察敏銳的受訪者對火雙子男女有如下說法：「對火雙子來說，說話就等同行動！他們善於連結不同的人且愛牽紅線。他們是八卦放送站。千萬別告訴他們你的祕密。」（AI）

火天秤

當具侵略性和自我主張的火星，落入象徵關係和合作的天秤座時，不可避免地帶來持續性的緊張。通常，他們不太明白自己想要什麼，也難持之以恆地表明目的和態度。因為優柔寡斷，故而很難滿足慾望，使得沮喪和憤怒累積。舉個例子，他們甜美委婉的笑容可能會瞬間變成直截了當的表達方式。他們的身體能量和心理狀態，會被身邊的人和自身的美感所影響。他們不斷地要求公平，導致無盡的權衡思量。讓我們來看看他們的內在衝突。火星渴望對抗，而天秤座（金星掌管的星座）卻尋求合作。他們享受（金星）爭論（火星）的樂趣，這顆火星常帶來不尋常的敏銳的思維，通常表現為喜歡腦力激盪，或懷有長遠的專業抱負或藝術追求。他們很會說服他人，也很好辯，取決於此時的天秤偏向哪邊。他們真的相當難以捉摸，經常猶豫不決。他們在腦中衡量一切，包括想像他人如何回應。粗魯的火星在優雅可親的天秤座更產生更多其他明顯對比：前一分鐘很積極熱心，轉眼變化出置身事外的超然；在某種情境表現出優秀的藝術敏銳度，另外的場合卻品味舉止低俗。火天秤人格中有許多內在衝突，因為他們始終在生活、自我表達以及愛與性當中追尋完美的平衡。他們的模稜兩可和優柔寡斷會令自己和旁人抓狂。天秤座是有名的伴侶星座，火星在此則強化了這股能量。如一份問卷回覆簡單指出：「火天秤簡直氣死人。等到他們決定到底要不要你時，你已經對他們失去興趣了。」（AQ）一位火天秤的女性將這顆火星的含糊不清和難以預測，簡明扼要地概括為：「火天秤製造出對理解的強烈需求，他們所有的行動都以此為基礎——導致他們總是沒完沒了地分析，但卻做出與分析結果完全相反的衝動行為。」（AQ）

火天秤的本質

我發現以下結論能夠最準確地表達出火天秤的核心心理特質：

- 善於社交、迷人，能與他人合作，對於一對一的人際關係有著率直而積極的興趣。
- 透過得體的言行，有技巧策略地追求平衡、公正以及和諧。
- 他們的生理能量和決斷力會受到最親密伴侶以及自身美感傾向的強烈影響，並被渴望權衡所有選項的天性抑制。

如前所述，他們總是追尋完美的平衡，這也適用心中理想的伴侶形象。這顆火星的男女都有一個缺點，當他們對異性施展其強烈的個人魅力時，總會有意無意地拿對方與他人比較。這令他們很難活在當下，並欣賞可能對自己滿腔真情的交往對象。兩性對浪漫和戀愛都極為熱衷，有時甚至會仔細研究。此外，火天秤的男性和女性相當依賴與他人的親密互動——無論是伴侶還是親密好友——從中獲取生活的方向和活力。兩性對性的態度相當優雅，他們希望性是非常私人的，有時甚至有點正式或客氣，但一定要體貼，不能沾染虐戀或過度的「獸性行為」。雖然火天秤為人「友善」到過度客氣，不過，我的採訪和問卷卻顯示，倘若關係對象舉止粗俗些，他們就會變得冷淡。如同火星在所有風象星座一樣，心理想像創造了情緒和性興奮，但相較直接而強烈的親身體驗，他們更喜歡「思考」真實而深刻的情感。

女性火天秤在積極主動和順從被動中游移不定，搖擺在渴望活力性愛還是溫柔浪漫之間。強壯有力、意志堅定的火星，在深情、風雅的金星星座，帶來難以捉摸的個性和對人際交往的熱情，也帶來了語言以及藝術方面優秀的創意。這些女性需要從親密關係中持續獲取能量和刺激。她們需要藉由他人的關注和關懷來確認自我價值，因此寧願建立新的關係獲得新鮮的刺激，而不是透過自律以及履行責任來努力維繫原有的關係。如果她們能夠做出承諾，讓夢想腳踏實地，建立穩固的生活習慣，就能從穩定下來的能量中獲益，並對生活有更清晰的目標。她們特別容易被聰明、有教養、世故的男性吸引，特別是樣貌英俊者。假使不能言善道，那他最好是個美男子，或是有藝術天份。公正是她的信仰，她堅持平等的戀愛關係；這意味她必須要有獨立的空間，享有社交以及知識活動的自由。她們喜愛並且需要親密關係，卻不希望太過強烈，對於性也是如此。正如一位受訪者所說：「我就是沒那麼多耐力。」（AI）（當然，整體能量表達還要參考出生盤上的其他要素）。這些女性都有特殊的美感，強烈影響到她們性行為的偏好。一位女性火天秤在某個訪談中強調，她透過詩詞和言情小說來學習性行為。女性的這顆火星非常私密，諸多訪談以及問卷也都證實了，她們也注重視覺。大多希望開燈做愛，她們才能專注於對方。她們不像其他人那樣只注重身體或是情緒，而是喜愛用這種方法來享受對方帶來的愉悅。

男性火天秤既能表現出男子氣概，保有其男性自我，又能意識到他人的需求和反應，巧妙平衡得令人吃驚。不止一位問卷受訪者強調，帶有這顆火星的男性對女性非常體貼周到，不只在浪漫和性方面，在其他生活領域也是這樣。他們喜歡女性的陪伴，並受美好的事物啟發。他們偏愛平和愉悅的戀愛關係，討厭爭吵或是情緒化，因為他們想讓一切保持理性。但是在某些情況下，取悅伴侶的渴望會令他們受制於對方。如果讓女性掌控情勢，往往會令他們感到舒適。他們迫切需要浪漫和刺激性的互動，活化身體能量和創造力。他們渴望以極為私密的方式來表達性。

以下引文來自一些訪談、調查問卷和文章，給出了不少對火天秤的深刻見解。

- 一位火天秤座的男性寫道：「我的許多精力用在思考我想要開始的計畫。當然，我也考慮關係。我花了大把時間在腦袋裡思考，在心底撰寫文章和講稿。我也在

私密關係中投了大量的精力。」（AQ）

- 在問卷和訪談中，許多人都提到了火天秤的共同主題。這點在占星文獻中鮮少提及，我也難以對其概述，但仍然非常值得一說。包括溫柔的觸摸、付出與獲得的交替、親密與距離等值得注意的主題。聽聽不同的人的不同說法吧：
- 一位女性說：「性是成人的遊戲，但必須令人放鬆。」（AI）
- 一位男性注意到，當他與火天秤的女性產生隔閡的時候，她可以拉近兩人的距離：「一旦關係中出現摩擦，她總會積極與我講和——常透過性。她在關係緊張和煩躁時主動解決問題。」（AI）
- 如一位女性聲稱，男性火天秤對關係抱有一種輕鬆、玩樂的態度，會給女性留出大量空間。在水象或土象星座的女性看來，這個空間過大，而有助於風象元素多的女性自在地表達自己。她將這方式描述為「撫摸、放手，再撫摸、再放手，如此交替循環——一種好玩不受約束的能量振動，既不強烈或佔有」。（AI）
- 在評價火天秤的女性時，一位男性亦強調了這顆火星的微妙反應：「她們的性高潮並非強烈而外顯，是緩和的高潮——連續震盪至不同的層次。」（AI）
- 一位格外坦率的女性火天秤的評論，更拓展了我們對於該性格特質的理解。她做過一項非正式的研究，比較了來自不同國家和文化的男性和他們的床幃風格。她說：「隨便上床肯定讓我很受歡迎。」在學校中她花很多時間與人爭論，有時相當不得體，「當一切順利時，我甚至會挑起不必要的衝突。」她發現衝突令她與奮（火〔衝突〕在天秤座〔人際交往〕），她的說法：「我討厭總是想和平相處的人。」（AI）

- 格蘭特・萊維補充了一些準確的評論：「你必須爭取真正的精神合作，而不是溫順如羔羊或瘋狂如馬蜂……你需要適度節制自己社交和博愛的天性，以免它們失控，攪亂你的生活，摧毀你的平靜。」（《大眾占星學》）
- 「無論男女，火天秤的人都非常善於幫助伴侶成長，有時甚至以否認自身需求為代價。他們不是做事主動的人，也未必很有創意，但是團隊中有火天秤是件好事。」（AI）

火水瓶

掌管自我主張以及自我獨立的行星，在堅持自由與反抗的星座，這個組合導致種特別難以預測的能量表達——有時顯示為很原創的革新，有時則顯示為離經叛道的乖張和偏執。他們想法極端，喜好在社會、組織或研究領域改革，尤其是年輕時。發展至最佳狀態時，他們非常客觀，對知識很有熱情，極富科學實驗精神，相信實際經驗以及反覆實驗的結果，而不是基於傳統、唯利益至上的教條。他們意志力強大，不過與人初次接觸時並不太明顯，因為通常會表現得合乎社會期望。他們嘗試與每個人友好相處，但是有時也會顯得專橫跋扈，特別是在他們自以為知道的領域。然而，這種確信也為他們在很多領域帶來優勢。舉例來說，某些教學積極、循循善誘的教師就有這種火星，這類工作也為這顆火星能量提供了很好的釋放途徑。另一些適合火水瓶從事的是支持人道主義、科學進步或與社會運動有關的職業。身處人群能夠啟動其能量，因此他們常會為某些組織工作，還能當上領袖。事實上，為某個團體或某個知識目標規劃未來、肩負使命，才是他們的熱情所在。

火水瓶的本質

鑒於我的不少好朋友都有這顆火星，多年來我對火水瓶的核心心理特質頗有體悟：

- 聰明睿智、個人主義、離經叛道、獨立地主張自我。
- 叛逆的天性會阻礙他們實現目標，但是改革和革命的衝動能轉化為創造性的創新。
- 天性自由、勇於實驗，以及對嘗試新可能性和新想法的興奮感，會激發他們的身體能量和性慾；超然以及理性客觀會阻礙他們表達情緒和熱情慾望。

火水瓶既忠貞不渝，同時也渴望反叛、自由和無所顧忌的實驗精神，這種自相矛盾被稱為「忠誠但不死忠」。水瓶座是最忠誠的星座，有此位置的人，常常幾十年如一日地忠誠，他們不但效忠於生命中的重要人物，而且還忠實於某些想法、理想或是原則。這種忠誠以及他們對原則和信念的敏銳，會直接影響他們對親密關係以及好感對象的態度。影響他們處理人際關係的另一種矛盾是，儘管他們原則上推崇自由，卻也喜歡視自己為正確的，想主宰一切。在浪漫和性方面敏銳，善於觀察，卻依然冷靜思考自身經驗，保持超然的疏離。因此，實際的性或身體接觸時，他們往往會感到尷尬。他們似乎會被頭腦困住手腳，無法使高度運轉的大腦鬆弛下來，難以沉浸在身體與感覺中。他們似乎是用理智構建親密關係，這與實際的身體、情感互動的需要存在著巨大鴻溝，他們會為此糾結，使他們在關係中更為謹慎。

女性火水瓶，至少都是非傳統的。她們希望與傳統女性角色沒有關連，可說是積極地掙脫這類束縛。我遇到的首位身穿皮衣的女性機車騎士（三、四十年之後，女性機車騎士才較為常見），她的火星就在水瓶座。這位女性還因在自家前院草地上裸曬日光浴而被捕。她的太陽也在水瓶座，因此她可以算是極其水瓶座的例子了！她們唯一可以預測的特徵，就是無法預測。由此可知，她們對待性的態度也異於常人，叛逆又頗具實驗精神，但也完全受到當時的概念和理論指引。她們想法開明，卻因為天性太過疏離，導致多少有點性冷淡（還是要看出生盤上其他要素）。她們既沒興趣培養性趣，也不願透過身體和情緒來表達情感或熱情，因此她們大概是所有火星星座中對性趣最缺乏耐心的（雖然她們搶第一的勁頭與火牡羊有得拼）！她們自然會被那些承認自己需要自由的人吸引。她們也會被富有刺激和社會意識的、理性智慧的生活方式所吸引。一些訪談和問卷調查還顯示出這些女性的另一特色，那就是表達性的方式古怪無常、難以預測，但是偶然地，這些疏離超脫、看似冷漠的女性也會突然嚇人一大跳，變得非常激進、衝動，似乎本能終於掙脫了心智的防線。

（注意：最後一段的結論同樣適用火水瓶的男性。因為這顆火星的兩性表達方式的差異比其他火星星座小。也許是因為，黃道十二星座中，火水瓶與生命的物質維度最不協調。）

男性火水瓶有時會用詼諧睿智的幽默口吻，出其不意地表達獨到的見解和想法，令人驚訝不已。其實他們也無法控制何時展現這種新穎的才華，但是無論是他們還是旁人都會因此受到知識上的啟發。在浪漫或好感對象關係中，展現其聰明才智以及豐富的閱歷證明自己的男性自尊，對他們來說很重要。在戀愛初期，他們似乎熱衷於口頭上的玩笑和調情，有時對身體性行為缺乏興趣，情感上也較為被動。一位女性受訪者指出，男性火水瓶這種純潔是「忸怩作態的小男孩特質」。（ＡＩ）另一些受訪者將他們形容為陰晴不定、反覆無常，且關係中難以捉摸得令人沮喪。他們相當自傲；但當他們既要求對方體貼，又過分需要對方的尊重時，問題也就產生了；顯然，那些他想要親密接觸的對象，都會因為這種要求而疏遠他。

以下引文來自各種訪談、調查問卷以及其他資料，帶來一些火水瓶很敏銳的見解：

- 一位極富洞察力的女性寫道：「女性火水瓶都有愛動腦筋的傾向；她們喜歡把事物概念化、哲學化，也熱愛辯論。她們需要他人大量的理性刺激，會被反社會潮流的男性吸引。但是她們也有些喜歡支配別人的傾向，總是固定於自己的模式且不知變通。她們天性躁動，不容易做出任何形式的承諾。她們的能量也不穩定持久，有時她們會能量大爆發，充滿雄心壯志，有時候則一絲熱情或能量全無。狀態不是全開就是全關。她們對別人的關注很客觀，很難把注意力聚焦於個人。因為她們心中存在著集體式的視野，如果加諸個人，人們就是『不同類型的人』，而不是『獨一無二的個體』。」（AQ）
- 一名三十八歲的男性，在訪談中評論了兩位（短暫）交往的女性火水瓶：「她們有多元和不尋常的興趣，並對新想法和自我發展興高彩烈。但在床上，她們不僅缺乏耐心，而且感覺遲鈍到令人難以置信。我喜歡沉浸在對方能量中，並充分體驗親密感覺，與對方分享深層歡愉，而非倉促草率。其中一位曾做愛到一半，竟然脫口而出『你還沒完嗎？』另一位則在隔天早上斷然拒絕我的求歡，隨口應付：『別想了，你有完沒完！』而且連擁抱或微笑都沒有。」（AI）

• 黛比．坎普頓．史密斯對這個火星星座的看法是：「技術高超——只要想就能做到——但理解力可差遠了。熱情的確不錯（你最愛的字），但是陷入愛河就像活生生的蟑螂一樣可怕。你渴望愛情，不顧一切地想要沉陷其中，但超過某程度的親密讓你惶恐……你很聰明，你需要一個聰明的伴侶，但是你擺出一副愛要不要的奇怪態度，也就只有傻瓜才會理你。給你一個建議，別再東張西望，把心思轉向更大的事物吧。當你滿懷熱忱，想要讓世界變得更好時，你就是最耀眼的明星。然後某個配得上你崇高目標的人就會找到你……你是很酷的浪子，你思考，你對世俗的繁文縟節心懷敵意。你覺得那些都是陳詞濫調。但是你沒有意識到，你傷害了大家，把自己弄得像個野蠻人。」——（《占星師筆記本裡的祕密》）

• 以下意見來自一份問卷調查。一位火水瓶的女性對自己的能量狀態進行了特別的解說。我認為她所說的情況也適用於其他火水瓶和日水瓶或是月水瓶：「我的能量極度渙散，時有時無。我喜歡用概念化的方式思考，喜歡用腦子想，而非實際去做。我總能感到，這種能量流動或許能比喻成呼吸（注意這裡提到了風元素）。我的能量流動就像喘氣，而不是穩定的吸氣和呼氣。我好像總是站在自己

〔第十六章〕

火星在水象星座

落入水象星座的火星，其能量會混合強烈的情緒。因此，這類火星對所有的生命經歷反應都很強烈，他們的各種承諾、抱負和慾望也帶有強烈的感情色彩。他們常常強迫性地被無意識驅使去追求目標或慾望；經常拐彎抹角地表達自我，因此許多人很難解碼他們。他們喜歡憑直覺，不動聲色地達成目標。他們往往無法完全意識到自己的抱負和目標，不斷試驗直到終於感受到自己想要什麼。簡單來說，對安全感和生命意義的深層渴望，觸動火星在水象星座的大多數行為。事實上，深層的動機比任何概念或實際考量都更為真實（讀者也可以回顧第八章中我提及火星在此元素的說明）。

了解火星在水象元素的其他關鍵點如下：

- 他們自然而然地會憑藉直覺來處理各種問題。旁人無法得知他們最終的目標和慾望，有時候這對他們自己來說也是一個謎。他們必須保護自己的敏感反應；不過外人看來，他們通常都太過敏感。他們堅持模糊隱晦的意圖，可能讓直接了當、實事求是的人很挫敗。然而，他們看似迂迴的方法往往創造奇效。一位火巨蟹的

問卷受訪者說：「大家不明白我在背後花了多少苦工，因為我沒有表露出來；我不會出來大叫和要求。我走低調路線。」（AQ）

- 對於火星在水元素的人來說，身體只是表達濃烈情緒能量的管道，而性愛分享會引發特別強烈的情緒與感知。他們愈是感到親密和安全，身體的活躍能量就愈容易被激發出來。
- 火星在水象的直覺，是他們獨特解決問題的能力，適用於任何專業和需要努力的事物。他們在與需要大量同情和關懷的人打交道時，也特別有天份。因此，藝術治療和慈善事業是他們擅長的領域，雖然他們敏銳的直覺也能在商業、研究、教學和戰略規劃中出類拔萃。

火巨蟹

當火星在超級敏感、喜怒無常的巨蟹座時，會難以展現自己的真實感受或內心真正的慾望。然而，當他們成功表達出這種敏感時，伴侶會感到與之非常親近。本章開頭引文中的介紹幾乎都是火巨蟹在生活各個領域中行事方法的解讀（你也許會想重讀本章開頭了吧！）有這顆火星的人通常不清楚也意識不到自己究竟想要什麼，別人卻會認為他們是故意迴避問題並不願承認自己的真實慾望。因此，與火巨蟹打交道總讓人挫敗，讓人試著搞清楚到底發生了什麼事，或抽絲剝繭這些難以捉摸的靈魂的偏好和意圖。有時火巨蟹只單純想隱藏自己，不想承認自己真正想要什麼，以有效地保護他們免於失敗，也不用體驗關係中被拒絕的感覺。至今我尚未明白他們能意識到多少自己的真實慾望，但我知道他們是頑固且目的性很強的星座，所以我覺得他們只是故做姿態而不想被人看透。通常他們會對一個目標全心奉獻情感。事實上他們以及他們生活中耍的小花招都有種童稚般的天真；算是他們的一部分魅力，只要你不要求他們明確的實際回應。

火巨蟹的本質

基於我多年來的觀察，我對火巨蟹整理出以下核心心理特質。我的觀察對象除了客戶，還有很多帶有這個位置的好友：

- 敏感、羞澀、迂迴、直覺、富有同情心地表達自我。
- 情緒化和謹慎的自我保護心態會阻礙直覺和意志力，但是卻能無所畏懼地支持愛人；固守傳統和自己的根源。
- 受到關心和保護的感覺會激發了身體和性的能量；無意識的恐懼和脆弱會阻礙他們採取行動的判斷。

火巨蟹無論男女都傾向對性有著強烈的興趣，令許多人訝異，因為他們在公開場合通常靦腆和保守。火巨蟹的性挑釁結合了順從和接受。他們與伴侶間有很多情緒上的交換，關係中當情緒交流愈多，就愈容易挑起他們的性慾。他們普遍具有同理心也善解人意，迫切想被他人渴望和需要；亦能用親昵的方式讓伴侶感到被需要。正如一位女性在問卷回覆中所說：「他們關注並體貼伴侶的感受——他們似乎喜歡與戀愛對象親密無間。性格溫暖；能讓伴侶感覺自己被需要。」（AQ）此外，火巨蟹的男女都會被明顯需要幫助、支持、鼓勵或其他形式滋養的人所吸引。在某些情況下，會導致他們與特別貧困或善於操控、長期依賴或抑鬱的人糾纏不清。因此，有這顆火星的人要釐清自己的感受，並在任何親密關係中搞清楚自己的動機，是非常重要的；但顯然這對他們是最難的事。他們的心情、恐懼或是脆弱情緒的顧慮都會削弱其清晰的思緒、降低主動性，並抑制性慾。但就算他們知道自己想要追求什麼，處理手法也很迂迴，很少透露真正的想法。

女性火巨蟹喜愛親密和親昵，而性是這種感覺的關鍵手段。她們渴望安全以及情緒共鳴。通常她們表現出女性原型的氣質和能量，可以整合男性的情緒與身體。她們體諒男性，親切或敏感的男人特別容易吸引她們——溫柔兼可靠、顧家、暖男甚至有點黏人。事實上她們天性矛盾，儘管可能說想要強壯、自信、自給自足的男性，但其實內心深處更偏愛柔弱，至少順從或特別窮困的傢伙。這些女性需要能夠讓她們發揮母性的男性，特別喜歡主宰關係和家庭生活。她們有時會屈服於男性的想法，然後就忿忿不平！當男性獨立自主並不受控制時，關係會出現進一步的問題。這種情況下，女性火巨蟹會發現他沒有吸引力、抱怨他不體貼、不顧家等等。因此這顆火星從許多層面來看是自相矛盾的。

男性火巨蟹通常很溫和，以傳統的方式談情說愛，彷彿拜倒仰慕女士的裙下。他們或許比其他火星星座更能了解女性的需求。男性火巨蟹也是男人中最居家的，往往是烹飪高手，擅長園藝和其他家務之類的。他們有天生的保護慾，並經常努力成為挑起家庭重擔的傳統角色。家庭和家族永遠是他們生活的重心（包括現在和以前的家庭）。但就算他們通常愛並依戀自己的小孩，但有些人對孩子很不耐煩，或理所當然地忽視孩子真正的個人需求。對女性來說，要疏遠這樣的男性非常簡單：表現得不耐煩，挑三揀四，忽視他的感受。當傷害到他的感受時，他就會本能地退縮；假如他真的感受到被你拒絕，可能會在幾個月甚至幾年裡，不再對你流露真實情感，或對你毫無性趣。

以下來自各種訪談、調查問卷以及其他作品的引文，有關火巨蟹的深入見解：

- 黛比．坎普頓．史密斯指出他們是多麼的友好（幾乎所有人），他們因此常常被人利用——有時是因為他們天真浪漫，或有人玩弄他們的同情心。她寫道：「因為你發自內心的體貼，你對伴侶的情緒需求很敏感，所以你比其他火星星座更能維繫伴侶關係。放輕鬆，相信自己的溫文儒雅、細緻、親切地理解，都能令你不動聲色地接近任何人——這可是經典又實用的旁門魅惑術。」（《占星師筆記本裡的祕密》）

- 在《占星師手冊》中，茱莉亞・帕克巧妙地講述了一些火巨蟹的特質：「在這裡，火星汲取了巨蟹座的堅韌，會拚命努力達成任何對他來說很重要的事物……賦予火星不可思議的感官，很能享受、描述性愛的多采多姿；此外，火巨蟹的敏感和天生性質也能滿足伴侶的各種需求。」
- 不少訪談和問卷中，貫穿著關於容納的主題，很有趣的是傳統上巨蟹座與子宮有關。所有火巨蟹都喜歡擁抱，在安全溫暖的地方與伴侶依偎，事實上，有時候他們會整個掛在愛人身上，令對方幾乎透不過氣來！一位出生盤上只有一個巨蟹座（在火星）的男性在訪談中透露了極為私密的內容，也許是因為我足夠了解他並獲得他的信任：「包裹在床單中的感覺就像是待在子宮裡，可以喚醒我的性慾。我需要感覺被另一個人保護和包覆，並且由她滋養彼此。我想要感受自己鑽進那個溫暖的地方。」（AI）另一位並沒有任何行星在巨蟹座的男性說：「我認識很多火巨蟹的女性，她們對性的反應都很快，喜歡男性在她們身體裡；她們喜歡容納伴侶而不只是玩樂或表現。」（AI）

• 一位火巨蟹的女性在問卷回覆中註解：「有時我覺得我的水象火星表明了我的性需求如同潮汐，潮起潮落。有時我會非常興奮，之後很多天完全想不起這件事。我覺得性於我而言牽扯了很多情緒，而水象的火星恰好解釋了這一點。」（AQ）

• 格蘭特．萊維的著作證實了我大部分研究中出現的某種模式：「帶有這顆火星的女性莫名地想要掌控一切，同時，她們又認為自己想要強壯勇敢的男性庇護自己免於世界的傷害。帶有這顆火星的男性往往被女性所掌控，或是懷有某種從母親那裡繼承的偏見。」──《大眾占星學》

火天蠍

自古希臘時期以來，火星就被視為天蠍座的「主宰行星」，因此當火星落入天蠍座時，其能量展現也就格外強大。火天蠍的特徵是積極領導、強烈使命感、深情承諾、強烈慾望，並且懂得信任直覺的訣竅。天蠍座肯定是最有力量的火星星座，這股力量流入他們所做的一切，包括感情與性。無論做什麼事，他們會堅持、積極持久、並全心投入。正如茱莉亞．帕克寫到的：「目標和決心對他們意義重大……」（《占星師手冊》）他們的運作模式出於直覺但會斟酌再三，並權衡所有相關的因素以及可能的後果——儘管大部分「調查」都發生在他們的無意識裡，再透過直覺來抵達意識。許多情況下，當他們一旦承諾行動就會放棄很多東西，即便他們不佔優勢或缺乏訓練，仍可以藉由驚人的智謀取得成功。事實上，正是面對使命感或挑戰的狂熱決心令他們成為厲害的同盟或對手。他們對每個人的態度通常也差不多；對待朋友極其忠誠，但絕對不會忘記傷害或背叛。我向來喜歡強調，儘管天蠍座生活上以性聞名，但其實他們最優秀的成就是對於自己參與的任何事灌注熱情。很多星座都很性感，比如說金牛座、摩羯座和獅子座，但是他們的熱情深度都無法與天蠍座相比。

火天蠍的本質

經過幾十年的研究，我摘要出的火天蠍核心心理特質：

- 強烈、魅力十足、熱情並有力地主張自我。
- 強烈的慾望、難以克制的衝動以及挑戰能激發身體能量和積極性；吃苦耐勞。
- 性衝動源於分享深刻親密的情感和強烈深度體驗的需求；隱藏、自我保護以及完全掌控的需求會妨礙判斷以及自由表達。

由於喜歡自我控制，就算火天蠍兩性對任何事都能快速反應，他們也不願表現出來；不過，要是心情煩躁不安，或怒火累積過多時，他們就會大爆發。對自我保護有不可思議的直覺，通常具精確的第六感，儘管有時也令他們多疑和偏執。在任何計畫中，這種人都會有敏銳感覺，他們常據此採取行動，彷彿他們的心靈觸手已經伸進環境或其他人的無意識之中，因此能夠得到解決問題的判斷力，解開謎團，看透計謀裡的破綻，甚至尋回失物！當然，他們的敏感、習慣性猜疑和偶發脾氣會讓親密關係演變為對自我控制的真正考驗——特別是對情緒的控制。當被人輕慢，他們就本能地報復回去，好像能藉此彌補受到的創傷或不平。他們特別重視性，並經常對之感到矛盾。很早就意識到性並在體內強烈感覺到。但他們往往討厭自己受其掌控，而事實上這是他們無能為力的。因此，他們有些人試著很極端地壓抑本能與隨之而來的情緒。然而，正因為否認與忌諱，反而增添了性對他們的吸引力。性打開了他們渴求的深層溝通大門，讓他們找到在生命裡終能擺脫一切控制的放鬆方式。絕大多數有這顆火星的人都深受情感激昂的性愛吸引，被如此強烈的基本生命能量所淹沒，而有些人將性關係視為進一步開拓感情的機會，有時這會轉化他們。

女性火天蠍性慾強烈，經常需要證明自己是被人渴求的。有些人還散發出男性火天蠍那種吸引力。她們意志堅強也果決，行事作風遵循明確的策略，儘管她們很少顯露出來。有時掌控的意願和慾望會製造衝突，因為她們想要強壯的男性伴侶，卻又有主導關係的衝動，而非共享。她們有強烈的佔有慾和嫉妒心（有時展現為生氣和憤怒），想要與伴侶緊密羈絆糾纏。如一位男性在問卷回覆中描述女性火天蠍：「不喜歡換伴侶，很專一；沉浸在能量強烈的感官中。」（AQ）她們精力充沛，能勝任任何領域，無論是治療、體育還是商業。她們對任何事都能隨機應變，包括打理家務。她們純粹的能力的確會震懾住部分男性，不過這也讓她們想要一個足夠強大和自信的伴侶。她們會被感情強烈和熱情的男性吸引，甚至對方是用一絲嫉妒來證明他的關心。部分火天蠍女性實際上並不想要太獨立，反而偏好要知道自己是被需要的，這讓她們感覺到自己讓人渴望和欣賞。

男性火天蠍通常散發著特殊的魅力，洋溢著性感與力量的魅力氛圍。我見過最好的例子是美國前參議員兼總統候選人羅伯特．甘迺迪，他的火星和太陽都在天蠍座，其個人能量場和氣質很引人注意——即使我站在距離他十公尺之外都能注意到。因為他們散發如此龐大的能量，所以會引發他人強烈，甚至是極端的反應。他們不是立刻讓人反感，就是迅速被迷倒。他們堅定、果斷，且有點不耐煩，有時很難溝通；但在緊急情況或危機時刻，卻是你最好的幫手。憑他們的嚴謹和解決問題的能力，結合他們的本能與直覺，許多人在商場和投資上都很成功；但他們也特別適合偵探工作、科學研究，以及各種藝術治療。一位作家稱男性火天蠍為「自滿的靈魂」，意思是他們抗拒任何想要改變他們的人。因為這些傢伙天生固執——通常會隨著年紀增長，除非遇到非常聰明、有同理心和耐心的伴侶，幫助他們看見自己的固執並採納其他觀點或行為模式。他們也許會獨自成長和改變，特別當他們在追求個人成長的自我轉化途中（他們常這樣做）。但他們本能地拒絕他人操控。一份男性的問卷回覆特別強調，有這顆火星的男性顯露出「強大能量儲備」（包括性能量），他們擁有從逆境中「捲土重來的能量」。

以下來自各種訪談、調查問卷以及其他資料的引文，豐富了火天蠍的樣貌：

- 一位女性的問卷回覆清晰地（我覺得很精準）詮釋了火天蠍兩性雙方都有的特徵：「我認識很多這樣的人，有些是我身邊最尖銳的人。在工作上是絕對的完美主義，對任何事情都很極端，不是非常喜歡就很討厭。他們生氣時會暴力和破壞，很難原諒他人（有時從不寬恕），過度沉迷於感官經驗。」（AQ）
- 訪談中，一位大部分行星在風象和火象星座年約三十五的女性，她認識一對火天蠍情侶，並與一位火天蠍男性生活了十多年，評價中她反覆提及的關鍵就是劇烈：「很沉重！他們將妳據為己有緊抓不放，也不允許女人擁有太多自己和自作主張的空間。他們在性上掌控慾強、貪婪又挑剔——對他們來說，性是與征服、操控、疼痛、深度以及絕望的結合。這些男性通常充斥著嫉妒和衝突——非常缺乏安全感。」（AI）
- 另一位女性在調查問卷中談到男性火天蠍時，也使用征服一詞，但情境不太一樣：「在幾公尺外身體就能感到他們熾熱的眼光——氣場非常強大。激烈地追求、嫉妒和精明；攻掠城池出人意表，擅長征服各種生意。」（AQ）另一位金星和火星都在天蠍座的女性描述她理想情人的特質，令人印象深刻：「我希望他進來，把我撕碎。」（AI）

- 蒂芬妮．霍姆斯特別指出了火天蠍的極端：「天蠍座的偏執會放大他們的憤慨和對性的執著，使他們高估了迷戀之物的重要性。在極端狀態下，他們會用嘲諷來表達憤怒……通常他們只能選擇糾結於性或戒除之。」（《女性占星學》）
- 格蘭特．萊維對火天蠍的詮釋異常準確並敏銳：「這可能是在出生盤中最棒或最慘的情況。火天蠍發展至極，能量能流入帶來深度安全感的管道，如商場和愛情領域。具有強烈的吸引力；其強大的自我意識能夠吸引並留住他人，並從世界獲得最大的物質和精神利益。最糟的狀況，同樣的安全感衝動會轉向為害怕無法達成目標，而以各種不好的形式逃避……自我控制是你堅持的目標——將你的能量和習慣從自己身上引導到實際的行動中；用愛而非恐懼吸引並留住他人；離開源於嫉妒、恐懼以及懷疑的消極，這些都會破壞直覺；對你自己、你的世界和身邊的人建立信心。你的能量在周身散發出幾近實體的氣場。你讓自己無論身在何方都能被人感覺到；你真的可以藉由思想來幫助或摧毀他人。這是因為你的舉止、行為和語言流露出內在深信且強而有力的直覺，說出聲或沉默一樣有效。」
（《大眾占星手冊》）

火雙魚

火星在隨波逐流、富同情、不定的雙魚座，是所有火星星座中最悲天憫人和直覺的。但是他們卻難以明確知道自己到底想要什麼。他們的目標總是被理想和無法定義的使命感干擾，往往是無意識的。此外，當掌管自我主張的行星落入黃道中最敏感、慈悲的星座時，他們總是善良和慈悲，做任何事情都會考慮他人感受。通常他們會獻身於自己致力的工作，不求一絲認可。這種自我奉獻、默默耕耘的模式當今罕見，若他們「過分隱藏自身光芒」，可能會導致在專業領域裡止步不前。了解任何行星落入雙魚座的另一個關鍵要素是逃離世俗生活和沉悶「現實」的渴望。因此火星在這個星座時，可以觀察到強烈的逃避衝動，透過許多方式表現。流入愛情、浪漫和性——或與之經驗相關的幻想。或者透過藝術創造來展現，創造強烈敏感的表現形式和展示他們嚮往的想像。這股能量也可以運用於不同途徑的精神渴望。由於需要考慮出生盤上的其他要素，因此很難歸納這顆火星的特徵。火雙魚可以是鼓舞人心或意志消沉的；致力於無私的服務或理想主義的事業，或透過逃避現實甚至迷幻藥而失去自己。有些人專注於崇高理想，有些人則意志渙散，徒然地浪費自己的能量。對於強勁有力的火星來說，這是很敏感的位置。他們往往相當情緒化（儘管隱藏得很好——尤其是男性）。通常他們都有治療能力以及仁慈的天性。一般認為他們的體力不夠充沛，如本章最後的引用所提及的，更準確應該說他們的能量波動起伏很大。情況如何還是要看火星位置與星盤上的其他要素。例如，近幾十年裡，有兩位優雅與直覺的火雙魚運動員。一位是主宰網壇多年的瑞典網球名將比約恩·博格（Björn Borg，五屆溫布頓網球公開賽冠軍）；另一位是美國職業籃球名人堂選手伯納德·金（Bernard King），他的得分紀錄保持了很多年，沒有人能超過。

火雙魚的本質

儘管有關雙魚座的一切幾乎難以訴諸語言，但我還是綜合歸納了幾點火雙魚核心的心理特質：

- 帶著發自內心的善意、理想主義、同情心，溫和地主張自我。
- 進取心和意願會受到敏感和同情而被他人左右；隱晦地追求慾望，受到靈感、直覺或是冥冥之中的引導所驅動。
- 身體能量和性衝動總是被夢想、心情以及情緒影響；身心以及情緒脆弱，會阻礙自我主張和判斷。

火雙魚的男男女女格外謹慎，有時在社交中顯得羞怯。他們自信不足，對自己的魅力沒有把握，甚至也不太確定自己想要什麼，於是處理包括感情在內的新事物時總要先「試水溫」，巧妙地用直覺來試探他人的反應。他們天生傾向迂迴地達成目標，不會暴露自己，免遭感情傷害。在考慮好感對象時，他們必須確保對方能充分回應並尊重其敏感，接著才能自在地展現情感。火雙魚注重感官（但非很性感），他們理想化，聚焦在夢幻的浪漫，而非強烈的生理激情。火雙魚的男女極度浪漫，時常幻想，有時甚至活在幻想的世界中，或擁有活躍的想像力，展現出藝術或文學才華。他們很小的時候就意識到自身的脆弱以及過度敏感的情緒反應，因而體察得到他人的情緒需求。也是所有火星星座中最缺乏自信的。他們傾向掩飾慾望表達，或無聲訴說或婉轉暗示到讓人無法察覺的地步。然後，他們會因無人關注他們想要和需要的事物而生氣不滿。

無論在哪個生命領域，女性火雙魚天生都不太確信自己想要什麼，包括關係和性。但是她們很想要愉悅，最好什麼話都不用說，對方就能夠揣摩出其感受或需要。她們喜歡伴侶意會她們的想法和需求。然而，因為她們傳達出的非語言訊息不夠清晰，常陷入原本想要避免的狀況中。基本上她們的情緒遠勝於生理，這些女性需要感受與伴侶的親密，且受到讚賞，因此會盡力對伴侶表現出忠誠和關心。但因為她們對自己的性魅力自信不足，常會在性事中羞怯尷尬，儘管她們熱切地想要取悅對方。她們特別容易被雙魚座特質顯著的男性吸引：精神導向、藝術啟發、音樂、恍惚飄然、迷失而困惑，或是愛做夢、心懷願景，與理想主義。奇怪的是，她們也會被與之相反的男性吸引，如依賴性強和窮困，但也有保護慾、同情心、自我犧牲，和強壯到能浪漫追求到她的人。喜歡上矛盾特質的人通常會令她們失望，但是若成功，那就真是浪漫情懷的天賜佳偶。

男性火雙魚有超強的想像力，以及男性中罕見的纖細心靈及藝術敏銳度。發展至極，他們可以精力充沛、有自信地表達出堅定的溫柔和優雅。我帶領過的小組討論中，女性用了以下詞彙描述男性火雙魚：「親切、靈活、體貼、敏感、多情。」他們肯定喜歡浪漫、神祕，和若隱若現的調情或幻想。他們喜歡富神祕感的伴侶，因為能夠刺激其想像力。他們喜歡調笑，也喜歡女性的陪伴。然而，儘管他們看似對性吸引很好奇，其實他們相當被動，不會陷入其中，也不會表露出強烈的性慾。

以下引文來自一些書籍、問卷以及訪談，可以進一步了解火雙魚：

- 一位女性火雙魚在問卷中這樣寫道：「行動前我會猶豫很久……自我表達能力時好時壞，差異很大。有時自信果斷，有時又逆來順受。我已經針對這個部分努力很久，略有成效，但是狀況還是不穩定。」（AQ）
- 另一位女性在問卷中回覆：「火雙魚的女性十分理想主義，有時到了無法打理凡塵的地步；在與宇宙大我連結時，她們得審視自己做了什麼；她們迷失在宇宙中，很難立足於現實生活。她們喜歡能夠實際照顧她們並幫她們打理日常生活的男性。」──（AQ）

- 上段訪談的摘要也適用於很多男性火雙魚。他們經常無法專注於當下和立足於現實世界。一位女性在訪談中描述她所交往過的一位男性火雙魚：「他就好像人壓根不在──毫無存在感！很難感覺到他本人真的跟我在一起。」──（AI）
- 格蘭特．萊維指出，這顆火星有一個重要的特徵，了解有助於適應：「若你不多注意的話，能量就消耗在憂慮、反省和恐懼上。你應該選擇不會給身體造成太多負擔的活動，並學會順應精力的消長。你可以這樣……散個步，當你不工作的時候，在意識和無意識儲存各種的想法和活力，隨後再表達。但當你試圖一直努力時，就會失去能量、吸引力和想法。你不該勉強自己過度地用身體示愛，因為你的能量比其他物質更不適合這些。你不會因為勞累而變得更有價值，而且你疲倦時會認為自己很糟糕。透過給自己足夠的休息時間和願意放慢腳步，來掌管自己的生活。」──（《大眾占星手冊》）

〔第十七章〕

相位：行星之間的能量互動

別以為你能導引愛情的航向；愛情若青睞你，自會為你引路。——黎巴嫩詩哲紀伯倫（Khalil Gibran）

若不知該停泊於哪個港口，所有的風都幫不上忙。——古羅馬哲學家塞內卡（Seneca）

分析人際關係時，我們可以根據每個行星星座所屬的元素，比較行星的整體能量協調度，也可以用更精確的方式評估合盤裡兩顆行星之間的能量互動。也就是說，我們可以透過比較兩人出生盤中的細節，來深入精確評估兩人能量場中特定部分的互動。這些進階的比較方法包括數世紀以來傳統占星學所採用的「相位」。「相位」指的是兩顆行星之間所形成的角度。事實上，透過觀察星盤行星之間的角度，我們就能可靠地估量出能量互動的方式，驚人的準確。這些角度關係和測量方式稱為相位，或在合盤裡，也會有兩張星盤之間的相位比較。在串連個人出生盤上的各種要件及進行合盤解讀時，相位都非常重要。在行星、元素、星座、上升等能量和符號的基礎上，再增加另一層條件，的會確變得更複雜（也可能更混淆）。然而，既然你已經讀到了本書的這個章節，相信你對心理占星學一定很感興趣，或著最起碼也對這個主題感到強烈好奇。毫無疑問，占星是一門複雜的學問，需要投注大量的時間和精力，才能通透這些複雜的組成，編織出能量動力及互動之間的全貌。目前為止我已經討論了月亮、金星和火星，且簡短介紹其他個人行星及外行星。在本章的案例中，希望各位能夠開闊視野，研究月、金、火之外的行星，且開始體驗所有行星及它們互動的方式。除了本章之後提到的要點B特定內容外，我也建議讀者查閱附錄A，捕捉到這些可以表達的行星能量及原則。

本章探討複雜的相位問題，特別是相位如何拓展我們對合盤中能量互動之理解。下文列出的重要原則，能幫助占星學研究者（哪怕是新手）快速進行合盤研究。然而，原則列出的只是最簡明的概括，並非完整的介紹。相位細瑣繁雜，遠非本書的篇幅可以說明。欲徹底了解相位，尤其是個人出生盤的相位，讀者可參考《阿若優的星盤詮釋指南》第八章。若欲了解更多星盤對比的細節和解盤步驟，讀者可以參考我的《關係與生命週期》一書，不僅一步一步帶領分析相位，還有其他方面的綜合面項討論。

在探討相位的定義和內涵之前，我先要澄清一下坊間對某些相位的迷思。因為占星學沒有辦法以當代的能量場、能量流思維來教導，也因為大眾對算命的假像深信不疑，讀者在坊間書籍、電腦軟體或網站上能找到的相位詮釋大都過於簡單、不夠實際。此外，這些討論往往建立於狹隘、非黑即白（好或壞、配或不配、成功或失敗）的概念框架之上，缺乏實用價值，也不可靠，會對我們的生活產生負面的心理影響。此外，過時占星書籍所使用的語言（如今仍常出現在書籍和網站上）相當武斷、粗糙，不但無視人類經驗和親密關係中的複雜和微妙，更別說對人的心理及情緒會帶來極大的傷害。如著名作家安東尼．羅賓（Anthony Robbins）寫道：「描繪經驗的語言，最後會變成我們的經驗。」任何一個聲稱能做心理諮商的人，都應該清楚這一點，然而不知為何，相較於依據事實做出的誠實評估，我們更喜歡幼稚、號稱無所不知的「斷言」。因此，所有想學習占星或尋求占星建議的人，都該留意資訊來源，注意對方是否使用批判、宿命論且一翻兩瞪眼的語言。我們應該謝絕這種資訊來源，就算你真的相信生命裡某些事的確是命中注定，但能替你講這種評斷之言的人，不見得在智慧與靈性的修為上有相當的層次。

正因如此，我在本章一開始引用了兩段話，都能用來解釋關係。兩段引文都指出，相較於任何單一的占星要素，愛情與生命更具有支配性的力量。《先知》作者、神祕主義詩人紀伯倫曾說，愛情自會為我們指路，在這層意義上，我們該把兩人行星之間的相

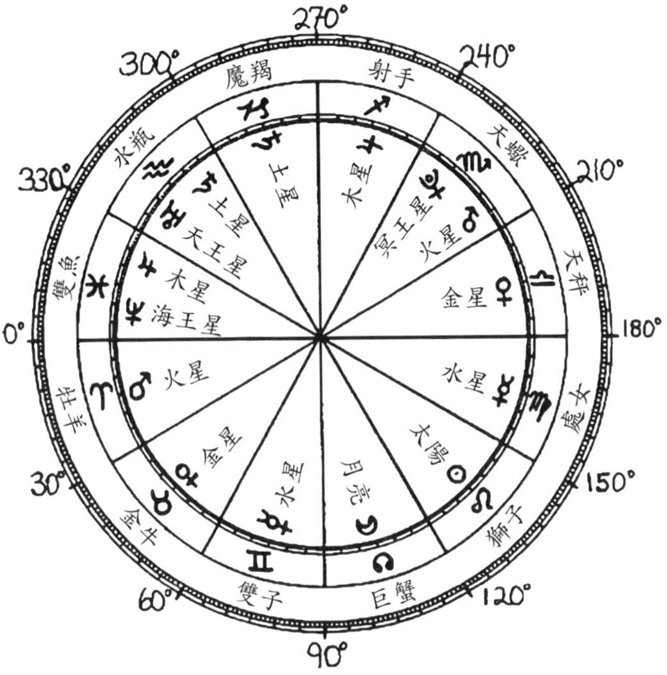

圖 17.1

位視為探索愛情謎底的學習經驗。塞內卡的話則建議我們，一個人在理智上適應周遭環境之前，應先了解自己要去的方向，這點適用於所有生命經驗。不過將這句話應用於與情感有關的親密關係時，我認為意思是指，若兩人沒有共同的目標、理想和方向感，那麼分析他們是否契合，這段關係是輕鬆還是挑戰，根本沒有意義。換句話說，我們首先要問「兩人想要經驗或建立的是什麼樣的關係」。只有在這樣的宏觀前提下，考慮到整體能量互動和人生規畫，我們才能研究行星之間具體的相位。

在這張出生盤圖上，第一宮宮頭，也就是上升星座所在的位置總是由牡羊座開始，這叫做原始盤。這張盤上標示了每個星座的守護星，以及從牡羊座起始零度開始（即春分時太陽所在的位置）到黃道上不同星座的度數。計算出生盤上任意兩點之間的度數，就能確定它們構成的角度。讀者可以參考接下來的內容，來確定該角度是否屬於主要相位。

主要相位

圖17.2到圖17.6描述的是傳統意義上的「主要相位」，也就是最重要的相位，可以大致評估兩個行星之間或上升點與某顆行星的互動關係，是應用最廣泛的相位。請注意，除了合相以外，其他所有相位都是三十度的倍數，正好與黃道帶上每個星座佔據三十度相對應（有些占星師還會用到次要相位。我個人只關注三十度和一百五十度，這兩個相位分別稱為「半六分相」和「十二分之五相」。然而與主要相位相比，這兩個角度的能量在人際關係的展現中沒有那麼明顯，因此本書不討論）。

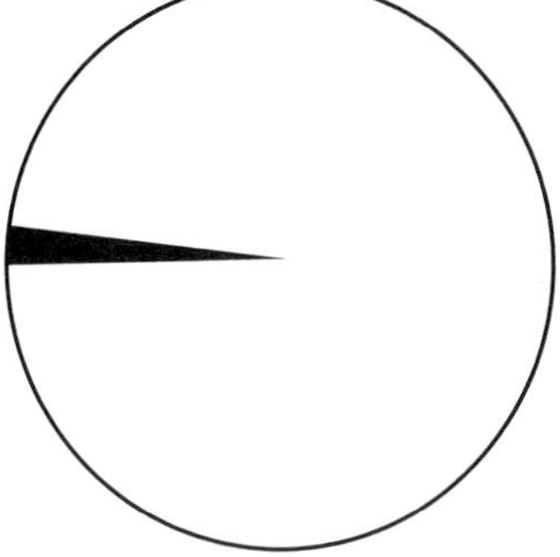

圖 17.2

合相（零度）

兩個行星或上升點與某顆行星（或星盤上其他重要的軸點，如天頂）之間在黃道上形成的角度趨近零度，便是合相。我採用的容許度為六度，不過在考慮太陽、月亮和上升點時，我會把容許度調高至七度。然而，在詮釋相位時，角度愈精確（或者說度數愈緊密），相位的力量就愈大，對一個人的生活所造成的影響就愈顯著（舉例來說，在合盤中，若一個人的土星在巨蟹座十二度，另一個人的行星在巨蟹座十一到十三度之間時，這組合相的影響力最大。如果另一人的行星在巨蟹座九到十度或十四到十五度之間，那麼合相的影響力依然存在，但沒那麼顯著）。合相是所有相位中能量最強的，象徵著兩個天體的能量發生了緊密的互動與結合。合盤中若有合相存在，雙方皆能明顯感受到能量動力的焦點，至於這股能量能夠帶來何種經驗，則端視相關的行星及星座，以及它們與雙

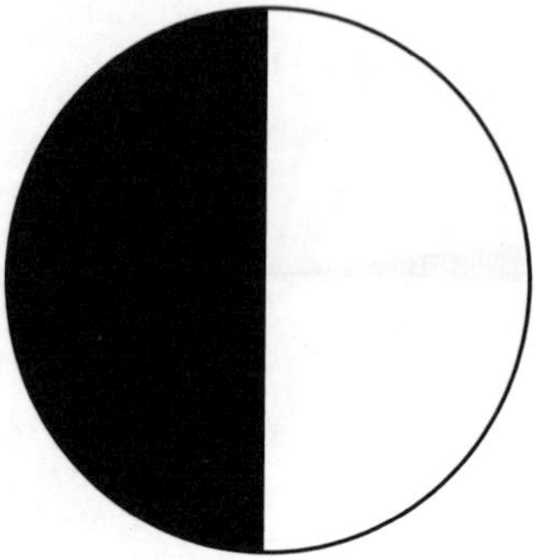

圖 17.3

方星盤中其他關鍵的互動。

舉例：約翰金天蠍十五度，瑪莎的海王星在天蠍座九到十一度這個範圍裡。瑪麗火射手九度，吉姆的月亮在射手座三度到十五度的範圍間，即成合相。

對分相（一百八十度）

若兩個點在出生盤上處於對面的位置，就形成了對分相，通常是對面的星座。對分相會帶來強烈的刺激，有時是過度刺激。對分的影響僅次於合相，通常會互相吸引也會互相衝突。對分的兩端也許會吸引，但兩者通常也會表現出相反的處世態度。在黃道上，對宮星座有許多相似之處，雖然互補，有時卻也會激怒和排斥對方。對任何一種人際關係，對分都是重要的能量互動方式。對於初學者而言較為難懂，有些對分相代表的是兩種相反的傾向，水火不容、互相衝突、難以緩和；有些對分相（特別是上升點、月亮以

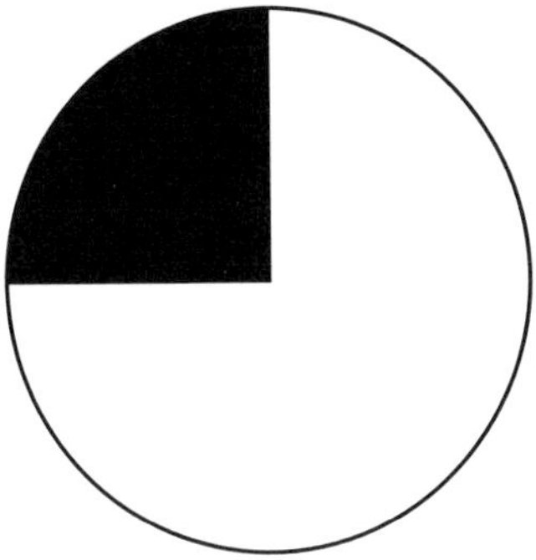

圖 17.4

及金星的相位）卻代表契合的特質，因此建立出平等的付出與接受關係，感覺圓滿、完整，體驗平衡的融洽交往。

舉例：丹妮卡的上升位於巨蟹座二十二度，比爾的金星若在摩羯座十五度到二十九度之間（因為是上升點，容許度提高到七度），就形成對分相。丹尼爾的太陽在獅子座二十三度，貝蒂的木星在水瓶座十七度到二十九度之間就形成對分。

四分相（九十度）

四分相和三分相在合盤中的重要意義不相上下，影響力僅次於合相和對分，我將四分相列在三分相之前介紹，是因為一般人更容易敏銳體驗到四分相所代表的衝突、挑戰或壓力。至於三分相帶來的輕鬆能量流動和立即的互相理解，我們往往會認為理所當然。形成四分相的兩顆行星通常屬於兩個不和諧的元素

（水象與風象、土象與火象、火象與水象、風象與土象）。四分相通常會要求兩人付出相當程度的努力，來適應兩人星盤裡象徵該行星相關生活領域的不同能量與態度。某些四分相只會表現出雙方接納的態度不同，或厭煩，或代表能量交換的模式是停滯的。不過某些四分相很難適應，會成為阻力、強烈衝突，或沉重的阻礙感。有時，在這些行星象徵的生命領域裡，當事人會深切感到彼此誤解，雖然未必清楚意識到這一點。簡而言之，有些四分相會顯示出無法理解的差異，有些四分相則會帶來挑戰，而兩位當事人可以藉由互動學習不同的觀點。

舉例：崔斯坦的火星在摩羯座七度，如果席爾維亞的火星在天秤座一度和十三度之間，就形成四分相。泰芮的月亮在雙魚座十八度，如果山姆的天王星在雙子座十一度和二十五度之間，就形成四分相（因為涉及月亮，容許度提高到七度）。

三分相（一百二十度）

三分相往往意味著輕鬆的能量流動、兩種才能的建設性結合。三分相也自然而然地在兩顆行星所代表的領域帶來相互理解。能夠形成三分相的兩顆行星通常屬於同一元素，因此雙方的能量流動是和諧的，兩人通常能夠形成自發、愉悅的關係。組成三分相位的行星若有上升點、太陽、月亮，或者其他「個人行星」，那麼這組相位還能協助兩

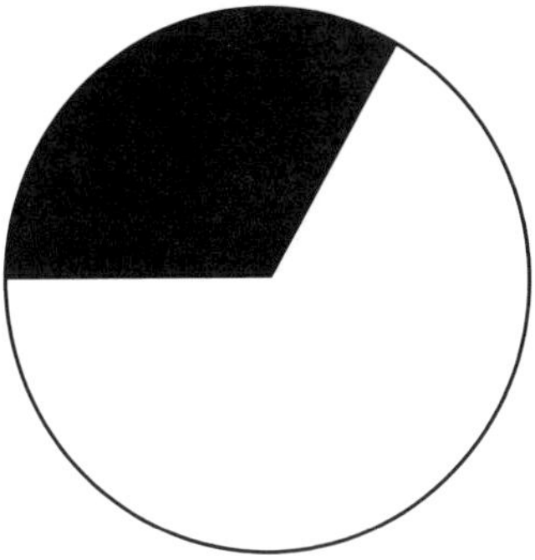

圖 17.5

人改善合盤中其他衝突（如果合盤裡三分相較多，這點會特別明顯）。這個相位也象徵能夠輕鬆結合力量，朝共同目標前進。兩人對三分相行星所象徵的生命領域容易相互理解，還能感到能量充沛，相互激勵。通常，兩人在共有的能量場裡，都會感到愉悅、和諧，合力經營事業，通常都能輕鬆合作愉快。

舉例：赫伯的水星在雙子座二十度，金的木星若在天秤座十四度到二十六度之間，就形成三分相。海倫的火星在金牛座七度，肯的天王星若在處女座一度到十三度之間，就形成三分相。

六分相（六十度）

這個相位的能量不及上述相位那樣明顯和強烈。不過，在人際關係中，六分相也會帶來很高的契合度。我將六十度相位定義為幕後的能量交換。它是溫柔的，富於激勵和支援的能量，主要是透過一起學習

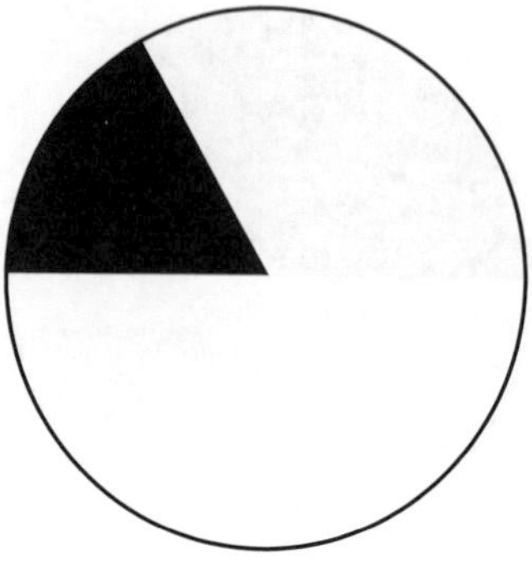

圖 17.6

新知、認識新朋友、接觸新理念，達成具有建設性的持續付出與接納關係。多數的六分相由相同陰陽性的行星構成（土象與水象都是陰性，風象與火象都是陽性），也許能夠帶來愉快且具有建設性的刺激。六分相代表兩顆行星象徵事物的能量可以輕鬆結合。

舉例：奈特的金星在雙魚座九度，安的土星在金牛座三到十五度之間，就構成六分相。南西的上升點在牡羊座八度，若亞當的木星在水瓶座一度到十五度之間即構成六分相（因為涉及上升點，容許度提升至七度）。

其他相位

在大多數合盤案例中，光是主要相位，加上我在本書和推薦書目中提到的其他要件，提供的資訊就足夠用來評估了。因此，鑽研次要相位對精準分析星盤的幫助有限。這是因為合盤需要聚焦於兩人之間最重要的能量流動，而主要相位象徵和顯示出來的正是最重要且最強烈的能量互動。

分辨且理解合盤中重要相位的原則

原則A

聚焦在最緊密的相位上。最緊密的相位意味著兩人之間的能量交換最有活力、最強烈。這是互動的關鍵領域，雙方的能量場互動非常有力，關係可能是和諧交融，也可能是衝突尖銳，也可能二者兼具。分析合盤時，緊密相位值得我們特別關注（請參考後續「解讀合盤相位的其他重點」第三項，這一部分也解釋了本原則的邏輯基礎）。

原則B

每個相位必須根據行星（及所在星座）的本質屬性進行評估。換句話說，相位的影響力次於行星能量互動的力道。例如，日木合相與日木四分，都意味著鼓舞樂觀的自我表達，只是四分相通常會帶有過度或極端的傾向。再舉一例，若某人的月亮與另一個人的土星形成相位，不管是四分、三分還或合相，雙方在關係中都會有相似的強烈體驗。只是四分和對分的感受會更具壓迫感，更不舒服，而三分、六分的關係雖然稍感侷限，但相對穩定，較有建設。

對此，讀者可以參考附錄A中列出的行星能量表達方式，並且要牢記，這些星盤及合盤裡象徵的能量互動是一直存在的。為了方便讀者一覽相關內容，我接下來會簡短介紹，在合盤的緊密相位中，行星是如何互相影響的。

太陽：發光，注入活力，鼓勵，尋求身分認同。

月亮：回應，產生感情共鳴，接受，尋求安全感。

水星：啟動認知，新觀念，增進交流、聯繫，交換想法。

金星：和諧的，激發情感和愉悅，喚醒社交或美感或浪漫的回應。

火星：注入能量，迫不及待的投入，倉促決定，激進展開行動。

木星：擴張，急於改善，樂觀，自信。

土星：延遲，限制，集中，關注現實層面，責任感。

天王星：加快生命節奏，刺激感知，革命精神，破壞既有的思維和行動模式。

海王星：啟發或暗中破壞，理想化，浪漫化，敏感。

冥王星：徹底轉化，破舊立新。

原則C

太陽、月亮、上升點的相位都很重要。這點在第七章的月亮和第六章的上升星座都詳盡解釋過了，但讀者也可以參考附錄A，也就是我對這些能量表達方式的定義。事實證據指出，合盤月亮的相位如果相互配合得宜，對於構建長期和諧的家庭關係相當重要。心理學界的先驅榮格曾統計了五百對夫婦的合盤，研究結果收錄在他的著名作品《共時性：非因果性聯繫原則》（*Synchronicity: An Acausal Connecting Principle*）裡。統計結果表示，四分之三的夫妻對比盤上月亮有以下相位：月月合相、日月合相和日月對分。第四種最常見的盤際相位是火火合相，象徵雙方在床第之間品味相投，水乳交融，更代表雙方目標一致，日常生活也琴瑟和鳴。

原則D

與他人個人行星（太陽、月亮、水星、金星、火星）的緊密相位值得分析。如果組成合盤裡相位或圖形相位的兩顆或多顆行星裡沒有個人行星，也沒有上升點，那麼這組相位對這段關係可能不太重要。例外在所難免，但普遍如此。

原則E

對分上升點的行星必然與下降點相合，此組相位對親密關係特別重要（下降點是上升點對面的軸點，因此，下降點所在星座永遠與上升星座對分。雖然下降點在整合兩人的心理與能量上並沒有上升點重要，但在星盤對比之中還是占有一席之地）。換句話說，任何一方的行星與對方的下降點合相或對分，都會對這段關係整體頻率及品質帶來顯著的影響。

原則F

終極目標是對整張合盤及合盤的主要課題提出清晰的洞見。這種整體理解需要時間，及相當的經驗。解盤是罕見的天分，卻也是一門藝術、一門科學。一旦掌握了這門科學（藝術），我們就能用其評估兩人的能量場互動方式。

解讀合盤相位的其他重點

一、「雙重暗示」：強烈的人際能量互動

這是存在於合盤間的重要關鍵。多年前，我將其命名為「雙重暗示」，指的是兩個

人（或兩張盤）之間存在著一再重複的類似能量互動。對「雙重暗示」最簡單、最有力的描述是：兩個人的出生盤中有同樣的兩顆星形成了相位。例如：簡的金星四分吉姆的天王星；吉姆的金星與簡的天王星合相。又，亨利的火星三分漢麗葉塔的月亮；漢麗葉塔的火星對分亨利的月亮。這個主題可以有多種變化，但僅需考量容許度最緊密的相位（六度之內），這樣占星初學者才能聚焦在這段關係最核心的能量交換上（這種重複的緊密相位相當重要，無論三分相、合相還是其他相位，我們都該關注其象徵的課題。是什麼課題，取決於相位所涉及的兩顆行星。整體來說，如果這種相位至少有一組三分相或六分相，那我們就不該草草得出負面的結論。此外，許多對分相是互補的，因此能夠替關係及合盤帶來刺激、更加契合）。

二、同一課題或訊息重覆出現

在合盤裡尋找重要資訊或課題，的確需要花一些時間，還要以系統的方式列出盤上的各類重點和互動形式。一開始，這項工作相當辛苦。除了關注先前提過的「雙重暗示」，還要尋找一再出現的挑戰相位或和諧相位（顯示出兩人能量中的調性屬於摩擦或和諧），或者尋找盤上是否有大量相似訊息的徵兆。這個作業非常複雜，無法在本書有限的篇幅裡盡述。不過在精細學習了占星與合盤分析之後，我們應該能夠抓到自己的直覺和洞見，將星盤上的許多重點組合成一則條理分明的故事。

分析兩人是否契合時，透過下列兩個最基本的領域，通常就能顯示出天生的和諧與相互的理解：一是兩張星盤裡是否強調同樣的元素，二是其中一方多顆同星座的行星是否都與另一人的星盤有所互動。

三、緊密相位的重要性

這點不只對剛接觸占星的新手非常重要，對長期接觸占星的人更為重要。相位的緊密不只對合盤有用，評估個人出生盤上的能量動力更是如此。測量行星的角度是為了得到可靠的資訊，但若不控制相位的容許度，那麼這種測量也會因為可能性太多而失去意義。細述測量相位的數學原則並不在本書討論範圍內，但我們需要注意以下幾點：

如果一個相位的容許度為六度，那麼前後就有十二度的範圍。在整張出生盤上，有三十分之一的機會形成相位。

如果將容許度放大至七點五度，那麼前後就有十五度的範圍，也就是有二十四分之一的機會形成相位。

如果我們只考慮一組相位（譬如一個合相或一個四分相）時，兩者似乎並無差別。但如果我們把任兩顆行星的主要相位通通放進來討論，你就會發現，容許度愈大，資訊就愈不精準，而相位象徵的各種能量互動方式就不具意義了。

簡言之，占星學不只是一門可以讓我們投射且發揮直覺的符號藝術，具有明確定義和可靠法則。如果我們能夠依循解盤的原則，占星學裡精確的數學及天文學知識是這門學問可靠的主因。若忽略了這點（許多人的確如此），造成的不僅是錯誤的判斷與詮釋，同時也讓一門前途光明、成效絕佳的科學失去可信度。

四、宗教信仰、靈性傾向和理想

在探討關係是否契合的占星學書籍中，很少論及宗教信仰、靈性傾向（無論是有意識或聲稱自己有信仰）對長期親密關係的重要性。相關的評估還包括彼此的包容度、各自的社會及種族偏見、雙方的價值觀和理想、對生活的總體願景。木星在出生盤上的力量和配置，對於此人總體的生活願景意義重大。不過，分析此人對生活所持的態度以及出生盤的基調還必須考慮其他因素。年輕時，這些問題看似無關緊要，也許是因為年輕人在玩弄知識的教育體制（特別是大學階段）下，沒有深刻的個人價值觀，也沒有什麼實際的生活經驗，但當我們開始追尋生命的意義時，這些問題就會浮上檯面。研究古老祕傳系統的先驅人物曼利．霍爾（Manly P. Hall）曾寫道：「若一個神祕主義者與一個現實主義者、唯物論者、無神論者結合，這段關係並不會給他帶來好處。如果我們信仰上帝、信仰宇宙原則，那麼我們終究會跟相信人的意志至高無上的伴侶產生矛盾。」（《不和諧：現代生活的危機》〔*Incompatibility, A Crisis in Modern Living*〕）

五、看待財務、儲蓄和風險的態度

大多數占星學不提的另一件事，是一個人對待金錢和消費態度的重要性，這點顯示我們真正的價值觀所在，也反映出我們想要的生活方式。金錢觀不僅對共同生活的親密關係很重要，也影響各種生意合夥、親戚和室友關係。要理解這點及其造成的情感衝突，可以觀察金星的配置，還有一些因素會產生作用，但不在本書討論範圍內，比如二宮和八宮，以及木星（對未來的信心）或土星（對未來前景的謹慎態度）及其守護星座的配置。簡言之，如果一方生性保守、謹慎，總是小氣，而另一方則鋪張、粗心、不負責任（也許在別人眼裡看來「慷慨」），那麼這段關係遲早會出問題。另外諸如對未來有無信心，對實際問題的判斷力、自信等問題，都會影響關係的發展。這些問題除了性格外，也與一個人的社會背景、家族歷史等其他因素有關。

正如曼利．霍爾在他的著作《不和諧：現代生活的危機》中所寫的：

多數情況下，婚姻關係中的一方都會比另一方更有金錢觀念；也就是說，一方傾向存錢，一方傾向花錢……班傑明．佛蘭克林指出，沒有什麼比負債更令人意志消沉。然而，吊詭的是，也沒有什麼比只注重錢的生活更讓人窮困……替錢操心是許多關係不契合的原因，就算不說出來，問題還是存在。金錢的態度不只影響生活，也影響健康，常會造成嚴重的情緒問題或身體疾病。

整體而言，本書或任何書籍都沒有辦法詳盡闡述合盤之間所有的相位組合。不過，各位可以透過本書先了解基本原則，然後解盤分析，探索這些原則的意義。如果你發現結果啟發了你，值得深入研究，那你也可以參考我的其他著作，比如《關係與生命週期》和《阿若優的星盤詮釋指南》。如果你想繼續研究，希望對個人及關係有更宏觀的了解，下一步你可以研讀洛伊絲．薩金特（Lois Sargent）詳細闡述合盤相位細節的著作及羅南．戴維森（Ronald Davison）的著作。詳細書目可見附錄。

本章針對的是不具備占星學基礎的讀者，提供的是最簡明的指導。隨著學習的深入和解盤經驗的累積，結合各種能量的整體解讀能力也會提升。我需要強調的是，僅僅透過書本學習是不夠的，你還要和許多人進行一對一的對話。對一個未曾謀面、或者無法得到解盤回應的人，單方面推測分析別人出生盤，充其量不過是一種帶有娛樂性質的猜謎遊戲罷了。

〔第十八章〕

明智並實際地運用占星和合盤分析

人生最大的幸福是相信自己不論如何都值得被愛。——法國文豪維克多．雨果（Victor Hugo）

占星學能為我們的生命帶來洞見及精準的心理資訊，各種可能性席捲我們，讓人欣喜，許多人因此開始以更加嚴格且不切實際的方式來使用占星。事實上，占星學是一門令人讚嘆的系統性研究，可以探索人類認知的系統，讓人將其視為類似宗教的信仰，生活大小事都能仰賴它，而不只是把占星當作一門能量科學及洞察內心的好用工具而已。高估占星學的精確度和預測能力，其實和低估其準確性及實用價值一樣，都是人們對占星學的普遍陳見。實際上，雖然深入研究、清晰分析的基本原則永遠是必要的（任何一門科學都是如此），但若要明智、理性、正確使用占星，仰賴的則是占星師本人的意識層次，而非在個案行為、人格與行星作用力之間吹毛求疵。

事實上，我想強調適度使用占星資訊和技巧，可以增強我們對生活的認知，能夠讓我們活得更有意識。占星不該用在逃避個人責任上，不該用來製造完美解決方案和打造終極幸福的幻象上。反之，占星學提供了有用且可靠的工具，協助我們理解特定人際關係的本質核心。讓我們開拓新觀點、客觀，更有洞察力，最理想的狀況是，使用占星的人都能在評估分析時，保有自己對占星訊息意義的分寸。雖然，善用占星時，它是一項能夠療癒、轉化的利器，但占星本身並不是實際的療法。後續還有其他步驟可以依循，好比說按照洞見行事，改善我們的生活和人際關係。當然，因為我們對占星原理及其應用有了更深入的了解，意識也會變得更寬廣。

如同探討關係一樣，無論我們是在分析自己的個人出生盤，還是與其他人做星盤對比，第一要務就是保持客觀——不能遇到難題就逃避，而是以誠實與全面的意識來處理問題。在任何人際關係中，雙方的意識層次永遠是最關鍵的因素。畢竟，雙方在無意識運作時，能夠預測出來的也只有兩人的個性模式，及雙方在面對無可避免的衝突時，會選擇以何種方式應對。占星學原理立基於所有生命規律中的能量和調和原則，諸如陰陽、正反、男女、日月、金火等。對生命極性和矛盾的認識愈透徹，就愈能更全面地看待生活和他人。例如，沒有人能跟別人完全契合，在個性、行為和能量交換各層面完全互相接受。我們終要面對他人吸引我們的每個特質之「硬幣另一面」，也許有點困難、不快、混亂和費解。如曼利・霍爾寫道：

善良的人可能太沉默；勤勞的丈夫可能欠缺野心；快樂積極的妻子可能不切實際；忠實而真誠的女性可能不夠迷人。我們必須學會欣賞伴隨優秀特質而來的一切，原因很簡單，因為其他人一樣也得接受完整的我們。（《不和諧：現代生活的危機》）

霍爾的觀察與人類理想化好感對象的趨勢有密切關係，我在第三章中討論過。因此人們很難與複雜且註定不完美的伴侶建立真誠的關係。因為這個事實的重要性，我才在本章開頭引用了雨果的名言。畢竟，我們都在同一條船上——愛人能力有限的不完美生命，卻往往拚命地想要他人完整地愛並接受自己。

我們必須承認人的性格很複雜，複雜的人們交流時所產生的各種關係更加複雜，所以我產生了一個重要的想法。我強烈建議讀者不要使用程式運算的出生盤解讀服務來評估關係。比較和合併兩張出生盤上的眾多要素是非常複雜的事情，很難單靠程式演算就產出可靠的解讀！

若只是精密運算兩張獨立的出生盤，倒是無所謂（參考附錄B），但若要真正了解人際關係，很難依靠坊間簡單、非黑即白的粗暴分析和搔不到癢處的建議。通常電子運算的關係解讀不切實際且容易出錯。此外，還會擾亂你比對細節的過程，此過程不僅能了解自己，還可以進一步了解占星學生命能量的流動和互動方式。另外，讀者應該要知道，許多提供出生盤「解讀」、關係分析和其他服務的網站，都是對占星學缺乏認知或根本不懂的人所建設，目的在取得你的信任而獲利。

關於本書的研究方法

美國前總統林肯一八六二年在寫給《紐約論壇報》主編霍勒斯．格里利（Horace Greeley）的親筆信說：「如果錯了，我會改；如果觀點有用，我會採納。」這是任何明白占星學之複雜性的作者在撰寫占星學書籍時都必須遵守的規則。否則，讀者將淹沒在無盡的細節裡，或迷失在一千兩百頁的資料當中，最終失去了興趣。我一直本著尊重讀者智慧的方式呈現占星，相信讀者能將我所提出的原則和重點應用在人生中。在這個時代，任何關於關係和性的聲明難免引起爭議，並引發某些人的情緒反應。因為我認為占星學是種有潛力的科學，我盡力聚焦在大家都能認同的基本能量互動和關係原則。我假設許多人應該能在自己的生命中理解和應用核心能量和宇宙原則。

此書的多年研究中，我無法控制問卷的參與者和影響訪談（更別說具體的觀點、意見和觀察結果）。一些讀者想必已經注意到了，本書中對金星、火星和月亮在某些星座說明很多，但在別的星座時引用與說明較少。有些星座很容易解釋和描述，沒有必要連篇累牘（例如，我能簡單舉出二十多篇訪談和問卷，說明火處女異常勤奮和專注細節，但最終我還是刪除了冗長的贅述）。此外，我花費多年時間尋找罕見、非常獨到、極其深刻的例證，以求簡明扼要地說明各種行星位置基本的特徵和本質。

顯然，溝通能力強、善於口語表達的人，會在訪談中主動提供較多資訊，他們在感情層面上的表現也較相似。而內斂、重隱私，或者不善於口語表達的人，幾乎不參與這類訪談。為了彌補這點，我引用了可靠學者的觀點，也訪問了一部分非志願的受訪者。他們大部分都很配合。雖然有點像是「硬擠」出些東西，但部分觀點出乎意料地精采。總而言之，我認為最終能歸納各種星座象徵和全面多元能量整合。

合盤

如今，人們傾向在許多生活領域裡立刻看見結果，而不願意投入時間和精力充分準備或研究。因此，人們很容易迷失在細節、統計資料和心智遊戲裡，同時失去了對基本原則的認知、對意圖的體認，感覺不到帶來意義與真正願景的整體感。這種時代趨勢也出現於占星學和其他如醫學、環境科學、農業等領域中。

特別是在評估關係的契合度時，千萬不可草率判斷。每段關係的狀況不盡相同，關係雙方也都是獨一無二的個體，除非特別徵詢，否則各自的價值觀、想法和目的從外表是看不出來的。問他們「想在關係中尋求什麼？」很重要。此外，你必須意識到，關係中的核心問題、慾望、與個人和兩人共同的目標，都會隨年齡而改變。

才華橫溢的占星學家馬克・羅伯森（Marc Robertson）在《性、思想和契合習慣》（*Sex, Mind and Habit Compatibility*）一書中指出，評估關係時必須考慮以下關鍵因素：

- 分析任何關係都必須考慮的問題：「你在期待什麼？」「你想從中得到什麼？」「你尋求的是刺激還是舒適？」他觀察到運用合盤來分析各種關係都很有用，包括親子互動、生意夥伴等。當然，考慮室友或論文導師，投資對象或親密伴侶，所參考的因素不會一樣。
- 他還寫道：「你最無法抗拒的人，可能是你最無法與之輕鬆自在生活的人。」這種現象可以用占星來解釋，而每一張對比的合盤都能用來評估作用的能量動力展現。
- 此外，羅伯森還提醒：「有意義的關係，不一定都很愉快。」這個看法與我前文中引用過的觀點不謀而合：深厚的關係和愛情自然而然發展，通常不會因我們的策略和期待而改變。例如，兩個人的元素不太協調，仍然可以在關係中學到很多，即使不太輕鬆，只要兩人在某層面上有能量整合溝通，有足夠的關懷和動力支持，依然能繼續走下去。隨著時間，雙方可以真正學會接納和真誠欣賞彼此的態度和能量，而不是想要改變對方，或者壓抑對方的天性。

簡明易用的比對清單

比較兩張出生盤時有個重要的假設很關鍵，那就是幫助人們更了解自己和彼此，總會對狀況有所幫助，即使有時真相難以面對。探討人際關係時，評估每個人真實的能量經驗特別有用，可以獲得超越抽象概念的深刻認知。探索自我、了解他人，應該是所有人際占星分析和討論的基礎。

此外，承認每個人的心理偏見（立基於各人的能量屬性），對於進行實際和具啟發性的合盤研究是必須的。例如：

- 本命盤中金星、天秤座或第七宮被強調的人，比其他人更希望從他人身上尋求刺激和支持。他們依賴別人的回饋和成就感，因此相較於其他人，能量契合對他們而言更為重要。各種關係都會牽動他們的人生幸福，會根據關係的和諧程度來刺激或消耗他們的能量。此外，重要的關係將左右他們的心情、能量狀況和幸福感，對他們很重要。

• 有強烈溝通需求的人——無論智力（風象）還是感情（水象）——在關係裡比較挑剔和難以取悅。換句話說，他們要求很多，光是外表或品味或行為禮節無法滿足他們。

• 土象元素被強調的人在日常生活中，往往把限制視為理所當然。因此，他們對待關係的態度可能：「好，這行得通，還算不錯。已經夠好了。」另一方面，更理想主義或浪漫的人則想要更完整的契合和融合體驗。以至於他們在腦海中產生自欺欺人的幻想，最後難免失望。

• 火象元素被強調的人，在關係中有製造宏圖大業和恢弘理想的傾向。但幸運的是，他們通常會與伴侶攜手前進、埋頭忙於無盡的計畫，並說服自己和彼此是快樂的。火象星座都是想法積極的人！

（可參考我在《占星、心理學與四元素》的第十五章「星盤比對中的元素」，對此主題有更廣泛的探討。）

儘管我們不能在入門款的本書中，完整探索進階占星學和合盤法，但我需簡單說明一些關鍵，提醒讀者留意各種重要的能量相互作用——有點像是清單——讀者可以針對合盤逐一檢驗：

• 如我在本章前文所提，兩個人的日月元素和諧、具啟發性的互動（比如對分位）

非常重要，會激發雙方的渴望；根據榮格的統計研究，通常能在夫妻的合盤上看到。一個人的太陽與另一個人的其他行星產生相位，能夠增加此人的生命活力和自我認同，並鼓勵他的信心。如第七章中討論，與月亮有關的和諧相位，可以幫助兩人舒適輕鬆地生活，並實現健康的家庭安定生活。

• 如前些章節的探討，火星和金星的互動，對性、感情的和諧與啟發相當重要，但絕不會是肉慾能量交換的唯一指標。如果一個人的月亮與另一個人的金星或火星和諧，也象徵著兩個人生理和情感上的舒適和互相接納。海王星的各種相位則能為這份關係增添浪漫的氣息，同時也製造了合一、夢幻甚至超越和融合的感覺。若天王星與對方的金星和火星有相位，則為關係增加了興奮和冒險的調劑。冥王星的相位則能帶來非關感情的、強大的性吸引力，通常充滿情色和佔有慾，有時還很殘酷。

• 幾乎所有占星文獻都沒有強調上升星座和對方的太陽、月亮或其他行星的相位。假如有確切出生時間運算的出生盤，就應該查看上升星座是否與對方的行星有緊密相位，或至少看一下星座。這些關聯很重要，對長期的戀愛關係意義重大。大部分與上升星座的合相、對分相以及和諧相位，都是這段親密關係的重要指標，表示兩人相當契合。

• 一個人的水星與另一個人星盤上的水星、木星、土星、金星、火星、月亮、天王星或上升點所呈的親密互動，能夠激發出有趣的口頭交流，增進互相理解彼此的思維模式和態度。

• 千萬不要低估一個人的木星與對方行星和上升點的緊密相位。木星能改變整個關係的基調，這些相位（即行星間緊密的角度和能量交互作用）能夠圓滑雙方的小摩擦。無論我們透過合盤分析愛情還是工作，都要特別注意以下相位的重要性：木星與上升點的合相或對分相；木星與日月的任何緊密相位；木星與對方土星的和諧相位；木星與對方金星、火星、水星呈現的和諧相位。

未來發展方向

進行全面的合盤分析時，有許多資源可以利用。特別推薦參考文獻中隆納·達維森的著作，他的書本本經典。我還特別鼓勵讀者讀洛伊絲·薩金特《如何處理你的人際關係》（*How to Handle Your Relations*）一書，書中介紹了兩人星盤上任意兩個行星的相位（有時也稱作盤際相位），非常精確、詳盡。雖然只是一本小冊子，而且不太好找，但非常值得努力一下。而在我自己的《關係與生命週期》書中針對合盤提供較多素材，包括逐步系統化地說明合盤，也有一整章在討論合盤上的「宮位」互動。《占星、心理學與四元素》則提供了大量素材幫助讀者理解人與人之間的能量流；《占星．業力與轉化》中有整個章節從靈魂和業力的角度探討了人際關係和合盤的意義。

如果想要更可靠、進一步精通地解讀合盤，就需要研究上述書籍。不過，即使認真、系統化地研讀，也只是基本功而已。接著，需要經驗和謙遜才能對各種情況的實相都保持開放的態度。

占星學的法則運作在生命原型和能量層次，因此儘管對具體案例有效的詮釋方法和原則適用於大多數人際關係，但也不能簡單地把這些規則當做金科玉律。合盤中許多占星要素交疊層遞出非常複雜的全貌——特別容易讓初學者無從下手。但這只是反映了人類及人際關係的複雜。我們不應因噎廢食。有時你會發現，兩個人的互動看似打破了契合法則，結果卻構建了一段成功的長期關係。這種情況下，我們必須全盤了解每個人獨特的需求和協調情況。例如，他們實際上也許會因為定期衝突而成長茁壯，或者需要與伴侶保持一定的心理距離。

無論如何，我在上文中提及謙遜和保持開放的態度，能幫助我們面對任何問題和情況時虛懷若谷，不會擺出一副「無所不知」的態度，歷史上不少占星從業人員正是因此打上江湖郎中或算命先生的標籤。占星學與認定宇宙是隨機、無意義的唯物主義科學不同，是截然不同的人生觀。占星學者和從業人員相信，或說應該相信，宇宙蘊含的智慧遠超過人類的有限認知。因此，我們才能不斷發現新知，面對浩瀚宇宙的神祕模式時，我們應該永遠保持謙卑和感恩。

〔附錄A〕

占星學：定義基本要素的能量語言

如果你想要專研占星學的能量層面，那麼四元素的定義值得你牢記。以下的要素定義我使用多年且發現非常準確。這些定義將占星學視作為個人經驗語言，和傳統用占星學模式解讀外部事件的老套路成鮮明對比。

元素是經驗的能量本質。

星座是主要的能量型態，代表經驗的特質。

行星調節能量的流動，代表經驗的面向。

宮位代表經驗發生的領域。特定能量在該領域中輕鬆流動或產生衝突。

相位顯示經驗的動態與強度，和個體內在各種能量如何互相作用。

完整、複雜和精巧的能量和宇宙心理學的語言，就是由上述五個要素構成。這些要素組合的方式是：特定經驗維度（由特定行星表達），被出生盤中行星所在的星座染上其特質的色彩。這種組合帶來某種自我表達的衝動，以及需被滿足的特定渴求。他會在行星所落宮位的生命領域，直接面對這特定的生命經驗。儘管相同的表達衝動和需被滿足的渴求會發生在任何有這樣行星和星座的組合上，但行星之間的相位將揭示當事人是否能輕鬆和諧地做到這一點。

行星的關鍵概念

	本質	代表驅力	象徵的需求
太陽	生命力；個人獨特性；創造力；光明的內在自我（靈魂整合）；核心價值	自我存在與創造	獲得賞識的渴望和自我表達
月亮	回應；潛意識傾向；對自我的感覺（內在自我形象）；制約反應	追求內在支援；家庭和情緒的安全感	需要保持情緒寧靜和歸屬感；需要感覺自我是對的
水星	溝通；有意識的心智（如：邏輯或理性）	透過技能或語言表達意見和展現才能	建立關係的需求；學習需求
金星	受情緒影響的品味；價值觀；透過施與受跟他人交換能量；分享	對社交與愛有衝動；喜歡表達情意的衝動；追求愉悅	需要與人親近；追求舒適與和諧；付出真心的需求

	本質	代表驅力	象徵的需求
火星	慾望；行動的意志；主動；身體能量；衝動	自我確立和侵略性；性衝動；採取行動的衝動	滿足慾望的需求；需要身體和性刺激
木星	擴張；恩賜	與宇宙秩序或比自己更宏觀的事物連結之驅力	對生人和自我的信念、信任和自信的需求；渴望自我提升
土星	收縮；成就	維護自我結構和完整的衝動；透過具體成就獲得安全感	需要社會認同；憑藉自身資源建立成就的需求
天王星	個人主義的自由；獨立自主	相較於傳統的分化、獨特和獨立衝動	不受壓抑的改變、興奮與表達需求
海王星	然超的自由；合一；從自我中解脫	逃避自我與物質限制的驅力	體驗生命的完整性，與世界融為一體的需求
冥王星	轉化；蛻變；汰換	全然重生的衝動；看穿事物核心的驅力	提升自我的需求；需要經由痛苦釋放老舊過往

〔附錄B〕

如何找到出生盤繪製服務

請先準備精準的出生資料，需要查明你的出生日期、地點（城市和國家）以及準確的出生時間。

父母常常對出生時間印象模糊，所以可能的話還是取得出生證明以避免其他問題。許多出生盤繪製網站會自動調節夏令節約時間、「戰時」以及時區等細節，但最好輸入前還是再檢查一遍。出生日期或時間隨便一個出錯，出來的星盤就會不一樣。

這裡提供幾個可靠、經濟或免費的線上星盤繪製網站：

- Astrocom.com 是 Astro Communications Services 的網站，在他們的首頁點擊「出生盤」（Charts）（在產品下方）。你可以線上訂購只有十顆行星（不致令初學者太困惑）的「單圈學者盤」，或者透過電話訂購和諮詢關於資料的問題。可打電話查詢：886-953-8458。
- Astrolabe 的網站 alabe.com 提供免費星盤。有清楚的基本行星位置和簡短的宮位解釋（有時候會有矛盾的資訊，如同占星軟體解析程式那樣）。因為圖像簡單易懂，推薦給初學者。

- Astro.com 是 Astrodienst 的網站，註冊之後還可以保存多張星盤。點選「免費星盤」（Free Horoscopes）選擇基本的「繪製星盤與上升」（Chart drawing, Ascendant）。基本功能非常好，但延伸的選項似乎讓人搞不太清楚。

作者筆記：簡單清楚的星盤對初學者最好。新手應該先忽略掉宮位系統、行星之間的次要相位這類問題。通常網站提供免費星盤會伴有矛盾和偏頗的「解析」、「個人剖析」、「愛情星盤」等等，阻礙學習占星學。這些都是騙錢的！

注意：有些網站會要求你輸入電子郵件信箱，而後果就是你就會收到垃圾郵件、心靈解讀、「特別優惠」等等。請記住，很多營運「占星網站」的人並不一定懂占星學，他們只是將目標鎖定易上當的族群。

編按：

1.臺灣也有可免費繪製星盤的網站，如「占星之門」https://astrodoor.cc/horoscope.jsp。

2.Astro.com 有中文頁面，請從 https://www.astro.com/horoscope 進入之後點選右上方語言選項。

〔附錄C〕

關於上升點（上升星座）

替人界定出「準確」的出生盤東方地平面的「上升」星座，不只需要準確的出生時間（比較希望是白紙黑字的出生證明，而不是老媽不可靠的記憶），但也要知道確切的出生時區，以及當地是否實行夏令日光節約時間。

註：如果你出生時，政府使用日光節約時間，或出生於二戰期間，有可能需要在查詢前，先用出生時間減去一個小時。視所查詢網站的說明而定。

〔附錄D〕

參考文獻

- 《人格占星學》（*The Astrology of Personality*），丹恩・魯伊爾（Dane Rudhyar）
- 《人類與植物》（*Man and Plants*），莫里斯・梅塞蓋（Maurice Messegue）
- 《人類親密關係史》（*An Intimate History of Humanity*），西奧多・澤爾丁（Theodore Zeldin）
- 《人體電學》（*The Body Electric*），羅伯特・貝克爾（Robert Becker）
- 《大眾占星學》（*Astrology for Millions*），格蘭特・萊維（Grant Lewi）
- 《女性占星學》（*Woman's Astrology*），蒂芬妮・霍姆斯（Tiffany Holmes）
- 《女性高潮的科學：進化科學的偏見》（*The Case of the Female Orgasm: Bias in the Science Evolution*），伊麗莎白・洛伊德（Elisabeth Lloyd）
- 《山脈占星家》（*The Mountain Astrologer*）
- 《不和諧：現代生活的危機》（*Incompatibility ,A Crisis in Modern Living*），曼利・霍爾（Manly P. Hall）

- 《中午的黑暗》（*Darkness at Noon*），亞瑟・庫斯勒（Arthur Koestler）
- 《反對方法》（*Against Method*），保羅・費耶阿本德（Paul Feyerabend）
- 《太陽世界中的月亮》（*Being a Lunar Type in a Solar World*），唐娜・坎寧安（Donna Cunningham）
- 《心的智慧》（*Wisdom of the Heart*），亨利・米勒（Henry Miller）
- 《心理治療之國》（*One Nation Under Therapy*），克莉斯提娜・霍夫・桑謨斯（*Christina H. Sommers*）、莎莉・賽特（Sally Satel）
- 《月亮星座》（*Moon Signs*），唐娜・坎寧安（Donna Cunningham）
- 《水星時刻》（*Mercury Hour*），恩妮塔・埃拉（Jeanetta Era）
- 《水瓶時代雜誌》（*Aquarian Agent magazine*）
- 《占星師手冊》（*The Astrologer's Handbook*），茱莉亞・帕克（Julia Parker）
- 《占星師筆記本裡的祕密》（*Secrets from a Stargazer's Notebook*），黛比・坎普頓・史密斯（Debbi Kempton Smith）
- 《占星學作為心理學的工具》（*Astrology as a Psychological Tool*），吉波拉・都賓斯（Zipporah Dobyns）
- 《占星雜誌》（*The Astrological Journal*）

- 《卡爾達諾的宇宙》（*Cardano's Cosmos*），安東尼．格拉夫頓（Anthony Grafton）
- 《古代智慧和現代科學》（*Ancient Wisdom and Modern Science*），史坦尼斯拉夫．高福（Stanislav Grof）
- 《生命的脈動》（*The Pulse of Life*），丹恩．魯伊爾（Dane Rudhyar）
- 《共時性：非因果性聯繫原則》（*Synchronicity: An Acausal Connecting Principle*），榮格（C.G. Jung）
- 《如何處理你的人際關係》（*How to Handle Your Relations*），伊絲．薩金特（Lois H．Sargent）
- 《宇宙磁力》（*Cosmic Magnetism*），珀西．西摩（Percy Seymour）
- 《宇宙與心靈：新世界觀宣言》（*Cosmos and Psyche: Intimations of a New World View*），理查．塔納斯博士（Richard Tarnas）
- 《艾咪．金恩的星座情仇》（*Amy Keehn,'s Love and War Between the Signs*），約翰．格雷（John Gray）
- 《西方心靈的激情》（*The Passion of the Western Mind*），理查．塔納斯博士（Richard Tarnas）
- 《克卜勒文集》（*Kepler, Collected Works*），克卜勒（Johannes Kepler）

- 《吾等蠢兒》（*Dumbing Down Our Kids*），查利．塞克斯（Charles J. Sykes）
- 《男人來自火星，女人來自金星》（*Men Are from Mars, Women Are from Venus*），約翰．格雷（John Gray）
- 《男性危機》（*The Hazards of Being Male*），賀伯．高登伯格（Herb Goldberg）
- 《男權神話》（*The Myth of Male Power*），華倫．法雷爾（Warren Farrell）
- 《來自星星的訊息》（*Message from the Stars*），伽利略（Galileo Galilei）
- 《和諧宇宙》（*Harmony of the World*），克卜勒（Johannes Kepler）
- 《性、思想和契合習慣》（*Sex, Mind and Habit Compatibility*），馬克．羅伯森（Marc Robertson）
- 《知識、科學與相對主義》（*Knowledge, Science and Relativism*），保羅．費耶阿本德（Paul Feyerabend）
- 《阿尼姆斯與阿尼瑪》（*Animus and Anima*），艾瑪．榮格（Emma Jung）
- 《為異性戀辯護》（*In Defense of Heterosexuality*），史丹利．克爾曼（Stanley Keleman）
- 《相位雜誌》（*Aspects magazine*）
- 《科學的證據》（*The Evidence of Science*），珀西．西摩（Percy Seymour）

- 《浪漫愛情心理學》（*The Psychology of Romantic Love*），納撒尼爾・布蘭登（Nathaniel Branden）
- 《逆向操作管理》（*The Contrarian Manager*），理查・詹雷特（Richard Jenrette）
- 《麥斯特與強生的性實驗室統計》（*Master and Johnson on Sex and Human being*）
- 《創造的行為》（*The Act of Creation*），亞瑟・庫斯勒（Arthur Koestler）
- 《尋找斯賓諾莎：快樂、憂愁與感覺的大腦》（*Looking for Spinoza: Joy, Sorrow, and the Feeling Brain*），安東尼奧・達馬吉歐（Antonio Damasio）
- 《意識的地圖》（*Maps of Consciousness*），拉爾夫・梅茲納（Ralph Metzner）
- 《當代科學與占星學》（*Contemporary Science and Astrology*），勞倫斯・凱西迪博士（Laurence L. Cassidy）
- 《夢遊者：人類眼中不斷變化的宇宙史》（*The Sleepwalkers: A History of Man's Changing Vision of the Universe*），亞瑟・庫斯勒（Arthur Koestler）
- 《榮格對我們時代的貢獻》（*Jung's Contribution to Our Time*），愛蓮娜・伯汀內（Eleanor Bertine）
- 《潛在科學和直覺藝術》（*Potential Science and Intuitive Art*），拉爾夫・梅茲納（Ralph Metzner）

- 《學術的進程》（*Advancement of Learning*），法蘭西斯・培根（Francis Bacon）
- 《蕩婦和流浪者》（*Vamps & Tramps*），卡米拉・帕格里亞（Camille Paglia）
- 《選擇你的完美伴侶》（*Picking Your Perfect Partner*），瑪麗・科爾曼（Mary Coleman）
- 《隨想錄》（*Pensées*），約瑟夫・儒貝爾（Joseph Joubert）
- 《療癒場》（*The Field*），琳恩・麥塔格特（Lynne McTaggart）

延伸閱讀

- 《火星四重奏：面對慾望與衝突的試煉》（2017），麗茲・格林（Liz Greene），心靈工坊。
- 《海王星：生命是一場追尋救贖的旅程》（2015），麗茲・格林（Liz Greene），心靈工坊。
- 《家族占星》（2013），琳恩・貝兒（Lynn Bell），心靈工坊。
- 《凱龍星：靈魂的創傷與療癒》（2011），梅蘭妮・瑞哈特（Melanie Reinhart），心靈工坊。
- 《土星：從新觀點看老惡魔》（2011），麗茲・格林（Liz Greene），心靈工坊。
- 《占星、心理學與四元素：占星諮商的能量途徑》（2008），史蒂芬・阿若優（Stephen Arroyo），心靈工坊。
- 《占星・業力與轉化：從星盤看你今生的成長功課》（2007），史蒂芬・阿若優（Stephen Arroyo），心靈工坊。
- 《人際關係占星全書：96種日常情境X 12星座溝通攻略》（2018），蓋瑞・高史奈德（Gary Goldschneider），橡實文化。

- 《月亮推運占星全書：我的人生演化課程表》（2017），艾美・賀林（Amy Herring），橡實文化。
- 《生命之樹卡巴拉：西方神祕學的魔法根本》（2017），約翰・麥克・格里爾（John MichaelGreer），橡實文化。
- 《十二宮位：生命格局的十二個舞台》（2017），韓良露，南瓜國際有限公司。
- 《情感的合唱：月亮、水星、金星、火星相位中的風景》（2017），韓良露，南瓜國際有限公司。
- 《上昇星座：生命地圖的起點》（2016），韓良露，南瓜國際有限公司。
- 《靈魂占星：與靈魂對話的和諧生命》（2016），韓良露，南瓜國際有限公司。
- 《占星全書〔暢銷增訂版〕》（2016），魯道夫，春光。
- 《希臘羅馬神話：永恆的諸神、英雄、愛情與冒險故事〔精裝珍藏版〕》（2015），伊迪絲・漢彌敦（Edith Hamilton），漫遊者文化。
- 《阿若優的星盤詮釋指南》（2014），史蒂芬・阿若優（Stephen Arroyo），木馬文化。
- 《變異三王星：天王星、海王星、冥王星的行運、苦痛、與轉機》（2013），霍華・

薩司波塔斯（Howard Sasportas），春光。
- 《宇宙之愛：從靈魂占星揭露親密關係的奧祕》（2013），珍・史匹勒（Jan Spiller），積木。
- 《占星相位研究》（2010），蘇・湯普金（Sue Tompkins），積木。
- 《當代占星研究》（2009），蘇・湯普金（Sue Tompkins），積木。

心靈工坊 PsyGarden
Holistic 126

人際關係占星學：
從星盤看見愛情、性與人際間的契合度

Person-To-Person Astrology: Energy Factors in Love, Sex & Compatibility

作者：史蒂芬・阿若優（Stephen Arroyo）　譯者：狄雯頡、張悅

出版者—心靈工坊文化事業股份有限公司
發行人—王浩威　總編輯—徐嘉俊
特約編輯—楊培希　責任編輯—黃心宜
通訊地址—10684台北市大安區信義路四段53巷8號2樓
郵政劃撥—19546215　戶名—心靈工坊文化事業股份有限公司
電話—02）2702-9186　傳真—02）2702-9286
Email—service@psygarden.com.tw　網址—www.psygarden.com.tw

製版・印刷—中茂製版印刷股份有限公司
總經銷—大和書報圖書股份有限公司
電話—02）8990-2588　傳真—02）2990-1658
通訊地址—248新北市五股工業區五工五路二號
初版一刷—2018年8月　初版二刷—2022年2月
ISBN—978-986-357-126-1　定價—520元

國家圖書館出版品預行編目資料

人際關係占星學：從星盤看見愛情、性與人際間的契合度 / 史蒂芬.阿若優(Stephen Arroyo)著；狄雯頡, 張悅譯.　-- 初版. -- 臺北市：心靈工坊文化, 2018.08
面；　公分. -- (Holistic；126)
譯自：Person-to-person astrology : energy factors in love, sex, and compatibility
ISBN 978-986-357-126-1(平裝)

1.占星術

292.22　107010667

心靈工坊 PsyGarden 書香家族 讀友卡

感謝您購買心靈工坊的叢書，爲了加強對您的服務，請您詳塡本卡，
直接投入郵筒（免貼郵票）或傳眞，我們會珍視您的意見，
並提供您最新的活動訊息，共同以書會友，追求身心靈的創意與成長。

書系編號—Holistic 126 書名—人際關係占星學：從星盤看見愛情、性與人際間的契合度

姓名　　是否已加入書香家族？ □是 □現在加入

電話 (O)　　(H)　　手機

E-mail　　生日　　年　　月　　日

地址 □□□

服務機構　　職稱

您的性別—□1.女 □2.男 □3.其他

婚姻狀況—□1.未婚 □2.已婚 □3.離婚 □4.不婚 □5.同志 □6.喪偶 □7.分居

請問您如何得知這本書？

□1.書店 □2.報章雜誌 □3.廣播電視 □4.親友推介 □5.心靈工坊書訊
□6.廣告DM □7.心靈工坊網站 □8.其他網路媒體 □9.其他

您購買本書的方式？

□1.書店 □2.劃撥郵購 □3.團體訂購 □4.網路訂購 □5.其他

您對本書的意見？

□ 封面設計 1.須再改進 2.尚可 3.滿意 4.非常滿意
□ 版面編排 1.須再改進 2.尚可 3.滿意 4.非常滿意
□ 內容 1.須再改進 2.尚可 3.滿意 4.非常滿意
□ 文筆／翻譯 1.須再改進 2.尚可 3.滿意 4.非常滿意
□ 價格 1.須再改進 2.尚可 3.滿意 4.非常滿意

您對我們有何建議？

□本人同意＿＿＿＿＿＿（請簽名）提供（真實姓名/E-mail/地址/電話/年齡/等資料），以作為心靈工坊（聯絡/寄貨/加入會員/行銷/會員折扣/等之用，詳細內容請參閱http://shop.psygarden.com.tw/member_register.asp。

廣　告　回　信
台北郵政登記證
台北廣字第1143號
免　貼　郵　票

心靈工坊 PsyGarden

10684台北市信義路四段53巷8號2樓

讀者服務組　收

免　貼　郵　票

（對折線）

加入心靈工坊書香家族會員
共享知識的盛宴，成長的喜悅

請寄回這張回函卡（免貼郵票），
您就成爲心靈工坊的書香家族會員，您將可以——

⊙隨時收到新書出版和活動訊息

⊙獲得各項回饋和優惠方案

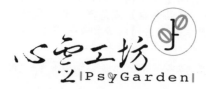